目　　次

【論　説】

〈共通論題〉

環太平洋パートナーシップ協定（TPP）

座長コメント……………………………………間　宮　　　勇…　1
　　──TPP と国際経済法の動向──
TPP の背景と意義………………………………中　川　淳　司…　4
TPP の背景と意義〈コメント〉………………林　　　禎　二…　26
TPP と農業再生…………………………………山　下　一　仁…　36
経済連携協定と WTO 協定を巡る通商ルールと産業競争力…風　木　　　淳…　57
　　──「公的補助・産業補助金」の最近の動向と今後（日本，
　　　米国，欧州及び中国の通商 4 強時代の一考察）──
公正衡平待遇条項の適用実態…………………坂　田　雅　夫…　81
　　──TPP 投資章を考える素材の 1 つとして──

国際化時代の不正競争

座長コメント……………………………………駒　田　泰　土…100
国際不正競争の準拠法…………………………出　口　耕　自…106
国際訴訟競合と民事訴訟法 3 条の 9 …………實　川　和　子…124
技術に関する営業秘密の保護と知的財産権の帰属規定……内　田　　　剛…143
　　──新日鐵・ポスコ事件を契機として──

〈自由論題〉

国際通商法における無差別原則と相互主義……………平　見　健　太…165
　　──「分離」から「結合」へ──

国家債務再編と投資協定仲裁……………………………………石　川　知　子…184
　　──集団行動条項の検討を中心に──
国際私法における不法行為地法主義の経済学的分析………森　　　大　輔…209

【文献紹介】

Véronique Guèvremont,
　　Valeurs non marchandes et droit de l'OMC …………久保庭　　　慧…232

Todd Weiler,
　　The Interpretation of International Investment Law: Equality,
　　Discrimination and Minimum Standard of Treatments in
　　Historical Context……………………………………松　本　加　代…236

福永有夏（著）
　　『国際経済協定の遵守確保と紛争処理──WTO紛争処理制度及び
　　投資仲裁制度の意義と限界──』 ……………………小　林　友　彦…240

林　正徳（著）
　　『多国間交渉における合意形成プロセス──GATTウルグアイ・ラウ
　　ンドでのSPS協定の成立と「貿易自由化」パラダイムの終焉──』
　　………………………………………………………………飯　野　　　文…244

グローバル・コンプライアンス研究会（著）
　　『体系グローバル・コンプライアンス・リスクの現状』
　　………………………………………………………………久保田　　　隆…248

土田和博（編著）
　　『独占禁止法の国際的執行──グローバル化時代の
　　域外適用のあり方──』 ………………………………泉　水　文　雄…253

小寺　彰先生　追悼の辞………………………………………根　岸　　　哲…257
編　集　後　記 ……………………………………………………………………261

論　説　環太平洋パートナーシップ協定（TPP）

座長コメント
―― TPP と国際経済法の動向――

間　宮　　勇

　日本は，2013年7月に環太平洋パートナーシップ協定（TPP）交渉に参加した。交渉参加が議論されるようになってから，農業分野をはじめとして，医療，投資など様々な分野について反対意見が出されてきたが，それらの中には，憶測に基づく十分な根拠のないものも見られる。

　TPP 交渉の対象は広く，貿易自由化のみならず様々な分野においてルール作りを進めるものである。WTO での交渉が停滞する中，各国は地域貿易協定の締結を促進し，従来の二国間協定だけでなく，広範な貿易国が参加する多数国間の協定，いわゆるメガ FTA の交渉も進められている。そうした中で，TPP 交渉国は，「志の高い，高水準の協定」締結を目指しており，どの程度の自由化に合意するのか，またそれぞれの分野のルールがどのような形で合意されるのかは，今後の FTA のあり方，ひいては WTO をはじめとする多角的な経済システムに大きな影響を与えることになろう。

　交渉が妥結し，参加の是非を議論するにあたっては，その内容の正確な理解が不可欠である。しかし，TPP 交渉においては，交渉過程で秘密保持が合意されており，報道などにより部分的な情報はあるものの，詳細は公開されていない。交渉過程で，交渉各国の国内で不十分な情報に基づいた反対圧力が高まることは，交渉を困難にするだけでなく，協定の内容に対する先入観あるいは偏見を形成し，交渉妥結後に協定案が公開された後の批准手続きにおける適切

な議論を妨げることにもなろう。

　以上のような認識の下で，本セッションは，TPP の意味とその課題を明らかにすることを目的として企画された。まず，中川会員が，ルール・メイキングを中心に交渉の全体像とその意味，そして予測される規定内容について報告し，林会員による中川報告に対して実務の観点からのコメントが続いた。次いで，山下会員がコメの自由化を中心とした農業交渉のあり方と国内的な対応策について，風木会員から WTO や OECD での議論を踏まえた国有企業を含めた補助金規制と産業競争力について，そして坂田会員から投資条項における「公正衡平待遇」の規定ならびに投資仲裁における判断例の実態について報告があった。

　以下にそれぞれの論稿が掲載されている。1990年代に入って活発になった地域貿易協定の締結は，多くが幅広い分野の規定を有しており，さらに2000年頃から従来に比べて大幅な自由化と高水準の規律を達成するものが増加してきた。中川会員と林会員の論稿は，それらの動きをサプライチェーンのグローバル化に対応したものと捉え，TPP 交渉はその延長線上にあり，さらに高水準の自由化と規律の達成を目指しているものであるとする。そして，TPP 交渉テーマの多くは，WTO や OECD，あるいは APEC などで議論されてきたものであり，WTO 交渉が停滞している中で，TPP が合意されればその後の FTA 交渉において参照されうる，世界標準となる可能性を指摘し，さらにその成果を WTO に取り込んで WTO の再活性化を目指すべきことを提案している。農業交渉を扱った山下論文，国有企業を含めた産業競争力と補助金規制を扱った風木論文，「公正・衡平待遇」を中心とした投資条項を扱った坂田論文は，それぞれこれまでの多角的交渉やこれまで締結された FTA・BIT を踏まえて検討している。

　TPP 交渉は，必ずしも順調とは言えず，今後，合意が成立するのか否か，合意が成立した場合，どのような内容となるのか，現在のところ予断を許さな

い。しかし，結果はどうあれ，今後のFTA交渉やWTOの交渉に影響を与えることは確かであろう。以下に掲載される論稿は，その内容を理解し，その影響がどのようなものであるかを検討するためには，1990年代以降のFTAを取り巻く状況をしっかりと認識することが重要であることを示しているといえよう。

（明治大学法学部教授）

論　　説　　環太平洋パートナーシップ協定（TPP）

TPP の背景と意義[1]

中　川　淳　司

I　はじめに
II　TPP の背景
　1　1990年代以降の国際貿易法と国際投資法の動向
　2　米国が TPP を通じて目指しているもの
III　TPP の意義
　1　広範囲で高水準の21世紀の FTA のモデル
　2　深い統合と締約国の規制権限の調整
IV　TPP と日本
　1　TPP の日本への影響
　2　TPP と日本の通商政策
V　結　び

I　はじめに

　TPP は，シンガポール，ニュージーランド，チリ，ブルネイの4カ国が締結した環太平洋戦略的経済連携協定（以下「P4」）を元に，2010年3月に交渉が始まった FTA（自由貿易協定）である[2]。2014年4月現在12カ国が交渉に参加している。日本は2013年7月から交渉に参加した。2000年代に入ってから世界ではFTA の交渉が盛んになった。2010年代以降は3以上の国が参加し複数の地域にまたがる広域FTA の交渉が進められるようになった。TPP は現在交渉中の広域FTA の中で交渉が最も進んでおり[3]，交渉がまとまれば他の広域FTA の交渉，ひいては世界の国際貿易・投資ルールにも大きな影響を与える可能性が高い。TPP の内容の詳細に関する検討は本号所収の山下論文，風木

論文, 坂田論文に譲り, 本稿は TPP の背景と意義について検討する。

まず, TPP の背景ないし文脈を明らかにするため, 1990年代以降の国際貿易法と国際投資法の動向を概観する。次に TPP 交渉の直接的な背景について考察する。アジア太平洋地域の4カ国が結んだ小規模な FTA に過ぎなかった P4 に米国が参加を決めた理由を, 米国の通商戦略に焦点を当てて検討する。続いて TPP の意義を検討する。交渉を主導する米国は TPP が広範囲で高水準の21世紀の FTA のモデルになることを目指している。それは TPP がサプライチェーン（供給網）のグローバル化を支える深い統合 (deep integration) を達成しようとしていることに関わる。TPP の予想される内容を概観し, 供給網のグローバル化を支える深い統合がどのように構想されているかを検討する。最後に TPP の日本への影響, そして TPP に関わる日本の通商政策の課題について簡単に触れる。日本は現在 TPP を含む複数の広域 FTA の交渉を進めている。TPP はこれらの交渉で参照され, 事実上の世界標準になる可能性がある。しかし, それに留まらず, 日本は TPP の内容を WTO に取り込んで WTO の再活性化を目指すべきだというのが本稿の結論である。

II TPP の背景

1 1990年代以降の国際貿易法と国際投資法の動向

TPP の背景としてまず押さえておく必要があるのは1990年代以降の国際貿易法と国際投資法の動向である。ガットのウルグアイラウンドを経て成立した WTO は, サービス貿易や知的財産権もカバーする多角的貿易機構として大きな期待とともに発足した。しかし, 2001年に始まったドーハ開発アジェンダは12年を過ぎて行き詰まっている。2013年12月の第9回閣僚会議でようやく交渉の一部（貿易円滑化協定, 農業分野の一部と LDC 向けの新規律）について合意がまとまったが[4], それ以外の広範囲の交渉テーマについて合意の目処は立っていない。ガットの時代の多角的貿易交渉は主要貿易国である先進国が合意した内容

をコンセンサスで採択して妥結させることができた[5]。これに対してWTOでは加盟国のパワーバランスが変化し，主要貿易国である先進国だけでなく途上加盟国の代表であるインド，中国，ブラジルが同意しなければ交渉がまとまらなくなっている。そして，多くの交渉分野で主要国の立場が対立し，こう着状態に陥ってしまった[6]。加盟国のパワーバランスの変化は構造的なものであり，この状況は当分変わらない可能性がある。

　WTOを通じた多角的な貿易自由化と国際貿易ルールの定立が難航する一方で，各国は1990年代以降，特に2000年代に入ってからFTAやBIT（二国間投資条約）を通じた貿易・投資の自由化とルール定立へと通商政策の軸足を移している。日本貿易振興機構（JETRO）の集計によれば，発効しているFTAの数は1990年には17だったが，2000年に83，2010年に223と急増した。2013年9月1日現在で252のFTAが発効している。この他に交渉がまとまって署名済みのFTAが25，交渉中ないし交渉開始が合意されたFTAが78あるという[7]。投資の自由化と投資保護を目的とするBITも1990年代以降急増した。1990年に全世界で約400に過ぎなかったBITは2012年末には2857に達した。これにFTAの投資章を加えた国際投資協定（IIAs）の総数は3196に上る[8]。

　最近のFTAはWTOがカバーする事項についてWTOを上回る水準の規律を設ける（WTOプラス）とともにWTOがカバーしない事項についても広範囲の規律を設ける（WTOエクストラ）ようになっている[9]。特に投資の自由化と円滑化につながる規定を設けるFTAが多い。BITもかつては投資保護に主眼を置いていたが，最近は投資保護に加えて投資の自由化と円滑化を目的とするものが増えている[10]。以上を総合すると，最近のFTAやBITは高水準の貿易・投資の自由化と広範囲で高水準の貿易・投資ルールの定立を目指しているといえる。その背景にあるのは1990年代以降の世界経済で供給網のグローバル化が急速に進行していることである。

　伝統的な国際分業では生産と消費が国境を超えて分離した。これに対して

1990年代以降は産品やサービスの調達から生産，流通に至る工程が最適立地に応じて国境を超えて分散する，新しい形態の国際分業が進んでいる[11]。供給網ないしバリューチェーンのグローバル化，あるいは生産ネットワークのグローバル化と呼ばれる動きである。供給網のグローバル化を示す指標として，部品などの中間財の貿易に着目すると，中間財貿易の割合は今日では燃料貿易を除く世界貿易全体の3分の2に達している[12]。地域別に見れば，供給網のグローバル化は1970年代に北米や欧州で先行したが，1990年代以降は特に東アジアで進んだ。牽引したのは日本企業の活発な東アジア向け投資である。それは機械産業で始まり，その後は電気電子や自動車など他の製造業やサービス産業にも拡大した[13]。

　伝統的な国際分業と供給網のグローバル化では求められる政策が異なる。伝統的な国際分業で求められるのは産品を生産国から消費国に運んで販売する際の政策的な障壁を減らすことだ。これは主に関税その他の国境障壁の撤廃により達成される。これに対して，供給網のグローバル化で求められるのは供給網の最適立地と効率的な運営を可能にする広範囲の規制・制度環境（深い統合）の実現だ。WTOは前者には有効だが後者には十分に対応できない。そこで，これに対処するための手段としてFTAやBITが用いられるようになった。中でもTPPに代表される広域FTAは供給網のグローバル化を支える手段として重要な役割を担おうとしている。

2　米国がTPPを通じて目指しているもの

　TPPの元になったP4は署名時点で金融サービスと投資の交渉を積み残しており[14]，協定発効から2年以内にこの交渉を始めることになっていた。また，P4には加入条項が含まれており，APECメンバー及びその他の第三国の加入に対して開かれていた[15]。米国はブッシュ政権末期の2008年3月に金融サービスと投資の交渉への参加を表明し，同年9月には協定全体への加入を宣言した。

豪州，ペルー，ベトナムがこれに続いた。その後，2009年1月に成立したオバマ政権の下で通商政策の検討が行われ，米国は2009年12月にTPP交渉への参加を正式に表明した。

　米国がTPP交渉参加を決めたねらいは何だったのか。交渉参加を議会に通告した2009年12月のカーク通商代表の書簡[16]は2つの目標を掲げた。第1に，TPPを通じてアジア太平洋地域で貿易と投資の自由化を推進するという目標である[17]。2000年代初めから東アジアでは中国や日本が地域経済統合の構想を提唱していた。しかし米国はいずれの構想からも除外されていた。米国抜きで進む東アジアの地域経済統合構想に対抗し，自らも関与してアジア太平洋の地域経済統合を進め，成長が期待できる東アジアとの経済的なつながりを強化することが米国にとって重要だった。米国はTPPを2006年のAPEC首脳会議で提案したFTAAP（アジア太平洋自由貿易地域）を実現する道筋の1つと位置づけた[18]。

　米国のTPP交渉参加の第2の目標は，広範囲の事項をカバーする高水準のTPPを結び，これを「21世紀のFTAのモデル」にすることだった。書簡は，このために米国の従来からのFTA政策を見直し，TPPに21世紀の新たな課題や要素を取り込むことを目指すと宣言した。具体的には，米国の中小企業の輸出促進，アジア太平洋地域における供給網への米国企業の参入促進，環境保護・資源保全，透明性，労働者の権利保護，開発などである[19]。WTOを通じた多国間の貿易自由化と貿易ルールの定立が当面は期待できない状況の下で，TPPを通じて高水準の貿易と投資の自由化を達成するとともに広範囲にわたる高水準の貿易・投資ルールを定立し，さらにそれをモデルとして主要国との間でFTAのネットワークを構築し，ルールの普及と定着を図ることが意図されていた。つまり，米国はTPPを手がかりとして供給網のグローバル化を支える規制・制度環境を世界的に整備することを目指したのである。

　以上の目標は米国政府が公式見解として掲げたものだ。この目標が達成され

るかどうかは実際に TPP に盛り込まれる内容を見て判断する必要がある。次節でこの点を検討する。

Ⅲ　TPP の意義

1　広範囲で高水準の21世紀の FTA のモデル

　TPP は，米国が意図したような，供給網のグローバル化を支える広範囲で高水準の21世紀の FTA のモデルにふさわしい内容を備えるものになるだろうか。この点を検証するため，①高水準の貿易と投資の自由化，②供給網の効率的な運営を可能にする規制・制度環境の整備という2本の柱を立て，TPP の予想される内容を見ることにする。なお，TPP は本稿執筆時点（2014年4月）で交渉中であり，交渉参加国の申し合わせで交渉に関連する文書その他の情報は公開されていない。しかし，交渉文書の一部（特定の章に関する各国提案や統合草案など）はメディアにリークされており[20]，交渉参加国政府のウェブサイト[21]やワシントンベースのニューズレター[22]その他の2次資料を合わせて参照することで，TPP の内容をかなり詳細に予測することは可能である。紙幅の関係で詳細な検討は別稿に譲り[23]，本稿では上記2本の柱に沿って TPP の予測される内容を概観する。

　第1の柱は高水準の貿易と投資の自由化である。供給網のグローバル化は生産工程やサービス供給の拠点が国境を超えて広く分散することで進む。物品やサービスの貿易，投資，政府調達市場が広く自由化されることは供給網のグローバル化にとってきわめて重要である。このうち農産品貿易の自由化については本号所収の山下論文で取り扱われるので，ここでは立ち入らない。TPP を通じた物品貿易の自由化については3点が指摘できる。第1に，高水準の物品貿易の自由化を達成するため，関税撤廃からの除外品目は原則として認めないという方針がとられている。P4 の自由化率（10年以内に関税を撤廃する品目の割合）は99.2％（ブルネイ）から100％（シンガポール，ニュージーランド）ときわ

めて高かった。上記の方針は TPP でも P4 並みの自由化を達成しようという交渉参加国の意思表明といえる。しかし，日本の農産品 5 品目（コメ，麦，牛豚肉，乳製品，砂糖）を初めとして，交渉参加国の多くは関税撤廃が難しい品目を抱えている。最終的な自由化率がどうなるかは，米国の掲げた「21世紀の FTA のモデル」という目標と実際の交渉結果との距離を図る指標の 1 つとなる。第 2 に，TPP 締約国で原産地規則が統一され，かつ，付加価値基準が適用される場合に域内での累積が認められることが重要である。原産地規則の運用に関わる費用が削減され，TPP 域内における中間財の調達先や加工製造工程の立地先に関して企業の選択肢が拡がるからだ。第 3 に，関税交渉の結果をまとめた譲許表については，各国が単一の譲許表を作成してすべての TPP 締約国に一律に適用することが供給網の円滑で効率的な運営のためには望ましい。この点に関して米国は，TPP 交渉参加国の中ですでに二国間の FTA を結んでいる国とは関税交渉をせず，それ以外の国との間で二国間の関税交渉を進めており，交渉結果も国別の譲許表としてまとめる方針であると伝えられていた。これは，特に豪州との FTA で砂糖と乳製品を関税撤廃から除外した交渉結果を維持するためといわれていた。関税交渉の結果を単一の譲許表でなく国別の譲許表としてまとめるならば，広域 FTA としての TPP の効果が大幅に失われてしまう。この点がどうなるかも，米国の掲げた目標と実際の交渉結果との齟齬を判断するポイントの 1 つである。この点に関して，2013年10月に出された TPP 交渉参加国の貿易閣僚から首脳への報告書が，「閣僚は，交渉官が単一の関税スケジュールを作成する……ことに合意した」と述べた。[24] 米国が従来の方針を撤回して単一の譲許表の作成に応じた可能性があり，注目に値する。

　サービス貿易と投資の自由化は供給網のグローバル化にとってきわめて重要である。いずれの交渉分野でも TPP がネガティブリスト方式（自由化しない分野やモードと，制限の内容を，国ごとに列挙する）を採用していることが注目される。ポジティブリスト方式（自由化する分野・モードを国ごとに列挙する）に比べ

るとネガティブリスト方式は透明性が高く，また自由化の度合が概してより高いからである。ただし，サービス貿易と投資の自由化の水準は最終的な交渉結果であるリストの内容に照らして評価する必要がある。この点も米国の掲げた目標と実際の交渉結果との齟齬を判断するポイントの1つとなる。

　政府調達市場は民間の財・サービスの市場に比べると一般的に開放度が低い。TPPを通じて締約国の政府調達市場の自由化が進めば，締約国企業の供給網のグローバル化にとっても追い風となる。TPP交渉参加国のうちでWTOの政府調達協定の締約国はカナダ，日本，シンガポール，米国と限られている。TPPによって特にWTO政府調達協定に加入していない国の政府調達市場の自由化が進むことが期待できる。

　TPPの第2の柱は供給網の効率的な運営を可能にする規制・制度環境の整備である。具体的なルールとしては，まず，貿易円滑化の推進，電子商取引の自由化，高水準の知的財産権保護，基準や規格の透明性確保と調和及び相互承認の推進，透明性の高いサービス貿易や投資の規制が挙げられる。これらは過去のFTAでもカバーされてきた分野である。TPPは，米国が北米自由貿易協定（NAFTA）以来自国のFTAに盛り込んできたこれらの分野のルールを継承し，さらに高水準のルールを盛り込もうとしている。ただし，紙幅の関係で本稿ではその詳細には立ち入らない。[25]

　過去のFTAでも扱われた以上のルールの他に，TPPは供給網のグローバル化を支える規制・制度環境の整備としていくつかの新しいルールを盛り込もうとしている。その1つは競争政策の分野で交渉されている国有企業に対する財政上・規制上の優遇の規制である。これは，市場において締約国の国有企業と他の締約国の民間企業の間で対等な競争条件（level playing field）ないし競争上の中立性（competitive neutrality）が確保されるよう，締約国に義務付けるものである。[26]協定の本文で国有企業に対する財政上・規制上の優遇に対する実体法上のルールを規定し，それに対する国別の例外がネガティブリストとして付

属書に盛り込まれる見込みである。ただし，国内に多くの国有企業を抱えるベトナムやマレーシアなどが反対し，交渉の紛糾が伝えられている。米国の掲げた目標と実際の交渉結果との齟齬を判断するため，最終的な交渉結果を見極める必要がある。

　TPPに盛り込まれる新しいルールとして，分野横断的事項として議論されているテーマも注目に値する。第1に，規制の整合性（regulatory coherence）である。具体的には，締約国が規制に関する中央調整機関を設けること，他の締約国に対して規制・制度の変更を通報するメカニズムを設けることなどが議論されている。第2に，競争力とビジネス円滑化である。締約国の政府代表と企業など利害関係者が参加するビジネス円滑化に関する委員会を設けて，締約国のビジネス円滑化の進展状況を評価するとともに，ビジネス環境改善のために継続的に協議することが検討されている。最後に，中小企業の利用促進である。締約国の中小企業がTPPに関する有益な情報にアクセスする照会所を設けることが検討されている。分野横断的事項として議論されている以上の規律は，TPP締約国の規制・制度環境の透明性を高めるとともに，TPP締約国の規制・制度環境の改善に企業が継続的に関与する道を拓く。その意味で，これらはTPPのユーザーである企業にとってのTPPの使い勝手を高める新たなしくみである。供給網のグローバル化を支える規制・制度環境の整備として有意義であることに加えて，通商協定と企業の関係についての革新的なアイディアとして注目に値する。

2　深い統合と締約国の規制権限の調整

　前項では供給網のグローバル化を支える手段という観点からTPPの予測される内容を概観した。TPPは供給網のグローバル化の要請に応えて，貿易や投資に関する規制を大幅に緩和し，透明で予見可能性が高く，効率的な規制・制度環境を整備することを目指している。深い統合を志向するTPPの下で，

締約国は関税などの国境措置だけでなく，広範囲の国内規制・制度について国際的な調和や透明性の向上に向けた国際協定上の義務を負う。この結果，TPPは締約国の規制に関する裁量的権限（right to regulate）を大幅に制限することになる。供給網のグローバル化を支える規制・制度環境の整備はTPPの重要な目標だ。しかし，締約国は，それ以外にも様々な公共政策を達成する責務を負っている。締約国がこれらの責務を果たすための正当な規制権限が，供給網のグローバル化を支えるためという理由で不当に制限されることがあってはならない。供給網のグローバル化を支える規制・制度環境を整備するために締約国の規制権限を制限する必要と，締約国が広範囲にわたる公共政策を実施するために行使する正当な規制権限を尊重する必要をどのように調整するかが重要な課題となる。TPPはこれをどのように調整しているだろうか。

貿易や投資の自由化を規定する国際協定で締約国の正当な規制権限を尊重し，締約国が多様な公共政策を実施するための適切な政策空間（policy space）を確保するための手段は，大別すると①締約国の正当な規制権限の行使に関して国際協定上の義務の例外や義務の免除（waiver）を設ける，②締約国が特定の公共政策分野について正当な規制権限を行使できることを国際協定で確認・宣言するという2つの方法がある。[28]前者はさらに(1)国際協定上の義務に対する一般的な例外と(2)国際協定上の特定の義務に対する例外・義務免除に分類できる。TPPでは以上すべての手段（①(1)，①(2)，②）が採用される見通しである。以下，順に概観する。

(1) 一般的例外

貿易や投資の自由化を規定する国際協定における一般的例外規定の代表例は1994年のガット第20条である。同条は，ガット上の義務の例外として正当化される加盟国による正当な規制権限行使の範囲を(a)号から(j)号までの10の政策分野を挙げて明示する。ただし，それらに含まれる加盟国の措置が無条件で例外として正当化されるわけではない。例えば，(b)号の例外（人，動植物の生命また

は健康の保護のために必要な措置）の場合，当該措置が単に人や動植物の生命・健康の保護を目的とする措置であることでは十分でなく，「必要な措置」でなければならない（必要性要件）。この要件についてガット・WTOの紛争解決事例では「より貿易制限的でない，合理的にとりうる他の措置が存在しないこと」の立証が求められる[29]。また，ある措置がいずれかの例外事由にあたるとしても，当該措置の適用の態様が20条柱書（chapeau）の以下の3要件を満たさなければならない。任意の（arbitrary）差別に当たらないこと，正当と認められない（unjustifiable）差別に当たらないこと，または，国際貿易の偽装された制限（disguised restriction）に当たらないこと[30]。このように，ガット20条の一般的例外については，ガット・WTOの紛争解決事例での解釈の積み重ねを通じて例外としてとりうる措置の範囲や当該措置の適用の態様にかなり厳格な制約が課されている。

　1994年のガットはさらに21条で安全保障のための例外を規定する。この規定も，ガットが定めるすべての義務に対する例外という意味で，本稿の分類にいう一般的例外に当たる。20条と異なり，21条には例外としてとられる措置の適用の態様を規制する柱書はない。そのため，安全保障の例外を援用するに当たって援用国の裁量が広範囲に認められる。

　1994年のガットと同様に，GATS（サービスの貿易に関する一般協定）は14条でサービス貿易に関する一般的例外を，14条の2で安全保障のための例外を規定する。前者にはガット20条とほぼ同じ柱書があるが，一般的例外として正当化される政策の範囲はガット20条よりもかなり限定的である。後者には柱書はなく，例外の内容もガット21条とほぼ共通する。

　TPP交渉参加国が過去に締結したFTAでは，1994年のガット20条，21条とGATS14条，14条の2を「必要な変更を加えた上で（*mutatis mutandis*）」そのまま準用して一般的例外とするものが多い[31]。さらに，①課税に関する措置と②締約国の租税条約上の権利義務を一般的例外として規定することも通例とな

っている。その他に，文化産業の例外（NAFTAがカナダについて認めた），原住民族を優遇するための例外（P4がニュージーランドについて認めた）などの例がある。TPPでは一般的例外として，①産品貿易に関して，必要な変更を加えた上で，ガット20条・21条に準拠，②サービス貿易に関して，必要な変更を加えた上で，GATS14条・14条の2に準拠，③課税措置と租税条約上の権利義務，が盛り込まれることは確実だろう。それ以外に，文化産業の例外や原住民族優遇のための例外が盛り込まれる可能性があるが，本稿執筆時点では不明である。

(2) 個別的例外

貿易や投資の自由化に関わる国際協定の特定の義務に対する個別的な例外・義務免除として広く用いられているのは，サービス貿易と投資の自由化に対する例外を列挙するネガティブリスト方式を採用するFTAで，自由を制限する方向での変更を含めあらゆる内容の規制の変更が将来にわたって認められる，いわゆるラチェット義務なしのネガティブリストという方式である。ラチェット義務なしのネガティブリストに掲げられた事項については，締約国が将来にわたって実質的な規制のフリーハンドを確保することになる。例えば，NAFTAでは，米国，カナダ，メキシコのいずれも，ラチェット義務なしのネガティブリストに，①広範囲の社会保障に関わるサービス規制と②国内の少数者や先住民族の権利・特権を保護するための措置を挙げた。弱者保護や格差是正など，社会政策の意味合いが強い規制について締約国の裁量を確保することがねらいである。米国はその後のFTAでも例外なくこれらをラチェット義務なしのネガティブリストに挙げている。TPPでもこうした社会政策的な規制はラチェット義務なしのネガティブリストに掲載されることになるだろう。

ラチェット義務なしのネガティブリストに盛り込まれる政策の中には，貿易や投資の自由化の見地からは容認しがたいものがある。その典型は米国が一貫してリストに盛り込んできた1920年商船法（ジョーンズ法）24章・27章に基づく規制である。米国はこれにより，国内の旅客・貨物の輸送（内航水運）を米

国で建造された米国籍・米国民所有・米国船員乗組みの船舶だけに認めてきた（いわゆるカボタージュ）[34]。同法の背景には、第1次大戦中に政府主導で進められた造船キャンペーンの結果として生じた余剰船腹の安値での払い下げを受けた国内の内航水運業者を保護する必要があったという事情がある[35]。ジョーンズ法が法文に掲げた立法目的は米国の国内・国際通商の発展と国防である（米国が内航水運及び国際通商に必要な船腹を確保すること、戦時の商船徴用に十分な船腹を確保すること）[36]。しかし、実際の運用ではジョーンズ法は今日まで、内航水運から外国船を締め出し、米国の造船業者・内航水運業者・船員・港湾労働者を保護する手段として用いられてきた[37]。

　カボタージュを採用しているのは米国だけではない。程度の差こそあれ、カナダや日本もカボタージュを採用し、内航水運に外国船の参入を認めていない。これらの国の反対で、ドーハ開発アジェンダのサービス貿易自由化交渉でもカボタージュは自由化約束対象から除かれた。TPPでもこれらの国を含む多くの国がカボタージュをラチェット義務なしのネガティブリストに掲げることが予想される。

　TPP交渉がまとまり、各国の自由化約束が公表された暁には、深い統合と締約国の規制権限の調整という観点から、ラチェット義務なしのネガティブリストの内容を改めて吟味する必要があるだろう。

　TPPで個別的な例外・義務免除として盛り込まれることが予想される第2の類型は、金融サービス章に盛り込まれる信用秩序の維持に関わる措置（prudential measures）の例外である。多くのFTAがこれを個別的例外として採用している。その雛形となったGATSの金融サービス附属書2項1文によれば、信用秩序の維持に関わる措置とは「投資者、預金者、保険契約者若しくは信託上の義務を金融サービス提供者が負う者を保護し又は金融体系の健全性及び安全性を確保するための措置を含む」とされている。金融サービスと金融監督に関わる行政全般をカバーする広範囲にわたる措置が含まれる。これには、ガッ

ト20条(b)号のような必要性要件も，例外措置の適用の態様を規制する柱書もない。信用秩序の維持に関わる措置として加盟国が行使できる規制権限の範囲はきわめて広い。ただし，続く2文が，当該措置を加盟国の自由化約束や義務を回避する手段として用いてはならないと規定している点に注意する必要がある。信用秩序維持のためとしてとられる措置が実際には国内金融機関・金融業を保護する手段として用いられることに対する歯止めの意味がある。信用秩序維持に関する加盟国の規制権限を尊重しながら，金融サービス貿易の自由化のために加盟国の規制権限に一定の制約をかけることが意図されている。TPP交渉参加国のFTAでも，GATS以前に締結されたNAFTAを除けば信用秩序の維持に関わる措置は例外として規定され，かつ，上記の2文と同様の文言も規定されている。TPPにも同様の規定が置かれるのは確実である。

ただし，これまでのWTOサービス貿易理事会などでの議論を見る限り，WTO加盟国は信用秩序維持のための例外に一定の歯止めをかけることには一貫して消極的であり，上記の2文が歯止めとしてどの程度有効かは疑わしい。この事情はTPPでも変わらないだろう。政府の内部で通商政策を担当する省庁と金融・金融監督政策を担当する省庁は分かれており，後者が所掌する事項に前者が介入することは実際にはきわめて難しいからである。

TPPで個別的な例外・義務免除として盛り込まれる第3の類型は，Ⅲ．1で見た国有企業に対する財政上・規制上の優遇の規制に関する国別のネガティブリストである。今日でも世界の多くの国は国有企業と私企業が市場に並存する混合経済体制を採用しており，各国は公共政策の目的を実現するために様々な国有企業を設立し運営している。TPPが国有企業の優遇を規制するルールを盛り込むとしても，すべての国有企業の優遇を否認することは現実的ではない。加盟国が正当な公共政策を実現するために特定の国有企業への現行の優遇をネガティブリストに掲げ，これを維持することを認めるという対応がとられることになる。現時点で最終的なネガティブリストの内容を予測することは難

しい。しかし，重要なことは，交渉の過程で各国が国有企業に対する優遇の全体像を説明し，そのうちの何を正当な公共政策実現手段としてネガティブリストに掲げることが認められるかが吟味されることだ。国有企業に対する優遇を即時に廃止・統制することは難しいとしても，こうした説明・吟味を通じて優遇の透明性が高まることが期待できる。その意味で，ネガティブリスト方式は適切かつ現実的な対応といえる。さらに，交渉が妥結し，各国のネガティブリストの内容が確定した後も，その後の協定の運用で継続的にリストの内容を見直すことを通じて，国有企業に対する優遇を次第に減らしてゆくことが期待できる（living agreement）。

(3) 正当な規制権限の宣言・確認

深い統合と締約国の規制権限を調整するためのもう1つの手段は，締約国の正当な規制権限を宣言・確認する規定である。TPPでは2つの類型が設けられる。第1は間接収用に関する投資章の規定である。国際投資協定の間接収用に関する規定については，NAFTAが規定する間接収用の範囲を広く解釈したMetalclad事件以来の投資紛争仲裁判断の動向と[38]，これに対して米国などの資本輸出国も警戒を強め，受入国の正当な公共の福祉目的の規制権限の行使は間接収用には当たらないことを明記するようになった最近の条約実行の展開が重要である。米国が2012年4月に公表した最新のモデルBITは，間接収用について規定した附属書Bの4節で，例外的な場合を除き，公衆衛生，安全，環境保護などの正当な公共福祉目的を達成するための規制措置は間接収用に当たらないことを明記した[39]。2012年6月にメディアにリークされたTPP投資章の条文案の附属書12-C 4節もこのモデルBITの規定をほぼ踏襲する規定を置いている[40]。間接収用の範囲を限定して締約国の正当な公共福祉目的を達成するための規制権限の余地を確保することがそのねらいである。「正当な公共福祉目的」として公衆衛生，安全と環境保護が挙げられているが，これは例示列挙であってそれ以外の政策分野も正当な公共福祉目的とされる可能性がある。

第2の類型は環境と労働に関する規定である。TPPの環境章は、①ワシントン条約やモントリオール議定書などの多国間環境条約の遵守義務、②環境法を緩和して貿易や投資を促進してはならないという義務付け、③資源保全の見地から違法伐採された木材の輸出禁止、などの規定を盛り込むと伝えられている。TPPの労働章は、①国際的に承認された労働基準として、労働における基本的原則と権利に関する1998年のILO宣言[41]の遵守義務、②労働法を緩和して貿易や投資を促進してはならないという義務付けなどを盛り込むと伝えられている。これらは一見すると、環境や労働の分野で締約国の規制権限を制約するように見える。しかし、その真意は、貿易や投資の自由化を環境保護や労働基準の尊重よりも優先させてはならないという形で、環境や労働の分野で締約国の規制権限を尊重することがねらいである。いずれの章も、その冒頭で締約国が環境・労働分野の法・政策を策定する主権的権利を持つことをうたうのはそのためだ。

　TPPが供給網のグローバル化を支える手段として深い統合を目指せば目指すほど、締約国の正当な公共政策を実現するための規制権限を尊重する必要性も高まる。TPPはグローバルに事業展開する企業の利益だけに奉仕するものではない。深い統合と締約国の規制権限を調整する以上の規定が最終的にどのような内容を盛り込むかを吟味することで、「21世紀のFTAのモデル」としてのTPPの意義と課題も明らかになるだろう。

Ⅳ　TPPと日本

1　TPPの日本への影響

　TPPは日本にいかなる影響を及ぼすだろうか。TPPの日本への影響については、TPPが日本の規制・制度に及ぼす影響と、TPPが他の締約国、特に途上締約国の規制・制度に及ぼす影響の両方を考える必要がある。紙幅の関係で詳細な検討は別稿に譲るとして[42]、ここでは2点だけ指摘する。第1に、TPP

が日本の規制・制度に及ぼす影響は比較的軽微であろう。日本は WTO 協定や過去の EPA・BIT を通じて，また長年にわたる規制改革を通じて TPP の内容の多くをすでに実現しているからだ。第2に，それよりもはるかに大きな影響が他の TPP 締約国，特に途上締約国の規制・制度に及び，これらの国の規制・制度は大きく変容することになるだろう。そしてその結果としてこれらの国における日本企業の事業環境が大幅に改善することが期待できる。供給網のグローバル化を支える手段としての TPP の真価が現れるのはこの局面であろう。

2　TPP と日本の通商政策

最後に，日本の通商政策にとって TPP が持つ意義を考えたい。日本は現在，TPP 以外に EU との EPA と RCEP という広域 FTA を交渉している。米国と EU の間で TTIP (環大西洋貿易投資パートナーシップ) の交渉も進んでいる。主要貿易国が複数の広域 FTA を交渉している現状は，日本の通商政策にとって2つの点で重要な意味がある。第1に，2010年の秋に日本が TPP 交渉参加の検討を公式に表明したことがこれらの広域 FTA の交渉が進む重要なきっかけとなったことである。それまでは交渉開始に必ずしも積極的でなかった中国や EU が RCEP，日 EUEPA という広域 FTA の交渉に踏み切ったのは，日本の TPP 交渉参加表明によって，日米主導でアジア太平洋の貿易・投資の自由化と貿易・投資ルール形成の動きが進むことへの警戒ないし対抗からだった。[43] 第2に，米国，欧州と東アジアの間で TPP，TTIP，日 EUEPA という三つ巴の広域 FTA の交渉が進むという現状は，交渉参加国の経済規模や政治的な影響力からいって世界貿易と投資のガバナンス構造を大きく変える可能性がある。それは次のようなシナリオが描かれるからだ。TPP は米・欧・東アジアの間で進む広域 FTA 交渉の中では最も先行している。早ければ2014年内にも交渉妥結の見通しがある。これに対して TTIP と日 EUEPA の交渉は2013年に開

始されたばかりであり，交渉妥結まではなお時間を要することは確実だ。TPP 交渉が妥結すれば，TPP の内容が他の広域 FTA の交渉で参照され，その結果 TPP が事実上の世界標準になる可能性がある。現に，EU は米国との TTIP の交渉で，国有企業に対する財政上・規制上の優遇の規制に関する TPP の規定や分野横断的事項の1つである規制の整合性に関する TPP の規定を踏襲すること，そして最終的にこれらのルールを多国間の合意につなげることを目指していると伝えられている[44]。

　以上を踏まえると，日本の通商政策にとって今後数年の TPP を初めとする広域 FTA の交渉はきわめて重要である。TPP の内容が事実上の世界標準になるというのはあくまでも1つの可能性にすぎない。日本はこのシナリオを実現させる上で重要な役割を担っている。特に，RCEP の交渉を通じて中国やインドなどの有力な新興国に TPP 並みの自由化水準やルールをどこまで受け入れさせることができるかが重要だ。それは TPP をこれらの国に押し付けるということではない。TPP が供給網のグローバル化という21世紀の新しい世界経済の動きを支える「21世紀の FTA のモデル」にふさわしい内容を盛り込んでいること，それと同時に TPP は締約国の正当な規制権限を尊重するしくみも備えていることを十分に説明し，これらの国が TPP の内容を自らの利益にかなうこととして受け入れるよう促すべきだ。そのためにも，まずは TPP の交渉をできるだけ早く成功裏に終わらせる必要がある。

V　結　び

　TPP はグローバルルールになるだろうか。WTO が多国間の貿易自由化とルール定立のフォーラムとして機能不全に陥っている状況は早急に改善されるようには見えない。当面は，米国，EU，日本，中国などの主要貿易国が関与する広域 FTA の交渉が並行して進められ，これらの間で貿易・投資の自由化と貿易・投資ルールの定立をめぐる制度間競争が続くだろう。本稿で筆者は，

TPP 交渉がその中で最も先行しており，他の広域 FTA の交渉で参照されることを通じて TPP の内容が事実上の世界標準になる可能性があると指摘した。

しかしながら，これが最終的なシナリオであってはならない。供給網のグローバル化は企業が貿易・投資先の国を選ぶ時代の到来を告げている。「グローバル化」という言葉とは裏腹に，企業は経済合理性の観点から貿易・投資先の国を厳しく選別する。排除される国の多くは途上国，特に後発途上国（LDC）だろう。選別と排除がもたらすのは各国の経済的格差の固定化と拡大である。このような帰結に思いをいたすとき，後発途上国を含めて世界の大多数の国が加入する WTO が TPP の内容を取り込み，WTO のさまざまな制度的インフラストラクチャーを活用して，加盟国が段階的かつ確実にそれを実施できるようにするというシナリオが浮かび上がってくる。供給網のグローバル化という21世紀の国際貿易・投資の新しい趨勢に対応した WTO の再活性化が必要である。日本の通商政策もその点を見据える必要がある。

(1) 本稿は，日本国際経済法学会第23回研究大会（2013年10月27日，立教大学）の共通論題セッション「環太平洋戦略的経済連携（TPP）と国際経済法の動向」における筆者の報告「TPP の背景と意義」に加筆修正を加えたものである。
(2) TPP は Trans-Pacific Partnership の略称である。TPP は環太平洋戦略的経済連携協定（Trans-Pacific Strategic Economic Partnership Agreement, P4（Pacific Four の略称）とも呼ばれる）の加入条項に基づいて交渉が行われているが，交渉では元の協定名ではなく TPP（Trans-Pacific Partnership）という名称が用いられており，日本政府もこれに従っている。本稿もこの名称を用いる。
(3) 現在交渉中の広域 FTA と交渉参加国，交渉開始年月は以下の通り。TPP（アジア太平洋地域12カ国，2010年3月），日 EUEPA（日本と EU 加盟28カ国，2013年4月），RCEP（東アジア地域包括的経済連携協定，ASEAN 加盟10カ国と日本，中国，韓国，豪州，ニュージーランド，インド，2013年5月），TTIP（環大西洋貿易投資パートナーシップ協定，米国と EU 加盟28カ国，2013年7月）。
(4) 参照，WTO, Bali Ministerial Declaration, WT/MIN(13)/DEC, adopted 7 December 2013.
(5) 難航していたウルグアイラウンドが農業保護をめぐる米国と EU の間で妥協が成立したこと（1992年11月のブレアハウス合意）で一気に交渉妥結に向かったのは，その好例

(6) ドーハ開発アジェンダが行き詰まった背景の詳細な分析として参照，Cho, Sungjoon, "Is the WTO Passé?: Exploring the Meaning of the Doha Debacle," 1 May 2009, 53 pp. at http://papers.ssrn.com/sol3/papers.cfm?abstract_id=1403464.
(7) 参照，日本貿易振興会（JETRO）「世界と日本のFTA一覧（2013年11月）」https://www.jetro.go.jp/jfile/report/07001093/fta_ichiran_2012.pdf.
(8) 参照，UNCTAD, *World Investment Report 2013 Global Value Chains: Investment and Trade for Development* (UNCTAD, 2013), p.101.
(9) 参照，WTO, Updated dataset on the content of PTAs, at http://www.wto.org/english/res_e/publications_e/wtr11_dataset_e.htm.
(10) 参照，小寺彰「投資協定の現代的意義──仲裁による機能強化──」同編『国際投資協定──仲裁による法的保護──』（三省堂，2010年）2-3頁。
(11) 参照，Baldwin, Richard, "21st Century Regionalism: Filling the gap between 21st century trade and 20th century trade rules," *CEPR Policy Insight* No.56, 2011, pp.2-4.
(12) 参照，Escaith, Hubert and Inomata, Satoshi (eds.), *Trade Patterns and Global Value Chains in East Asia: From Trade in Goods to Trade in Tasks* (WTO/IDE-JETRO, 2011), p.81, Figure 3.
(13) 参照，木村福成「TPPと21世紀型地域主義」馬田啓一・浦田秀次郎・木村福成編『日本のTPP戦略 課題と展望』（文眞堂，2012年）5頁。
(14) Trans-Pacific Strategic Economic Partnership Agreement, signed 18 July 2005, entered into force 28 May 2006. 協定本文及び譲許表などを含む付属書その他の合意文書は次のURLからアクセスできる。http://www.mfat.govt.nz/Trade-and-Economic-Relations/2-Trade-Relationships-and-Agreements/Trans-Pacific/0-P4-Text-of-Agreement.php.
(15) *Ibid.*, Article 20.6: Accession.
(16) 参照，Letters of Ambassador Roland Kirk to Speaker of the House Nancy Pelosi and Senate President *Pro Tempore* Robert Byrd, 14 December 2009, at http://www.ustr.gov/webfm_send/1559.
(17) *Ibid.*, para.4.
(18) 2006年11月のAPEC首脳会議（ハノイ）で米国がFTAAPを提唱して以来，TPP交渉参加に至るまでの経緯につき，参照，寺田貴『東アジアとアジア太平洋』（東京大学出版会，2013年）168-173頁。
(19) 参照，*supra* note 16, paras.6-9.
(20) 参照，Knowledge Ecology International, Trans-Pacific Partnership Agreement, at http://keionline.org/TPP; WikiLeaks, TPP, at http://wikileaks.org/tpp.
(21) 特に情報量が多いのは日本政府と米国通商代表部のウェブサイトである。参照，内閣官房TPP政府対策本部，at http://www.cas.go.jp/jp/tpp; Office of the United States

Trade Representative, Trans-Pacific Partnership (TPP), at http://www.ustr.gov/tpp.
(22) 参照, *Inside U.S. Trade*, at http://insidetrade.com; *International Trade Reporter*, at http://www.bna.com/international-trade-reporter.
(23) 参照, 拙稿「TPP交渉の行方と課題・3――TPPで何が決まるか（市場アクセス（産品, サービス, 投資, 政府調達）――」『貿易と関税』2014年3月号4-22頁；「同・4――TPPで何が決まるか（サプライチェーンのグローバル化を支えるルール）――」『貿易と関税』2014年4月号13-33頁；「同・5――TPPで何が決まるか（深い統合と締約国の正当な規制権限との調整）――」『貿易と関税』（2014年6月号4-30頁）。
(24) 参照,「環太平洋パートナーシップ貿易閣僚による首脳への報告書」（2013年10月8日）, 日本語仮訳2頁, at http://www.cas.go.jp/jp/tpp/pdf/2013/10/131008_tpp_houkoku.pdf.
(25) TPPの投資に関する規定について参照, 本号所収の坂田論文。その他の分野に関する規定について参照, 拙稿・「前掲論文」（注23）「TPP交渉の行方と課題・4」。
(26) FTAを通じた国有企業への財政上・規制上の優遇の規制をめぐる近年の動向の分析として, 参照, 経済産業省通商政策局編『2013年版不公正貿易報告書　WTO協定及び経済連携協定・投資協定から見た主要国の貿易政策』（勝美印刷株式会社, 2013年）332-339頁。
(27) 本稿執筆時点で競争力とビジネス円滑化に関するTPPの交渉内容の詳細は不明であるが, この点については日本が締結した経済連携協定（EPA）の多くで設けられているビジネス環境整備小委員会の例が参考になる。参照, 経済産業省通商政策局編・『前掲書』（注26）797-806頁。
(28) ①と②は内容的に重複する場合もあるが, 締約国による正当な規制権限の行使としてとられる措置の法的位置づけが異なる。①の場合, 当該措置は国際協定上の義務に違反するが例外ないし義務免除として正当化される。これに対して②の場合, 当該措置はそれ自体として国際協定上も適法な措置と位置づけられる。参照, UNCTAD, *Bilateral Investment Treaties 1995-2006: Trends in Investment Rulemaking* (United Nations, 2007), p.92.
(29) 参照, *Thailand – Restrictions on Importation and Internal Taxes on Cigarettes*, Report of the Panel, adopted 20 February 1990, *BISD 37S/200*, para.75.
(30) 参照, *United States – Standards for Reformulated and Conventional Gasoline*, Report of the Appellate Body, adopted 20 May 1996, WT/DS2/AB/R, p.22.
(31) 例えば参照, 米豪FTA 22.1条（一般的例外）, 22.2条（重大な安全保障）。
(32) 例えば参照, 米豪FTA 22.3条（課税）。
(33) The Merchant Marine Act of 1920, Pub.L. No.66-261, 41 Stat. 988 (1920).
(34) 46 U.S.C.§55102 (2006).
(35) 参照, Yost III, William H., "Jonesing for a Taste of Competition: Why an Antiquated Maritime Law Needs Reform," *Roger Williams University Law Review*,

Vol.18, No.1 (2013), pp.54-55.
(36) 46 U.S.C. § 55101 (2006).
(37) 参照，U.S. International Trade Commission, *The Economic Effects of Significant U.S. Import Restrictions: Fifth Update* (U.S. International Trade Commission, 2007), p. 98, Table 5-1.（ジョーンズ法がもたらした米国内航水運の非効率・高コスト体質の証拠として，2005年の米国船の1日当たりの運行費用が，タンカーで1万1300ドル，コンテナ船で1万2070ドル外国船よりも割高になっていると算定する。）
(38) 参照，Henckels, Caroline, "Indirect Expropriation and the Right to Regulate: Revising Proportionality Analysis and the Standard of Review in Investor-State Arbitration," *Journal of International Economic Law*, Vol.15, No.1 (2012), pp.223-255.
(39) 参照，2012 U.S. Model Investment Treaty, Annex B. Expropriation, Section 4(b), at http://www.ustr.gov/sites/default/files/BIT%20text%20for%20ACIEP%20Meeting.pdf.
(40) 参照，TPP Investment Chapter, leaked 13 June 2012, at http://www.citizenstrade.org/ctc/wp-content/uploads/2012/06/tppinvestment.pdf.
(41) ILO Declaration of Fundamental Principles and Rights at Work and its Follow-up, adopted 18 June 1998, at http://www.ilo.org/declaration/thedeclaration/textdeclaration/lang--en/index.htm.
(42) 参照，拙稿「TPPで日本はどう変わるか？・10　TPPの日本への影響(1)」『貿易と関税』(2012年6月号) 18-26頁；「同・11　TPPの日本への影響(2)」『貿易と関税』(2012年7月号) 4-12頁；「同・12　TPPの日本への影響(3)」『貿易と関税』(2012年8月号) 4-17頁；「同・13(完)　TPPの日本への影響(4)」『貿易と関税』(2012年10月号) 19-37頁。
(43) 参照，寺田貴『東アジアとアジア太平洋』（東京大学出版会，2013年）191-194頁。（日本のTPP交渉参加表明によるドミノ効果として中国がそれまで滞っていた日中韓投資協定，日中韓FTA交渉，RCEPの交渉に応じるようになったことを指摘する。）
(44) 参照，European Commission, Directorate-General for Trade, Directorate E, Unit E1, Trade relations with the United States and Canada, Note for the Attention of the Trade Policy Committee, "Transatlantic Trade and Investment Partnership (TTIP), Initial Position Papers on Regulatory Issues – Cross-Cutting Disciplines and Institutional Provisions, and Anti-Trust & Mergers, Government Influence and Subsidies," 19 June 2013, at http://insidetrade.com/iwpfile.html?file = jul2013%2Fwto 2013_2015a.pdf.

（東京大学社会科学研究所教授）

論　説　環太平洋パートナーシップ協定（TPP）

TPP の背景と意義〈コメント〉

林　　禎　二

I　はじめに
II　TPP はグローバルな貿易・投資のルール作りにつながるのか
III　TPP における新しいルール形成の背景
IV　TPP のルールづくりと日本
V　おわりに

I　はじめに

　環太平洋パートナーシップ協定（TPP）については，日本の交渉参加について国内で様々な議論があり，その多くは物品市場アクセスと呼ばれる関税分野の交渉とそれが農業をはじめとする日本の産業に及ぼす影響に関するもので，現在も続いている。同時に，TPP 自体が貿易・投資のルール作りにどのような意味があるのかについても議論があり，その価値を高く評価するものや，逆に TPP でのルール交渉は特異であるとして警戒する見解もある。TPP は現在交渉中の協定であり，その中身は当然確定しておらず，また他の多くの経済連携協定（EPA）や自由貿易協定（FTA）と同様に[1]，交渉中のテキスト等の情報が公表されていないこともあって，議論の中に憶測に基づいた，あるいは必ずしも根拠のないものもあるところ[2]，本稿では現時点で明らかにされている資料等に基づいて，TPP が貿易・投資のルール作りに及ぼす影響を中心に論じたい。特に，他の FTA との比較において，TPP がグローバルな貿易・投資のルール形成にどうのように貢献するのか，TPP による新たなルール形成の背

景，TPP と日本との関係について論ずることとしたい。

　なお，本稿の内容は筆者の個人的見解であり，政府や外務省などの見解ではないことをあらかじめお断りしておく。

Ⅱ　TPP はグローバルな貿易・投資のルール作りにつながるのか

　TPP の意義の1つは，世界経済の成長センターであるアジア太平洋地域の貿易・投資のルール作りである。WTO のドーハ・ラウンド交渉が停滞する中で，各国は FTA 交渉を加速させているが，その中でも TPP 交渉は，交渉参加国や交渉分野の多さ，ルールのレベルの高さなどの面で他に例のない交渉であり，アジア太平洋地域の将来のスタンダードとなるものが目指されている。この点は，例えば2011年に発表された「TPP の輪郭」[3]では，TPP は次世代の課題を包含する，画期的で21世紀型の貿易協定となる，とされている。

　交渉は2010年3月に米国，豪州など8カ国が参加して開始され，その後マレーシア，メキシコ，カナダ，日本[4]の4カ国が参加し，交渉参加国数も参加国全体の経済規模も大きく拡大した。こうした経緯もあり，韓国，台湾，タイ，フィリピンも TPP に関心を示しており，中国も TPP について「開放的な態度」とし，将来的な参加の可能性を排除していない。こうした背景には，アジア太平洋地域でのサプライチェーンの広がり，二国間 FTA よりも多国間 FTA 重視の傾向といった点もあるのだろう。

　交渉分野については，よく21あると言われるが[5]，物品市場アクセス（関税），サービス，投資といった FTA でよく扱われる主要分野のほかにも，環境，労働，電子商取引，競争（国有企業），中小企業の FTA 利用の促進，規制制度間の整合性といった，新しい，あるいは今までの FTA などではほとんど扱われたことがない分野や事項が含まれている。TPP は単に貿易や投資を自由化するだけでなく，雇用創出，生活水準の向上，福祉の改善，持続可能な成長，更にはデジタル経済やグリーン・テクノロジーを含む新たな貿易課題に対処する

ことが重要な特徴とされており(6)，そうした観点からも交渉対象分野は幅広く，かつ先進的なものを含んでいる。

各分野のルールのレベルについても，協定の利益と義務が完全に共有されるように，高い基準を採用することに各国が同意している(7)。「TPPの輪郭」においては，知的財産，貿易の技術的障害，衛生植物検疫といった分野でWTO協定上の権利・義務を強化したり，発展させることが明記されているのである。

なお，本稿ではルール面を中心に論じているが，市場アクセスについても，包括的で高いレベルの市場アクセスが目指されており，関税並びに物品・サービスの貿易及び投資に対するその他の障壁を撤廃することが，TPPの特徴とされる。サービス・投資市場へのアクセスは，除外措置を取った場合を除き，アクセス可能と見なすいわゆる「ネガティブリスト」に基づいて交渉されている他，政府調達についてもWTOの政府調達協定（GPA）に加入していない国も含めて，全てのTPP参加国が市場アクセスの約束表を提示して交渉を行っている(8)。

このようにTPPは，その参加国数，対象分野，野心のレベルのいずれをとっても前例のない取り組みであり，アジア太平洋地域の貿易・投資のルール作りの先例となろうとするものであると言えよう。それはこの地域が世界の経済成長の中心であること，米国，日本，豪州など重要な国が交渉に参加していることからも，TPPのルールはアジア太平洋を越えてグローバルに影響力をもつルールとなる可能性をもっていると考えらえる。

Ⅲ　TPPにおける新しいルール形成の背景

TPP交渉は未だ継続しているところ，その結果を予断することはできないが，交渉の論点については，現在もある程度わかっている。TPPにおけるルール作りの新しい論点を個別に検討すると，その多くは全く新しいものではないことがわかる。以下では，各論点の背景や経緯を述べる。

第1は，WTO加盟国が選択的に締約国となることができるルールが議論されている場合や，WTOのドーハ・ラウンド交渉で議論されている論点がTPP交渉でも議論されている場合である。

　前者について言えば，WTOの政府調達協定（GPA）などがあげられる。政府調達の分野では，TPP交渉参加国のうち4カ国のみがGPAの締約国となっているが，TPP交渉ではすべての国がGPAを念頭に交渉しているとされる。

　また，後者については，ドーハ・ラウンドで論点となっている輸出税や農産品の輸出補助金の禁止，貿易円滑化などもTPPで議論の対象になっているとされる。例えば，輸出税については，現行WTO協定で全く規律されていないが，ドーハ・ラウンドにおいては，これを原則禁止する提案が出ており[9]，TPP交渉でも禁止の方向で議論が行われているようである。輸出補助金については，原則的に禁止（第三国が使用する輸出補助金に対抗する輸出補助金は除外）の方向で議論されているとの情報がある[10]。また，貿易円滑化の分野では，2013年12月にドーハ・ラウンド交渉の一環としていわゆるバリ・パッケージが合意されたが，その内容である税関手続きの簡素化，透明化（いわゆるシングル・ウィンドウの導入など）はTPPでも論点となっている[11]。

　第2に，TPP交渉はアジア太平洋経済協力（APEC）メンバーによって交渉が進められているところ，APECでの議論がTPP交渉に反映されている場合がある[12]。具体的には，腐敗防止，透明性，中小企業といった点があげられる。

　「腐敗防止」は外国政府の公務員等に対する贈収賄の問題等であるが，APECでは2004年から取り組んでおり，多くの文書も発出されているところ，2013年のAPEC閣僚声明では，腐敗対策等のためのAPECネットワークの強化の付属書が出された[13]。この分野は国連やOECDでも関連する条約や取り組みがあるが，TPPでは「法的・制度的事項」の分野として議論されている。

　「透明性」の確保では，国内で規制法令などを制定する際に，その手続きが公開されているか，関係者が意見を述べる機会が設けられるか等を扱うもので

ある。APECはこの分野でも先進的な取り組みをおこなっており、FTA等のためにモデル章を2012年に作成し、閣僚声明の付属書としている。この点もTPPでは法的・制度的事項や分野横断的事項の1つである規制制度間の整合性と関係し議論されている。

「中小企業」もAPECが積極的に取り組んでいる分野であり、中小企業によるFTAの利用促進は主要課題の1つである。例えば、2011年のAPEC閣僚宣言の付属書では、中小企業のＦＴＡの利益に関する情報へのアクセス向上やベストプラクティスの収集などを挙げているが、これらはTPP交渉でも「分野横断的事項」の1つとして議論されている。

第3にTPP交渉では、その他の国際機関での検討や交渉の成果からルールの導入が図られている場合がある。

TPPでは競争の分野で、いわゆる国有企業等に関する規律が議論されている。これは有利な待遇を与えられた国有企業により、競争及び貿易が歪曲されることを防止し、民間企業との間で、公平な競争条件を与えることを目的としたものであるが、このような国有企業等を対象とした規律は米国と豪州のFTAなどにも一部見られる。また、経済協力開発機構（OECD）でも、規制、補助金、税制その他で公的企業と民間企業との間の公平な競争条件をいかに確保するかという観点から、検討が行われてきている。新興国経済との経済関係が重要になってくる中で、新興国には国有企業等が多いことから、国有企業等に関する規律は新たに注目されるようになった分野である。

また、電子商取引、環境、労働等の分野は、米国や豪州などの二国間のFTAで議論が進められてきた。電子商取引では、内国民待遇、最恵国待遇、オンラインの消費者保護、電子署名・認証の採用等が規定されているほか、労働や環境の分野では、貿易の促進や投資の誘致のために基準を緩和しない、関係する多国間条約の遵守、高い保護水準の設定等が共通要素となっている。

知的財産の分野は、TPPではWTOの知的所有権の貿易関連の側面に関す

る協定（TRIPS協定）をどのように発展させるかといった観点から議論が行われている。これまで世界知的財産権機関（WIPO），知財関連の多国間条約，TPP交渉参加国のFTA，偽造品の取引の防止に関する協定（ACTA）[18]で議論されてきた論点が，TPPの知的財産の分野でも扱われている。例えば，視覚で認識できない商標，著作権の保護期間，発明公表から特許出願までの猶予期間，営業秘密や医薬品のデータ保護期間，民事救済における法定損害賠償，著作権侵害に対する職権による刑事手続，インターネット・サービス・プロバイダの責任制限，遺伝資源及び伝統的知識といった点であり，TPPでも最も論点が多い分野の1つとされる。

　以上のように，TPPでのルール作りの多くは，必ずしもTPPで初めて議論されているものではなく，これまで様々な国際フォーラムや国際約束，二国間FTAで検討されてきた先進的な要素を取り込み，あるいはそれらを発展させる形で議論が行われている。その意味で，TPPはこうした過去の検討や議論の集大成の面もあり，発効すればそうした背景があるだけにTPP参加国以外にも幅広い影響を及ぼし得ると考えられるのである。

Ⅳ　TPPのルールづくりと日本

　これまでTPPのルール作りの特徴を述べてきたが，こうしたTPPのルール作りと日本の関係について少し述べてみたい。

　第1に，TPPでのルール作りにおける日本の役割や貢献である。そもそも日本のFTA政策は，モノ・サービスの貿易・投資といったFTAの主要分野のみならず，競争，政府調達，税関手続の簡素化，人の移動といった幅広い分野を扱う協定を目指し，自由貿易協定ではなく「経済連携協定」と呼んできた。[19]こうした観点からは，TPPにおいて幅広い分野で先進的な論点も含めて交渉が行われていることは，日本のFTA政策と方向を同じくするものであろう。交渉に途中から参加するという難しい点はあるが，これまで締結した13の

FTAや他の国際フォーラムでの経験を踏まえて，積極的な貢献が期待される。

　TPPを含むFTA交渉において，日本が特別な位置にあることも考慮すべきである。APECはアジア太平洋自由貿易圏（FTAAP）を追求しており，ASEANプラス（東アジア地域包括的経済連携（RCEP)），日中韓FTA，TPP協定といった現在進行している地域的な取組を基礎として更に発展することにより，これを実現するとしている。[20]TPPはその中でも最も進んでいる取り組みであるが，RCEP，日中韓FTAといったFTAAPへの主要な取組に同時に参加しているのは日本だけであり，各交渉の橋渡しも含めて重要な役割を担っていると言えよう。

　第2にTPPと日本の積極的なFTA政策との関係が挙げられる。日本は2002年にシンガポールとのEPAを発効させて以来，13本のFTAを締結してきたが，2014年4月現在は9本のFTA交渉を同時に進めており，[21]韓国などと比べて遅れているといわれるFTA政策を加速している。このFTA政策の加速には，2010（平成22）年11月にTPPへの対応も視野に入れた「基本方針」が策定されたことが一つの要因であろう。[22]

　さらに2013（平成25）年6月の「日本再興戦略」では，貿易のFTA比率を現在の19%から，2018年までに70%に高めること，このため特に，TPP交渉に積極的に取り組むことにより，アジア太平洋地域の新たなルールを作り上げていくこと，日EU・EPA等に同時並行で取り組むなどして各経済連携が相互に刺激し合い活性化することにより，世界全体の貿易・投資のルールづくりが前進するよう，日本が重要なプレーヤーとして貢献していくこと，などが記されている。

　当然こうしたFTA政策を積極的に推進するためには，日本の国内政策も検討が必要になる。関税交渉と国内産業の保護との関係については，多くの議論がなされているが，TPPのルールづくりにおいても，日本国内の法令や制度等が，アジア太平洋のルールと整合的であるのか，この地域とともに日本が発

展していくために適切なものであるか，といった検討が必要になる場合もあろう。「日本再興戦略」でも，TPPだけではないが，様々な経済連携交渉の進捗等の動きも踏まえながら，規制改革に係る提案等への対応について，「規制改革会議」における審議を活用しつつ，検討を加速させる，としている。他方，TPPの21分野のうち日本がこれまでFTAで全く扱ったことがないのは，競争（国有企業）や分野横断的事項に限られており，日本が全く新しいルールを押しつけられるといった考えは適切ではないだろう。

V　お　わ　り　に

　TPPは2013年中の合意が目指されながら達成できず，2014年4月現在も交渉中であることから，その内容を予断することはできない。また，仮に交渉が妥結し署名された場合でも，多国間条約の場合は，発効要件を満たすまでに時間がかかる，あるいは要件が満たされず発効しないケースもある。

　TPPは高い基準と新しい規律を作り出す最先端の協定を目指す構想であり，アジア太平洋地域の，さらにはグローバルな貿易・投資のルール作りの先例となり得るとしたが，TPPが交渉中であることを考えると，現時点で過度の期待をもつことは適切ではないだろう。

　他方，TPP異質論のように，TPPが何か特異なルールを作ろうとしているかのような過度の警戒感も適切ではないだろう。TPPでのルール作りは，全く新しい試みとしておこなわれているものではなく，これまで様々な国際フォーラムや国際約束，二国間FTAで検討されてきた先進的な要素を取り込み，あるいは再検討しながら行われていることは先に述べたとおりである。

　包括的で高いレベルの協定を目指すというTPPの目標を考慮しつつ，グローバルな貿易・投資のルール作りでのTPPの貢献に期待したい。

　(1)　経済連携協定（Economic Partnership Agreement）は，自由貿易協定（Free Trade

Agreement）で扱う貿易の自由化に加えて，投資や知的財産保護など幅広い経済関係の強化を目的とするとされる。他方，最近の FTA には物品アクセス以外に幅広い分野をカバーするものもあり，両者の区別は必ずしも明確ではなくかっているところ，本稿では両者を区別せず，FTA として扱う。
(2) TPP 交渉の条文案等を協定発効後 4 年間は対外公表しない，とされている点については，以下，at http://www.mfat.govt.nz/Trade-and-Economic-Relations/2-Trade-Relationships-and-Agreements/Trans-Pacific/1-TPP-Talk/0-TPP-talk-29-Nov-2011.php
(3) ENHANCING TRADE AND INVESTMENT, SUPPORTING JOBS, ECONOMIC GROWTH AND DEVELOPMENT : OUTLINES OF THE TRANS-PACIFIC PARTNERSHIP AGREEMENT, at http://www.mofa.go.jp/mofaj/gaiko/tpp/pdfs/tpp01_07e.pdf
(4) 日本は2013年 7 月のマレーシア・コタキナバルでの第18回会合から参加している。
(5) 内閣官房他資料「TPP 協定交渉の分野別状況」平成24年 3 月，at http://www.cas.go.jp/jp/tpp/pdf/2012/1/20120329_1.pdf
(6) OUTLINES OF THE TRANS-PACIFIC PARTNERSHIP AGREEMENT, key features.
(7) 同上，scope.
(8) TPP 交渉参加12カ国中，WTO の政府調達協定の締約国は，日本，米国，シンガポール及びカナダの 4 カ国だけである。
(9) WTO, Negotiating Proposal on Export Taxes, TN/MA/W/11/Add.6, 27 April 2006
(10) 「TPP 協定交渉の分野別状況」3 頁。
(11) シングル・ウィンドウとは，関係機関の各システムを相互に接続・連携することにより，各輸入関連手続に共通する情報の重複入力の手間を省き，複数の行政機関への申請を 1 つの窓口から行うことを可能とする制度。
(12) 同上22，25頁。
(13) Enhancing APEC Network in Combating Corruption and Ensuring Transparency, at http://www.apec.org/Meeting-Papers/Ministerial-Statements/Annual/2013/2013_amm/annexd.aspx
(14) APEC Model Chapter on Transparency for RTAs/FTAs, at http://www.apec.org/Meeting-Papers/Ministerial-Statements/Annual/2012/2012_amm/annex-a.aspx
(15) Actions to address barriers facing smes in trading in the region, at http://www.apec.org/Meeting-Papers/Ministerial-Statements/Annual/2011/2011_amm/annex-b.aspx
(16) 「TPP 協定交渉の分野別状況」12，13，18，20，21頁。
(17) OECD でのこの分野の検討は，例えば Competitive Neutrality, Maintaining a level playing field between public and private business, 2012, at http://www.oecd.org/daf/ca/corporategovernanceofstate-ownedenterprises/50302961.pdf

(18) ACTA はこれまで我が国が締結した他，米国，EU などが署名しているが発効には至っていない，at http://www.mofa.go.jp/mofaj/gaiko/ipr/acta.html
(19) 外務省「日本の FTA 戦略」（4．目指すべき EPA/FTA の姿（何について交渉するのか）），2002年10月，at http://www.mofa.go.jp/mofaj/gaiko/fta/senryaku_04.html
(20) APEC Pathways to FTAAP, at http://www.apec.org/Meeting-Papers/Leaders-Declarations/2010/2010_aelm/pathways-to-ftaap.aspx
(21) 日本は9本の FTA を交渉中のほか，韓国，湾岸諸国との FTA 交渉を中断又は延期しており，2014年1月にはトルコとの EPA 交渉開始につい合意している．
(22) 包括的経済連携に関する基本方針，2010年11月，at http://www.mofa.go.jp/mofaj/gaiko/fta/policy20101106.html

（在中華人民共和国日本国大使館経済部長公使（前外務省経済局経済連携課長））

論　説　環太平洋パートナーシップ協定（TPP）

TPP と農業再生

山　下　一　仁

I　はじめに
II　問題の所在
III　日本の農業保護の特徴
IV　日本農業の発展を阻害するもの
V　ウルグァイ・ラウンド交渉による関税化とその例外
VI　正しい農業政策
VII　2013年の見直しが招く減反の崩壊
VIII　2014年日米協議
IX　おわりに

I　はじめに

　これまで日本が行った通商交渉では，常に農業が障害となった。
　ガット・ウルグァイ・ラウンド交渉では，全ての非関税障壁を関税に置き換えるという"包括的関税化"に対し，米だけでなく麦，乳製品，豚肉，でんぷんなど輸入数量制限や最低輸入価格（差額関税）制度の下にある品目は全て例外を要求し，最終的には米だけ関税化の特例措置を講ずることとした。関税化とは内外価格差を関税に置き換えるだけであり，また米には特例措置があるので，農業への影響は想定されなかったし，現実にも影響はなかったにもかかわらず，国内対策として6兆円規模の予算措置が講じられた。しかも，これらの予算のほとんどは，温泉ランドのような"箱もの"など，農業の生産性向上とは全く無関係の事業に消化された。

WTO（世界貿易機関）に移行した後のドーハ・ラウンド交渉においても，関税の大幅削減の例外品目をいかに多く確保するかに，多大な労力が費やされた。そのためには低関税の輸入割当枠を拡大するという代償を払わなければならなかったが，その結果政府が掲げる食料自給率向上は実現できなくなることも厭わなかった。内外価格差が大幅に縮小しているため，要求された70％の削減でも影響は生じなかったにもかかわらず，日本政府は盲目的に関税維持を交渉の対処方針に掲げた。ガット・ウルグァイ・ラウンド交渉の際には，アメリカ，EU，カナダとともに4極という中心的な位置にいた日本だが，農業交渉で"ノー"としか言えない日本は，次第に交渉の中心から外されてしまった。

　自由貿易協定締結交渉でも，農産物関税の維持が譲れない一線となってしまう結果，日本が結んだ自由貿易協定での自由化率は極めて低いものとなるとともに，相手国の工業製品に対する関税を削減・撤廃することは，困難となった。ベトナムとの間でも自由貿易協定が締結されているが，80％近い自動車の関税は手つかずに維持されている。協定の相手国も，日本が要求を貫徹できる途上国がほとんどとなった。

　日豪自由貿易協定は，先進国であり農産物輸出国である国との初めての本格的な交渉となった。しかし，農産物関税の維持を主張する日本と輸出を拡大したい豪州の間で交渉は中断し，7年もの期間を経てようやく妥結した。日豪自由貿易協定はTPPでのアメリカの要求をけん制するために合意されたという見方が強いが，TPPによる関税撤廃の圧力がなければ，農産物輸出国である豪州との自由貿易協定交渉は妥結できなかった。本来自由貿易協定では関税の撤廃が要求されるが，TPP交渉でも農産物については関税の維持，限定的な削減にとどまる結果，アメリカの自動車関税は長期間維持され，韓国との間で競争条件に大きな差がついている状態を改善することはできなくなっている。

　本稿では，農業が我が国の通商交渉の障害物となる理由と解決策について分析する。

Ⅱ　問題の所在

　我が国の農業界は TPP に参加すると農業は壊滅すると主張した。交渉参加後，農業界の意見を受けて，自民党や国会の農林水産委員会は，米，麦，牛肉・豚肉，乳製品，砂糖などを関税撤廃の例外とし，これが確保できない場合は，TPP 交渉から脱退も辞さないと決議した。しかし，これらの農産物の生産額は4兆円程度で，自動車産業の13分の1に過ぎない。それが日本の TPP 交渉を左右している。

　これらの議論には，日本農業は競争力のない弱い存在だという前提がある。農業界は，「TPP に入ると関税が撤廃され，農業は壊滅する」と主張する。農業に競争力がないから関税撤廃反対という主張に，違和感を持つ人は少なくないだろう。競争力がない産業なら，撤退してもらって，新たな産業を振興したほうが良い。ワープロの出現で町の印刷業の多くは転廃業した。しかし，政府は，印刷業の存続のための施策を講じたことはなかった。農業だけがなぜ特別なのだろうか。競争力がない産業を維持することは，国民負担の増大につながるのではないか。

　農業界は，「農業には食料安全保障や農産物生産以外の多面的な機能という役割があるので，市場経済だけで判断すべきではない。また，昨年の穀物価格高騰が示すように，食料危機に対処するためには，日本農業を維持しなければならない。」と反論する。

　しかし，多面的機能として，農業界が指摘する，水資源の涵養，洪水防止，景観などの機能のほとんどは，米を作ることによる水田の機能である。水田は米を作る生産装置である。それなのに，米を作らせない減反政策を40年以上も続け，今では水田の4割に米を作らせないようにするため，毎年2500億円もの減反補助金を農家に交付しているのは，矛盾してないだろうか。また，食料安全保障に必要なものは農地資源なのに，減反開始後100万 ha の水田が消滅し

た。さらに，日米間で大きな争点となった牛肉や豚肉は，アメリカからの輸入とうもろこしの加工品である上，生産のために大量の糞尿を廃棄物として出し，健康被害を生じかねない過剰な窒素分を国土に蓄積してしまう。食料安全保障や多面的機能という役割が牛肉や豚肉の生産にあるのだろうか。

　食料危機が起こり，国際価格が高騰するなら，関税で農業を保護する必要はないのではないだろうか。TPPで関税撤廃が要求されても，直ちに行う必要はなく，10年かけて段階的に撤廃すればよいので，今後世界の人口増加を反映して国際価格が上がっていけば，10年後には関税がなくても十分農業はやっていけるのではないだろうか。

　関税で守っているのは，国内の高い農産物＝食料品価格である。例えば，消費量の14％に過ぎない国産小麦の高い価格を守るために，86％の外国産麦についても関税を課して，消費者に高いパンやうどんを買わせている。高関税で守られている農産物の4兆円という生産額も，内外価格差が2倍だとすれば，国際価格で評価すると2兆円の実力しかない産業だということになる。

　多くの政治家は，貧しい人が高い食料品を買うことになる逆進性が問題だとして，消費税増税に反対した。その一方で，関税で食料品価格を吊り上げている逆進的な農政を維持することは，政治家にとって国益なのである。

　「農業壊滅」論の大きな欠陥は，高い関税や減反政策で守られている今の農産物の生産構造やコストを前提にして，議論を展開していることである。減反政策とは，米農家が共同して生産量を制限することによって米価を高く維持する政策である。これによって60kg当たり1万3000円の米価が維持されている。しかし，関税がなくなり，アメリカから1万円の米が入ってきたら，このカルテルは維持できない。国内米価も1万円近くに低下するしかない。"関税は独占の母"という経済学の言葉がある。関税が撤廃されれば，減反は維持できなくなるのである。不思議だが，「農業壊滅」論には，この点が全く欠落している。関税撤廃でどうなるのかを議論しなければならないのに，関税維持の状態

でどのような影響が生じるのかを議論しているのである。

　農業サイドから見ても，関税で守っている国内農産物市場は高齢化と人口減少で縮小し，これに合わせて生産をしていくと農業の長期的な衰退は避けられない。国内農産物市場しか考えられない農業界の人たちが，農業の明るい将来ビジョンを描けるとは，とても思えない。

Ⅲ　日本の農業保護の特徴

　日本は農業を，関税に裏付けられた高い価格で保護している。

　OECD（経済協力開発機構）が開発したPSE（Producer Support Estimate：生産者支持推定量）という農業保護の指標は，財政負担によって農家の所得を維持している「納税者負担」の部分と，国内価格と国際価格との差（内外価格差）に生産量をかけた「消費者負担」の部分——消費者が安い国際価格ではなく高い国内価格を農家に払うことで農家に所得移転している額——から成る。

　各国のPSEの内訳をみると，消費者負担の部分の割合は，ウルグァイ・ラウンド農業合意で保護削減の基準年とされた1986〜88年の数値，アメリカ37％，EU 86％，日本90％に比べ，2010年ではアメリカ6％，EU 15％，日本78％（約3.6兆円）となっている。アメリカやEUが価格支持から財政による直接支払いに移行しているにもかかわらず，日本の農業保護は依然価格支持中心である。国内価格が国際価格を大きく上回るため，高関税が必要となる。

　アメリカやEUは，財政から直接支払いを農家に交付することで，消費者には低い価格で農産物を供給しながら，農業を保護する政策に切り替えている。関税がなくなり価格が下がっても，直接支払いを行えば，農家は影響を受けないし，消費も増える。国産農産物の需要も拡大するので，農業にも利益が生じる。

　しかし，農業界のTPP反対論者は，関税による消費者負担を財政負担に置き換えるなら，巨額な負担が必要となると主張する。こうした主張は，現在，

表-1　主要国の農政比較

項目 \ 国	日本	アメリカ	EU
生産と関連しない直接支払い	×	○	○
環境直接支払い	△（限定した農地）	○	○
条件不利地域直接支払い	○	×	○
減反による価格維持＋直接支払い（個別所得補償政策）	●	×	×
1000％以上の関税	こんにゃくいも	なし	なし
500〜1000％の関税	コメ，落花生，でんぷん	なし	なし
200〜500％の関税	小麦，大麦，バター，脱脂粉乳，豚肉，砂糖，雑豆，生糸	なし	バター，砂糖（改革により100％以下に引下げ可能）

(注)　○は採用，△は部分的に採用，×は不採用，●は日本のみ採用

消費者に巨額の負担を強いていると白状していることに他ならない。しかも，消費者は輸入している外国産農産物にも高い価格を払っているので，消費者負担はこれよりもさらに大きい。もし，国内農産物価格と国際価格との差を直接支払いで補てんすれば，消費者にとっては，国内産だけでなく外国産農産物の消費者負担までなくなるという大きなメリットが生じる。

　米については，財政負担をしながら消費者負担も高めるという政策を40年以上も実施している。4000億円もの税金（補助金）を使って農家に減反に参加させることにより，供給を減少させ，主食である米の値段を上げて，6000億円を超える消費者負担を強いている。1兆8000億円の米生産に対して，国民は，納税者として消費者として二重の負担をしており，その合計は1兆円を超える。減反を廃止して，その補助金の一部を減反廃止による価格低下で影響を受ける農家への補償に切り替えれば，少ない財政負担で済むだけでなく，これまで国民に負担させてきた膨大な消費者負担は消えてなくなる。しかし，我が国では，

そのような農政改革は困難である。

Ⅳ　日本農業の発展を阻害するもの

　日本が価格支持から直接支払いに移行できないのは，アメリカやEUになくて，日本に存在するものがあるからである。JA農協である。

　農協は戦後最大の圧力団体である。農地改革で多数の小作人に農地の所有権を与えたため，農村は保守化した。この農村を組織したのが，農協だった。農協が動員する票は自民党を支え，自民党は農林水産省の予算や組織の維持・増加に力を貸し，農協は米価や農協施設への補助金などでメリットを受ける"農政トライアングル"が成立した。水田は票田となり，農村を基盤とする自民党の長期安定政権が実現した。自民党の多数の議員は，2012年末の衆議院選挙では「TPP反対」，TPP参加後の2013年の参議院選挙では「農産物の関税撤廃反対」を，それぞれ農協に約束して当選した。選挙を前にして"踏み絵"を迫るという農協の伝統的な政治手法である。

　所得は，価格に生産量をかけた売上額からコストを引いたものであるから，所得を上げようとすれば，価格または生産量を上げるかコストを下げればよい。政府が米を買い入れた食管制度の時代，農協は米価引上げの一大運動を展開した。1995年食管制度がなくなって以降も，減反政策によって補助金を農家に与えて生産を減少させ，高い米価を維持している。さらに豊作で米価が低下すると，農協は政治力を発揮して政府に市場で米を買い入れさせ，米価を引き上げさせる。政治力こそ農協の最大の経営資産である。

　規模の大きい農家の米生産費（15ha以上の規模で実際にかかるコストは1俵あたり7023円）は零細な農家（0.5ha未満の規模で1万6845円）の半分以下である（2012年）。また，1俵（60kg）あたりの農産物のコストは，1ha当たりの肥料，農薬，機械などのコストを1ha当たり何俵とれるかという単収で割ったものだから，単収が倍になれば，コストは半分になる。つまり，米価を上げなくて

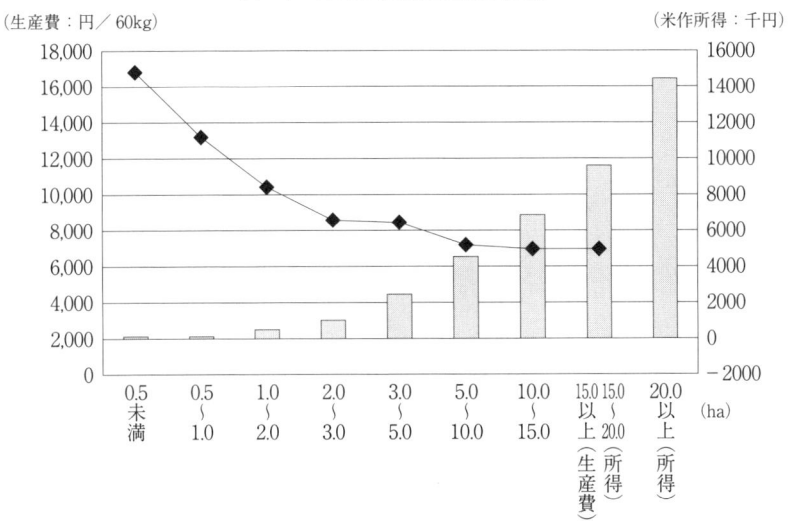

図-1 米の規模別生産費と所得

(生産費：円／60kg) (米作所得：千円)

横軸：0.5未満, 0.5〜1.0, 1.0〜2.0, 2.0〜3.0, 3.0〜5.0, 5.0〜10.0, 10.0〜15.0, 15.0以上(生産費), 15.0〜20.0(所得), 20.0以上(所得) (ha)

も，規模拡大と単収向上を行えば，コストは下り，所得は上がる。

図-1が示す通り，都府県の平均的な農家である1ha未満の農家が農業から得ている所得は，ほぼゼロである。ゼロの農業所得に20戸をかけようが40戸をかけようが，ゼロはゼロである。20haの農地がある集落なら，1人の農業者に全ての農地を任せて耕作してもらうと，1450万円の所得を稼いでくれる。これを農業のインフラである農地や水路の維持管理を行う対価として，農地を提供した集落の構成員に地代を配分した方が集落全体のためになる。農村振興のためにも，農業の構造改革が必要なのだ（図-1）。

しかし，総農地面積が一定で一戸当たりの規模を拡大することは，農業に従事する戸数を減少させるということである。組合員の圧倒的多数である米農家戸数を維持したい農協は，農業の構造改革に反対した。農協が実現した高い米価のおかげで，零細で高コストの兼業農家が滞留し，農地を手放そうとはしなくなった。この結果，農業だけで生計を維持しようとする主業農家に農地は集

まらず，主業農家が規模を拡大してコストダウン，収益向上を図るという道は困難となった。主たる収入が農業である主業農家の販売シェアは，野菜では80％，酪農では93％にも達するのに，高米価政策のせいで米だけ38％と異常に低い。

　しかも，減反政策は単収向上を阻害した。総消費量が一定の下で単収が増えれば，米生産に必要な水田面積は縮小し，減反面積が拡大するので，減反補助金が増えてしまう。このため，財政当局は，単収向上を農林水産省に厳に禁じた。1970年の減反開始後，政府の研究機関にとって単収向上のための品種改良はタブーとなった。今では，日本の米単収はカリフォルニア米より，4割も低い。日本でも，ある民間企業はカリフォルニア米を上回る収量の品種を開発し，一部の主業農家はこれを栽培している。しかし，多数の兼業農家に苗を供給する農協は，生産が増えて米価が低下することを恐れ，これを採用しようとはしない。

　高い米価は米の消費を減少させた。高米価政策によって生産と消費の両面で打撃を加えられた米農業は，衰退した。米の産出額は10年間で半減した。農業産出額全体も，1984年の11兆7000億円をピークに減少傾向が続き，2011年には8.2兆円とピーク時の約3分の2の水準まで低下した。しかし，農業が衰退する一方で，農業の協同組合である農協は発展した。

　アメリカやEUの農協は，特定の農産物の販売，資材の購入などそれぞれの事業を専門に行う農協であり，日本の農協のように，銀行，生命保険，損害保険，農産物や農業資材の販売，生活物資・サービスの供給など，ありとあらゆる事業を総合的に行う農協はない。日本の法人の中でも，このような権能を与えられているのは，農協だけである。銀行は他事業の兼業を禁止されているし，生命保険会社は損害保険業務を行えない。

　しかも，JAバンクの貯金残高は2012年度には90兆円まで拡大し，我が国第2を争うメガバンクとなっている。農協保険事業の総資産は50.7兆円で，生命

保険最大手の日本生命の54.9兆円と肩を並べる。農産物や生活物資の売上額は中堅の総合商社に肩を並べる。農協はありとあらゆる事業を行う巨大企業体である。

　米の兼業農家の農業所得は少なくても，その農外所得（兼業収入）は他の農家と比較にならないほど大きい。しかも，米農家は農家戸数の7割を占める。したがって，農家全体では，米の兼業農家の所得が支配的な数値となってしまう。兼業化，高齢化の進展で，農外所得，年金収入が大きく増加した。1955年には農家所得の67％を占めていた農業所得は，2003年では14％に過ぎない。

　兼業農家は農業から足を洗いたい人たちなので，農地を宅地に転売してくれと言われると，喜んで売る。農業所得の4倍に達する兼業所得も年間数兆円に及ぶ農地の転用利益も，銀行業務を兼務できる農協の口座に預金される。米価の引き上げは，信用事業も兼務できる農協経営に極めて良好に働き，農協はメガバンクとなった。米価を高くして兼業農家を維持し，米農業を衰退させたことが，農協発展の基礎となったのである。

　少数の主業農家ではなく多数の兼業農家を維持することで，農協は政治力を維持し，経営的にも発展した。米価引上げにより，全ての歯車がうまく回転したシステムだった。この長年続いた甘い成功体験から農協は脱却できない。JAの政治団体である全中を軸とした農政トライアングルが，依然として米を中心に動くのは，このためである。

　関税がなくなれば，国内価格を高くしている減反政策は維持できない。これで価格が下がっても，財政から直接支払い，所得補償を行えば，農家は影響を受けない。しかし，所得の高い兼業農家の所得を補償することは，国民納税者の納得が得られない。そうなれば，米価低下によりコスト割れした兼業農家は農地を出してくる。直接支払いは主業農家に限定されるので，農地は直接支払いで地代負担能力が高まった主業農家に集積し，米産業の規模拡大，コストダウン，収益向上が実現する。減反廃止で，単収も向上する。米消費も増えるし，

消費者は価格低下の利益を受ける。農地の出し手は，ほとんどゼロの現在の農業所得よりも高い地代収入を得ることができる。

　しかし，価格に応じて販売手数料収入が決まる農協は，価格が下がると経営が苦しくなる。それだけではない。関税がなくなって米価が下がり，兼業農家がいなくなり，主業農家主体の農業が実現することは，農協にとって組織基盤を揺るがす一大事だ。農協がTPPに対して大反対運動を展開しているのは，このためだ。問題の本質は，"TPPと農業"ではなく"TPPと農協"である。農協が強い政治力を維持する以上，我が国が自力で減反廃止などの抜本的な農政改革を実行することは，不可能である。

V　ウルグァイ・ラウンド交渉による関税化とその例外

　我が国の農業総生産額約8兆円（2010年度）のうち，ほとんど関税のかかっていない品目の割合は，野菜28％，果物9％，養鶏業9％，花4％，これだけで5割である。TPPに参加して関税を撤廃しても，日本農業は壊滅などしない。

　今の関税システムは，1993年に妥結したウルグァイ・ラウンド交渉の結果，できあがった。当時，日本の農産物輸入は，関税さえ払えば自由に輸入できるものと，一定数量以上は輸入させないという数量制限制度の下にあるもの（豚肉は最低輸入価格制度），の2つから成り立っていた。関税自体は，どちらの制度のものでも，高くはなかった。

　同交渉では，数量制限を廃止する代わりに，その対象品目に限り，国内価格と国際価格との差，つまり内外価格差を関税に置き換えることが認められた。"関税化"である。

　国内農業を保護するため，できる限り安い国際価格を使うことによって，内外価格差を高く算出し，高い関税を設定した。米については，カリフォルニア米ではなく，安いタイ米の価格を使いた。こうしてキログラムあたり402円と

いう関税が設定された。今の関税は，ウルグァイ・ラウンド合意に従い，これを15％削減した341円となっている。これは，今の国内米価230円程度を大きく上回っている。たとえ輸入米の価格がゼロでも，関税を払うと国内の米と競争できない。過剰な保護関税である。現在の一部品目についての高関税は，関税化の結果である。

今，日本政府はこれらの関税化品目等について，関税の撤廃はしないという方針でTPP交渉に望んでいる。しかし，TPPは高いレベルの自由化を目指している。

原則に対して例外を主張する国は，代償を払わされる。ウルグァイ・ラウンド交渉で，関税化すれば基準年（1986～88年）における消費量の5％に相当する関税ゼロの輸入枠（ミニマム・アクセス）を設定するだけで済んだ。しかし，我が国は米について関税化の例外措置を要求したために，この輸入枠を消費量の8％まで拡大するという代償を払わなければならなかった。それが過重だと分かったので，1999年に関税化に移行し，消費量の7.2％（77万トン）に抑えることとした。最初から関税化を受け入れておけばよかったのである。逆に，過去に数量制限がガット違反と裁定され，低関税で即時自由化しなければならなかったはずの乳製品は，自由化を先送りしていた結果，関税の大幅な引き上げなど有利な条件を獲得することができた。ウルグァイ・ラウンド交渉の結果は，特例措置を獲得した米の一人負けである。

しかし，政治的には米だけ例外にせざるをえなかった。米こそ他に匹敵する品目がない農業の聖域である。かつて米は日本農業の中心的存在であり，国民の主食でもあった。米に対する国民感情には，特別のものがあるかもしれない。しかし，1960年頃まで，農業総生産額の半分を占めていた米も，今では2割を切っている。主食というが，米の消費量は50年前の半分に減少した。農業の中でも国民生活の中でも，米の重要性は低下している。米が聖域なのは，米農家は戸数も多く，我が国最大の圧力団体であるJA農協が，米を中心に組織され

た団体だからである。日本農業最大の問題は農家戸数では7割を占める米農家が2割の生産しか行っていないことである。

　安倍首相はオバマ大統領との会談で農産物に聖域があることを確認したと，自民党内に説明したうえで，TPP交渉参加に踏み切った。少なくとも，聖域の中の聖域である米については，関税を維持しなければならない。しかし，米国の米業界の対日輸出を増やさなければならないという実利にも対応しなければならない。そうすると，TPP交渉で例外を主張する以上，TPP参加国に対する関税ゼロの輸入枠，TPP枠を設定するしかない。これによって米農業にとっての需要は更に減少する。

VI　正しい農業政策

　農業界はアメリカや豪州に比べて規模が小さいので，競争できないという主張を行っている。農家一戸当たりの農地面積は，日本を1とすると，EU 6，アメリカ75，豪州1309である。

　規模が大きい方がコストは低下することは事実である。しかし，規模だけが重要ではない。この主張が正しいのであれば，世界最大の農産物輸出国アメリカも豪州の17分の1なので，競争できないことになる。これは，土地の肥沃度や各国が作っている作物の違いを無視している。同じ小麦作でも，土地が痩せている豪州の単収は，イギリスの5分の1である。EUの規模はアメリカや豪州と比べものにならない（アメリカの12分の1，豪州の218分の1）が，単収の高さと政府からの直接支払いで，国際市場へ穀物を輸出している。作物については，アメリカは大豆やとうもろこし，豪州は牧草による畜産が主体である。米作主体の日本農業と比較するのは妥当ではない。

　より重要な点は，自動車に高級車と低価格車があるように，同一の農産物の中にも品質に大きな差があるということである。国内でも，同じコシヒカリという品種でも，新潟県魚沼産と一般の産地では，1.5倍の価格差がある。国際

図 - 2　日中米価の接近

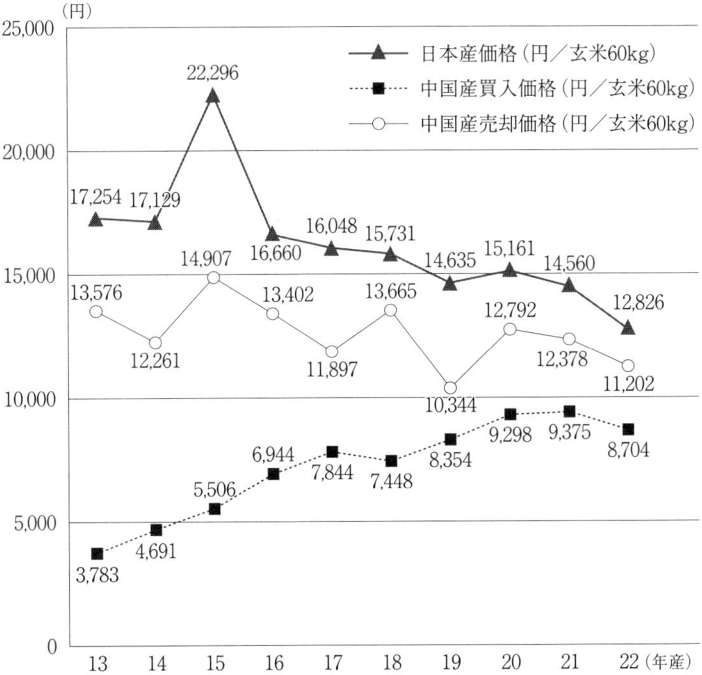

(出所)　農林水産省資料より筆者作成．
注：平成23年産は震災の影響があり，また平成24年産はJA農協の価格操作により豊作にも関わらず価格が上昇した異常年であるので，平成22年産までを採った．

市場で，日本米は最も高い評価を受けている。現在，香港では，同じコシヒカリでも日本産はカリフォルニア産の1.6倍，中国産の2.5倍の価格となっている。高級車は軽自動車のコストでは生産できない。高品質の製品がコストも価格も高いのは当然である。

　しかも，アメリカやEUが直接支払いという鎧を着て競争しているのに，日本農業だけが徒手空拳で競争する必要はない。近年国際価格の上昇により，内外価格差は縮小し，必要な直接支払いの額も減少している。現在の価格でも，台湾，香港などへ米を輸出している生産者がいる。これは，内外価格差は大き

なものではないことを示している。世界に冠たる品質の米が，生産性向上と直接支払いで価格競争力を持つようになると，鬼に金棒となる。

　具体的な数値を見よう。日本米と品質的に近い中国産米やカリフォルニア米と比べた内外価格差は，30％程度へ縮小している。図－2で，一番下のグラフは，日本が現実に輸入している中国産米の輸入価格である。真ん中のグラフは，この中国産米を日本国内で売却した価格である。一番上の日本産米の価格と真ん中のグラフとの差は，価格に現れた品質格差である。しかも，図の日本産米の1万3000円という価格は減反政策で供給量を制限することによって実現された水準なので，減反政策を廃止すれば，価格は8000円程度に低下し，日中米価は逆転し関税は要らなくなる。そもそも，関税がない状態では，減反による国内の価格カルテルは維持できない。

　しかも，TPPでは関税の即時撤廃が要求されるのではなく，10年かけてなくしていけばよい。規模拡大，品種改良等による単収向上で，競争力を強化する十分な時間がある。減反廃止でカリフォルニア米並みに単収が増えれば，15ha以上の農家の米生産費7023円は1.4分の1，5000円程度にまで減少する。全国平均の米生産費の半分の水準である。

　日本に米を輸出している中国の最大の内政問題は，都市部の一人当たり所得が農村部の3.5倍にも拡大しているという「三農問題」である。中国がこの問題を解決していくにつれ，中国農村部の労働コストは上昇し，農産物価格も上昇する。日本の農産物の価格競争力が増加するのである。

　国際的にも，タイ米のような長粒種（インディカ米）から日本米のような短粒種（ジャポニカ米）へ需要はシフトしている。仮に，減反廃止により日本米の価格が8000円に低下し，三農問題の解決による農村部の労働コストの上昇や人民元の切り上げによって中国産米の価格が1万3000円に上昇すると，商社は日本市場で米を8000円で買い付けて1万3000円で輸出すると利益を得る。この結果，国内での供給が減少し，輸出価格の水準まで国内価格も上昇する。いわ

ゆる"価格裁定行為"である。価格上昇によって国内米生産は拡大するし，直接支払いも減額できる。

米の生産は1994年1200万トンから800万トンに3分の1も減った。これまで高い関税で守ってきた国内の市場は，今後高齢化と人口減少でさらに縮小する。これに合わせて生産すると，日本農業は安楽死するしかない。

日本農業を維持，振興しようとすると，輸出により海外市場を開拓せざるを得ない。その際，国内農業がいくらコスト削減に努力しても，輸出しようとする国の関税が高ければ輸出できない。貿易相手国の関税を撤廃し輸出をより容易にするTPPなどの貿易自由化交渉に積極的に対応しなければ，日本農業は衰退するしか道がない。TPPは農業のためにも必要なのだ。その際の正しい政策は，減反廃止による価格引下げと主業農家に対する直接支払いである。守るべきは農業であって，関税という手段ではない。

もちろん日本の産業や農業にとって有望な市場は中国である。しかし，今でも低関税の輸入割当枠を使って関税1％を払うだけで中国へ輸出できるが，日本ではkg当たり300円で買える日本米が，上海では1300円もしている。中国では，国営企業が流通を独占し，高額のマージンを徴収しているからだ。このような事実上の関税が残る限り，自由に米を輸出できない。

アメリカがTPPで狙っているものに，中国の国有企業に対する規律がある。同じ社会主義国家で国有企業を抱えるベトナムなどを仮想中国と見なして交渉することで，いずれ中国がTPPに参加する場合に規律しようとしているのである。日本が日中の自由貿易協定交渉で中国に国有企業に対する規律を要求しても，中国は相手にしないだろう。アメリカの力を借りて国有企業に対する規律を作るしかない。TPP交渉に参加することが中国市場開拓の道となる。

Ⅶ 2013年の見直しが招く減反の崩壊

2013年に自民党が行った減反見直しは，民主党が導入した戸別所得補償を廃

止する代わりに，農家が米粉・エサ用に米を生産した場合でも，主食用に米を販売した場合の10a当たりの収入10.5万円と同じ収入を確保できるよう，補助金を最大10.5万円にまで増額し，米粉・エサ用の米価をさらに引き下げて，その生産を増やそうとしているものである。この補助金は主食用米の販売収入と同額であるから，もし農家が主食用の収入と同じ収入で満足するなら，農家は米粉・エサ用の米をタダで販売することができる。補助率100％の補助金である。

農林水産省はエサ用に最大450万トンの需要があるとしている。単収700キログラムなら，面積で64万haだ。もし10a当たり10.5万円を払うと，これだけで7000億円かかる。残りの減反面積を合わせると，減反補助金は8000億円に達する。

今回の見直しで，補助金が効きすぎて，米粉・エサ用の米の収益の方がよくなれば，主食用の米の作付けが減少し，主食用の米価はさらに上がる。そうなると，税金投入の増加とあわせて，国民負担はさらに高まる。

国際的にも，補助金漬けによる米粉やエサ用の米生産は，輸入小麦やトウモロコシを代替してしまい，これらのほとんどを輸出国しているアメリカの利益を大きく損なう。アメリカがWTOに減反補助金を提訴すれば，日本車に報復関税をかけることが可能である。

1992年，ウルグァイ・ラウンド交渉の最終局面で，EUはそれまでの価格による農家保護から，財政からの直接支払いへ，農政を大きく変更した。（過剰農産物を輸出補助金で処理することによる）財政負担の増加とアメリカとの貿易紛争の激化，（輸出補助金削減が要求された）ウルグァイ・ラウンド交渉への対応が，原因だった。EUにとってのウルグァイ・ラウンドと異なり，TPP交渉は日本に対し米の関税を撤廃し，農政改革を迫るようなものとはなりそうにないが，今回の減反見直しがもたらす財政負担の増加とアメリカとの貿易紛争という状況は，EUが農政改革を行った時の状況と類似する。高米価・減反政策を徹底

した行きつく先が，減反や農協の崩壊を招くかもしれない。一筋の光明である。

Ⅷ　2014年日米協議

　2014年4月に行われた日米協議についての報道によると，「日本が関税を守りたい農産品の「重要5項目」の関税を残すことで合意した。5項目のうち「米」，「麦」，サトウキビなどの「甘味作物」（砂糖）の3項目は現在の関税を維持するとともに，「米」，「麦」については，米国産の輸入枠を拡大する。「牛・豚肉」と「乳製品」は関税を引き下げることで一致しているが，なお削減幅について調整が残っている。」とされる。

　聖域中の聖域である米の関税を日本が削減できないのは，ウルグァイ・ラウンド交渉以来日本と付き合っているアメリカの米業界もわかっている。小麦は，農水省が独占的に輸入している「国家貿易制度」のおかげで，数十年もアメリカ6割，カナダ，豪州各2割のシェアが固定している。関税がなくなると，アメリカはカナダ，豪州だけでなく，EUなど他の国とも，価格競争を含めた真剣勝負をしなければならなくなる。そうなるとアメリカの輸出が減る可能性が高い。米も小麦も，関税がかからない輸入枠の設定・拡大がアメリカの利益になる。アメリカの砂糖については，メキシコからの輸入が大幅に増加しており，また豪州に対して砂糖関税の維持を主張しているという状況であり，そもそも輸出競争力はない。これら3項目について，アメリカは日本に関税維持の名を与えて，輸出利益を拡大するという実を採った。

　「牛・豚肉」の関税大幅削減の要求に，日本は抵抗した。はっきりと合意したと唱えられなかったのは，このためである。

　牛肉については，1991年に輸入数量制限を止めて関税に移行した後，関税は当初の70％から，ほぼ半分の38.5％に削減されている。それなのに，牛肉生産の太宗を占める和牛の生産は拡大している。しかも，2012年から為替レートは35％も円安になっている。2012年に100円で輸入された牛肉は38.5％の関税を

かけられて，138.5円で国内に入っていた。その牛肉は今の為替レートでは135円で輸入される。関税がなくなっても，2012年の状況に戻るだけである。

　ある程度影響を受ける可能性がある牛肉は，数量では，国内牛肉生産のうち3分の1の乳用種（乳牛から生まれるオス子牛や乳が出なくなった乳廃牛を肥育したもの）である。その価格は和牛の4分の1，交雑種の半分程度なので，生産量に価格を乗じた生産額は，4600億円の牛肉生産額のうち500億円程度にすぎない。影響が出るようであれば，財政から直接支払いを行うことも考えられるが，3分の1価格が低下しても150億円の補てんで済む。

　豚肉については，キログラム409.9円以下の輸入価格の豚肉について，この409.9円と輸入価格の差を関税として徴収して，輸入価格を409.9円まで引き上げる差額関税制度という特殊な制度（輸入価格が低いほど関税は高くなる）を採用し，分岐点価格（409.9円÷1.043＝393円）を超えるものについては従価税4.3％を課している。実際には，輸入業者がヒレやロースなどの高級部位とハムやソーセージ用の低級部位を上手に組み合わせて，関税支払額が最も少なくなる分岐点価格にあわせて輸入しているため，ほとんど関税は支払われないで輸入されている。輸入額は4000億円なのに，2010年度で180億円しか関税は支払われていない。率にすると4.5％程度である。牛肉・豚肉とも，関税を大幅に削減しても，ほとんど影響はない。影響があるとしても直接支払いという方法があるのに，政治的には議論されない。

IX　おわりに

　TPPをめぐる日米協議では，日本政府高官は，国益と国益をかけた交渉だと発言した。輸出業界の利益を拡大することがアメリカの国益だというのは，よくわかる。しかし，日本の国益は何なのか？　日本の農業を守るということか？　しかし，農業を守るなら関税ではなくても，アメリカやEUのように財政からの直接支払いでも可能だし，そのとき消費者は安い食料品を購入できる。

結局，日本政府が国益と称して守ろうとしたのは，農業ではなく，高い農産物価格，つまり高い食料品価格である。この高い価格を維持するために，関税が必要になり，その関税を守るために，米や小麦の関税ゼロの輸入枠を増やしてアメリカの関連業界をなだめようとしているのである。

　ドーハ・ラウンド交渉では，従価税換算で778％のコメの関税に代表されるような高い農産物関税については，大幅な（70％）削減が要求された。コメの関税は233％になる。今の国内の米価60kg当たり1万4000円を前提とすると，輸入米の価格は4000円でないと輸入されない。これは1993年に大量に売れ残ったタイ米の価格水準と同じである。9000円の中国産米やカリフォルニア産米は輸入されない。つまり，233％でも十分すぎるほどの保護なのだが，それでは不十分だと農業界は主張した。

　農林水産省は，このような削減を回避する代償として，低い関税率の輸入割当枠をさらに拡大してもかまわないという対処方針を採った。輸入が増えれば，食料自給率は低下する。WTO交渉での対処方針は，食料自給率向上の閣議決定に反している。農林水産省や農協が食料自給率を犠牲にしてまでも守りたいのは，高い関税に守られた国内の高い農産物価格である。

　これまで，食料安全保障を主張する農業界が，真剣に食料安全保障を考えたことはない。農業界は，高い農産物価格という農業保護を確保しようとすると，それと矛盾する食料自給率向上という主張は振り捨ててしまうし，食料安全保障の基礎となる農地を転用・潰廃して恥じない。今回のTPP交渉も同じである。米や小麦の輸入が増えるので，食料自給率は下がる。

　日本の農業保護政策は，消費者に大きな負担を強いる逆進性の塊である。直接支払いに農政を転換すれば，消費者負担も解消し，TPPなどの通商交渉に積極的に参加することができる。しかし，このような政策転換は，農協という圧力団体の存在によって実現できない。真に国民・消費者のための農政改革を行おうとすれば，農協制度の抜本的な改革に手をつける必要がある。

参考文献

山下一仁『国民と消費者重視の農政改革』(東洋経済新報社, 2004年)
山下一仁『農業ビッグバンの経済学』(日本経済新聞社, 2010年)
山下一仁『TPP おばけ騒動と黒幕』(オークラ next 新書, 2012年)
山下一仁『日本の農業を破壊したものは誰か――農業立国に舵を切れ――』(講談社, 2013年)
山下一仁『農協解体』(宝島社, 2014年)
Yamashita,K., "Agricultural trade policy reform in Japan: options for achieving change" *in* Meléndez-Ortiz, R., Bellmann, C. and Hepburn, J. (eds.), *Agricultural Subsidies in the WTO Green Box* (Cambridge University Press, 2009)
柳田國男『中農養成策』(柳田國男全集第29巻, 1904年)(ちくま文庫, 1991年)

(キヤノングローバル戦略研究所研究主幹)

論　説　環太平洋パートナーシップ協定（TPP）

経済連携協定とWTO協定を巡る通商ルールと産業競争力
── 「公的補助・産業補助金」の最近の動向と今後
（日本，米国，欧州及び中国の通商4強時代の一考察）──

風　木　　　淳[1]

I　はじめに
II　「公的補助・産業補助金」に関する通商ルールの背景
　1　全米鉄鋼労組の問題提起（2010年）に至る経緯
　2　WTOにおける産業補助金規律の歴史
III　「公的補助・産業補助金」を巡る通商ルール上の具体的論点
　1　公的機関の定義問題
　2　WTOルール・一般補助金交渉での議論
　3　補助金協定関連以外の通商ルール
　4　経済連携・投資協定における規律
IV　今後の課題
　1　交渉への積極的参画
　2　WTO紛争解決手続の一層の活用
　3　貿易措置の監視の継続・対話（dialogue）の場への積極的参画
V　おわりに

I　はじめに

　2013年は日本の経済連携交渉にとって画期的な年となった。環太平洋パートナーシップ（TPP）協定交渉への参加，日EU経済連携交渉開始，日中韓経済連携交渉開始，東アジア地域包括的経済連携（RCEP）交渉の本格化，更には米国とEUの経済連携交渉開始という形で日本，米国，EU及び中国の世界の経済規模上位4カ国・地域が同時期に包括的通商交渉を行うこととなった。[2]

2001年から進められてきたWTO・ドーハ・ラウンド交渉は先進国と新興国の市場アクセス分野における野心のレベルの違いを背景に停滞する中，主要国を含む多国間の経済連携協定は，21世紀型の新しいアジェンダ・ルールづくりを扱える点で期待が高まっている。具体的には，投資，サービス，原産地規則，貿易円滑化，政府調達など，日本企業の貿易投資を促進させ，産業競争力にも資する課題の前進が期待できる[3]。

　一方で2008年9月からのリーマン・ショック・世界経済危機後，依然として世界で高水準の保護主義的措置の類型を見ると，新興国におけるローカルコンテント要求，国内産品優遇補助金，原材料の輸出規制，国家資本主義を背景とした産業補助金・国有企業問題，といった分野での課題，摩擦・経済紛争が解決していない[4]。こうした課題は，これからの4強時代に，上記多国間の経済連携協定，更には世界全体の自由貿易体制を支える基礎的なルールとしてなおその重要性を有するWTO協定において，どう扱われていくのか。

　本稿では，依然として日本の産業競争力・輸出競争力の柱でもある自動車，電機・電子，鉄鋼，産業機械，航空機などの製造産業を主な想定としつつ，いわゆる産業補助金・公的補助を中心に，公正・公平な通商ルールの確保（Level playing field）を念頭に置き，課題を探りたい。本稿において「公的補助・産業補助金」を表題含め切り口に用いたのは，典型的な産業補助金の他に，公正・公平な通商ルールの確保の観点から問題となる他の形態の措置で公的主体による事実上，実質上の助成となり得るものを「公的補助」として広く捉え，議論に加えたためである。例えば，政府調達，輸出規制，ローカルコンテント規制，国有企業問題なども含めて広く検討を加えた。以下，Ⅱでは，「公的補助・産業補助金」を巡る通商ルール上の議論の背景を明らかにするため，全米鉄鋼労組の問題提起（2010年）に至る経緯やWTOにおける産業補助金規律の歴史といった最近の動向を小括し，Ⅲでは，補助金協定上の「公的機関」を巡るWTO紛争処理における議論や，補助金協定以外の各種通商ルールを概観

し，Ⅳではこれらの論点に取り組むに当たっての日本の課題について触れ，Ⅴで結びとした。

Ⅱ 「公的補助・産業補助金」に関する通商ルールの背景

1 全米鉄鋼労組の問題提起（2010年）に至る経緯

(1) 中国のWTO加盟（2001年）とその後の発展

現在の規模の大きい経済連携の前進は，中国の急速な経済発展を背景とした各経済連携協定交渉間の競争のダイナミズムが働いている。米国，EUをはじめ如何に自らに有利なルールづくりを進めるかが重要となっている。例えば，米国が経済連携協定や投資協定など様々な場で提案している国有企業の規律は中国を将来的に規律したいとの考え方で推進されているとされる[5]。中国は1978年から対外開放政策を進め，1986年にGATT加入申請をし，加盟交渉を経て，WTO時代の2001年に正式加盟国となった。中国のWTO加盟後の貿易・投資の拡大は目覚ましく，2001年の加盟後10年でGDPは4倍，輸出量，輸入量はそれぞれ6倍となっており，国ベースのGDPでは既に日本を上回っている。発展に見合うWTOルール遵守，貢献が行われているかが議論となっている[6]。

(2) 経済危機（2008年9月）・全米鉄鋼労組の問題提起（2010年）

こうした現在の動きの背景の1つの軸・象徴として2010年全米労働組合による米国政府に対する調査要請とその前後の動きを紹介したい。

2008年9月からのリーマン・ショック・経済危機後，米国は自動車のGM救済など危機対策に追われ，EUも現在に至るまで経済不振が継続している[7]。一方で，中国は危機の影響をあまり受けず，国家資本主義対自由経済主義のシステム間論争にまで発展した[8]。2009年には米国のオバマ大統領が中国のタイヤに対中特別セーフガードを発動したが[9]，胡錦濤国家主席が発動阻止に政治的に激しく動くなど摩擦に発展した。その後，2010年9月には，中国からの輸入急増や第三国での不公正な競争条件を懸念する全米鉄鋼労組（USW）が，幅広い

分野での問題提起を行い米国通商法301条に基づく調査要請を USTR に対して行った。[10]具体的には，中国の原材料輸出規制，投資家へのパーフォマンス要求，外国企業や産品への差別，輸出補助金，ローカルコンテント補助金，輸出信用などについて包括的な法的分析・訴状を提出した。その後，米国は風力発電補助金について中国に WTO 上の協議要請を行い[11]，更には日米欧でレアアースの輸出規制を WTO 紛争解決手続で争っている[12]。

USW の問題提起は，政府が市場で主導的な役割を果たす中国の政治経済システムを巡る通商ルール上の論点を網羅しており，公的補助・産業補助金に関する公正・公平な通商ルールの確保を巡るその後の通商紛争，ルール・メイキングにおける大きな流れを象徴している。これに対し中国側から対抗的 AD（Antidumping）／CVD（Countervailing Duties：相殺関税）調査が米国や EU になされ，更に対抗して米 EU 側から WTO 紛争解決手続きが活用されている[13]。

2 WTO における産業補助金規律の歴史

(1) 概観

公的補助・産業補助金に対するこれまでの通商ルールによる対応として，まずは WTO における補助金・相殺措置に関する規律について触れたい。

産業補助金は，各国政府の政策実現手段の1つとして様々な形態で用いられているが，貿易歪曲的な補助金を規律するため，1947年以降，GATT 6条（相殺関税），GATT 16条（補助金の規則）をベースに1979年には東京ラウンドの成果として「補助金コード」が成立し，更に1986年からのウルグアイ・ラウンドの妥結により WTO 協定の1つとして「補助金及び相殺関税に関する協定」（補助金協定）が成立し現在の規律の中心となっている[14]。

現行補助金協定では，補助金の定義が明確化され，①政府又は公的機関からの，②資金的貢献(financial contribution)によって，③受け手企業に「利益」が生じるものと定義されている。1995年の協定発効以降，WTO 紛争解決手続

きによる先例が積み重なっている。補助金協定成立後は輸出補助金に関連し重要な解釈がなされており，例えば初期の段階で「利益」については，市場価格と比較して政府による資金的貢献の方が受け手により有利な条件であることを意味すると解釈されており[15]，政府の財政コストではなく，市場（marketplace）をベンチマークとする考え方がその後の実務にも大きな影響を与えた。以下は，ルール・メイキングの動きと重ねて論じたい。

(2) WTO ルール交渉の開始（2001年）

1995年の WTO 成立後は，GATT 及び13の物品の協定，サービス協定，知的財産に関する TRIPS 協定など多岐に渡る協定の「実施」の確保が議論となった。特に途上国にとっては，合意された協定を如何に消化するかが課題であった。また，ビルト・イン・アジェンダとして次期交渉を行うとされていた農業（同協定20条）及びサービス（同協定19条）に加え，次のラウンド交渉アジェンダが1999年の第3回シアトル WTO 閣僚会議に向けて議論になった。この際，まずは，1996年の第1回シンガポール WTO 閣僚会議以来議論されたシンガポール・イシュー（貿易と投資，貿易と競争，貿易円滑化，政府調達の透明性）が議論となった。この他，1997年のアジア経済危機を背景にアジア向け輸出の停滞により米国に向かった各国の鉄鋼輸出に対する，米国の AD 措置の濫用が契機となり，既存の AD 協定の「実施」問題の関連から発展し AD 協定とともに補助金協定が交渉アジェンダとして採りあげられるに至った[16]。実際には，当時は産業補助金問題は一部 WTO 紛争問題（カナダ・ブラジルの航空機紛争，米国の FSC 輸出補助金問題など）を除いては，大きな問題ではなかったものの，AD 協定の規律強化は必然的に補助金相殺関税の規律に関連するため，現行協定の輸出補助金撤廃の経過措置の「実施」に途上国の関心が集まったことも相まって，対象協定として交渉マンデートの議論に加わった面がある[17]。シアトル閣僚会合の失敗の後，産業補助金は2001年のドーハ WTO 閣僚会議で正式に「ルール交渉」分野の1つとして合意された[18]。

こうした経緯もあり，ルール交渉に位置付けられた4つの分野であるAD，一般補助金（horizontal subsidies），漁業補助金，地域貿易協定の中の「一般補助金交渉」として始まったものの，政治的にも関心を集めたADや漁業補助金と異なり淡々と技術的な提案・議論が行われた。[19]

(3) アジア危機後の鉄鋼摩擦・OECDでの議論

アジア危機後の鉄鋼摩擦問題は，米国のAD濫用への懸念を契機とする議論から，一方で米国側からの世界各国の過剰供給問題への対応，鉄鋼補助金規律への議論へと移り，2004年から2005年にかけてWTO一般補助金交渉と並行してOECDで鉄鋼補助金規律の交渉が行われたが，その後の景気回復・構造調整や中国のS&D問題を巡る問題で結局OECDでは合意が得られなかった。[20]また，韓国の造船補助金を巡っては，EU韓国間のWTO紛争[21]の他に鉄鋼補助金規律交渉と並行した時期にOECDでも中国を含めて同様に造船補助金規律交渉が行われたが，結局合意に至らなかった。アジア危機後の別の産業セクターの動きとして，韓国のDRAM補助金を巡っては米欧日が相殺関税を発動し，韓国がそれらの相殺関税措置に対しWTO紛争解決手続で争う展開となった。[22]

(4) 2007年―2011年のルール交渉

産業セクター別の合意がOECDで暗礁に乗り上げた後は，[23]WTOにおいて主に中国や新興国の補助金の規律を念頭に米国やEUがコスト割れ・二重価格に関する規律強化の提案を推進し，2007年11月に初めて発出されたルール交渉議長テキストの一部に反映された。[24]しかし，ドーハ・ラウンドの停滞とともに，産業補助金問題はむしろ相殺関税の発動に徐々に関心が移り，2007年に米国が対中国でそれまで非市場経済国（NME: Non Market Economy）国に対して抑制していたAD／CVDの同時賦課に踏み切り，新たなフェーズに移った。ドーハ・ラウンドは2008年7月のジュネーブ非公式閣僚会合で非農産品分野の米中対立などで惜しくも合意に至らず，その後，一般補助金・産業補助金分野につ

いても，2008年に改定されたルール交渉議長テキストにおいてはコスト割れ，二重価格などの論点でブラケットが残されたままとなった。2011年1月から3月にかけてはドーハ・ラウンドを再興する最後の試みがなされ各分野で精力的な交渉がなされたが，ダンケルテキストのような一括したテキストは結局実現せず，各分野ごとの進捗を示したテキストの発出が同じ時期になされ，産業補助金については，2011年4月のルール交渉議長テキストの一般補助金部分が現在に至るまでの最新の姿となった。こうしたルール交渉の状況も前述のUSWのUSTRへの提訴による紛争解決手続活用へとつながっている面がある。

本稿では，以上の概観を踏まえ，以下，公的補助・産業補助金の通商ルールに関しWTO紛争解決や経済連携交渉で議論のある論点を分析していきたい。

III 「公的補助・産業補助金」を巡る通商ルール上の具体的論点

1 公的機関の定義問題

新興国の産業補助金について，WTO紛争解決上の補助金協定の解釈において問題が先鋭化したのが，2008年，米国の対中国のAD・CVD措置（鉄鋼製品等）を中国がWTO紛争解決手続きに付したケースである。パネルは，「公的機関」を「政府によって支配（control）される機関」と解釈し，政府による持分の過半数保有をもって公的機関を認定する米国商務省の補助金相殺関税認定実務を是認した。一方上級委は，公的機関を「政府権限を有し，行使し又は委譲されている機関（an entity that possesses, exercised or is vested with governmental authority)」と解釈し，政府の株式保有の事実だけでは足りず「政府権限」に関する検討が必要とした。この解釈を具体的に適用し，上級委は中国の国有商業銀行は中国政府に代わって政府機能を行使しているとして「公的機関」に該当すると認定した一方，鉄鋼等を生産している国有企業については，政府機能を行使する権限が委譲されているとの証拠はないとして「公的機関」と認定しなかった。

この上級委の解釈については，主に２つの観点から問題になった。第１に条文解釈上の批判である。上級委は WTO 紛争解決手続了解（DSU）3.2条，条約法条約31条(3)(c)に基づく「国際法の関連規則」の「考慮」を行い，国家責任条文５条のより，国有企業の行為が国家に帰属するのは法令上統治権能の一部を行使する権限を付与された場合である，などの点に依拠し，補助金協定上の「公的機関」の定義を解釈した。パネルが国家責任条文55条による特別法に補助金協定が当たる点を踏まえ，国家責任条文５条の「考慮」を否定し，通常の各種条文解釈に基づいて「公的機関」を定義した解釈を覆した。これは，対象行為が異なるケースにもかかわらず，過度に国際法に依拠したとして，上級委報告書発出後，多くの WTO 加盟国から批判された[28]。第２は実務上の立場からの批判である。パネルがとった過半数の「所有」の基準に比べ，上級委の「政府権限」の評価，当該機関の「中核的特徴，狭義の政府関係」[29]をどう評価するか，「当該主体の関連するすべての特徴に妥当な考慮をどう払うか」[30]は，国ごと，事案ごとにその都度判断する必要が出てくるという点である。

　ただし，第２の批判に対しては，既に論者の指摘もあるとおり，本件事案では，上級委は中国商業銀行を比較的簡単に公的機関と認定しており，「政府権限」の解釈によっては，単なる「所有」の基準よりも公的機関規律の範囲が広がったとも考える余地がある[31]。鉄鋼等の国有企業については，そもそも米国商務省が過半数所有をベースに公的機関と推定し利用可能な事実（FA：Facts Available）を多用して公的機関認定を行った一方的措置，手続的問題も無視できず，米国商務省としては，上級委ルールに沿って，当該機関の中核的特徴や政府との関係，その他関連する特徴をすべてきめ細かく評価して国有企業を公的機関と認定できた面がある。この他，仮に「公的機関」認定が困難な場合であっても，民間団体は，政府の「委託」・「指示」が立証されれば政府・公的機関と同様に補助金協定の規律対象になる点（補助金協定１．１条(a)(1)(iv)）から調査当局としては規律対象として捕捉するルートが確保されている[32]。

米国の再反論は，そもそも中国の補助金は補助金協定上の通報も不十分であり，不透明でありFAの適用は当然というものであり，WTO補助金委員会では，通報規律の強化や，補助金協定25.8条に基づく書面説明要求，同協定25.10条に基づくいわゆる「逆通報」を行っている[33]。更には，最近では自動車分野において，中国の補助金について，直接WTO上の協議要請を行った[34]。

　現行補助金協定は，補助金そのものへの規律は，輸出補助金禁止や国内産品優遇補助金禁止など比較的厳しく，一方で，補助金への相殺関税調査・発動の規律は並行するAD協定上の調査・発動の問題と同様，濫用への規律が不十分である点も微妙に影を落としている[35]。「公的機関」の扱いについては，補助金をWTO紛争解決に従って多角的に処理する場合には広く認定し，協定に基づくとはいえ規律が必ずしも十分でない調査当局の一方的措置である相殺関税措置の場合には，濫用を防止するため慎重に認定することが多角的貿易制度を尊重する立場からは実務的には望ましいとも言えるが，補助金の定義が条文上共通であり，規律に当たってはWTO紛争手続と相殺関税手続きが併存する現行補助金協定上ではそうした対応は困難な面がある。

　もとよりWTO紛争処理における勧告は両当事国以外を拘束するものではないが，上級委の判断は説得力のある理由（cogent reason）がない限り踏襲されるとの判例が定着しており[36]，現実的・実務的な対応は上級委の判断を踏襲しつつ，「政府権限」の定義や「公的機関」と「私的団体・企業」の違いを明確化していくことと思われるが，例えば，上級委は政府権限の要素として単なる株式保有ではなく「有意な支配（meaning control）」を挙げており[37]，上級委に批判的識者も，「公的機関」と「私的団体・企業」の違いの要素に「利潤（profit）」最大化を追求するか否かを挙げており[38]，公的機関は，公益目的のために利潤最大化を中長期的に行わないで済むような財政基盤を与えられている，といった要素も判断材料となり得よう。なお，韓国造船事件は，ある機関の行為[39]に着目し，商業的行為がある際は私的企業で，非商業的行為の場合は公的機関

といった玉虫色の判断を嫌っているが，これは補助金協定の「資金的貢献」と「利益」の要件の混在を避けたい理由からであると思われる。しかし，当該機関の構造や権限に着目すれば，利潤最大化を中長期的に行わない財政基盤の付与といった判断基準は可能と思われる。典型的には公的目的を理由に，コスト割れ販売を継続する場合や再生見込みのない企業への優遇措置を継続しているような機関は公的機関と看做され得ると考えられる。こうした考え方は次に述べるとおりWTOルール・一般補助金交渉での議論に片鱗が見て取れる。

2　WTOルール・一般補助金交渉での議論

(1)　コスト割れ融資の規律

　WTOルール交渉の一般補助金交渉では，新興国の国有企業に対する規律強化を目的とする米国・EU提案を基礎として，長期的な営業上の損失を生じている機関による貸付け・債務保証を規律する考え方や貸付け・出資に値しない国有企業に対する信用供与に「利益」の存在を推定し，補助金該当性の認定を容易にする規律が議論された経緯がある。

　EUは，有害な補助金はしばしばコストすべてをカバーできない信用供与から生じているとの認識の下，長期的な営業上の費用及び損失を補填するのに不十分な信用供与（「コスト割れ融資」）を禁止補助金とする旨を提案した[40]。米国は，①営業上の損失を補填する補助金，②政府債務の免除（ただし，倒産法に基づくものを除く。），③貸付けに値しない（uncreditworthy）企業に対する直接の貸付け，④民間投資機関の通常の投資運用と不整合な投資の決定がされた場合の出資，⑤商業ソースからは信用供与を受けられなかったであろう企業又は事業に対するその余の信用供与，を禁止補助金とする旨を提案した[41]。すなわち，米国は，特に鉄鋼産業にみられるような本来実現性のない新たな生産能力（production capacity）を促進し，又は本来競争によって淘汰されるはずだった既存の生産能力を生き長らえさせる補助金（creation and maintenance subsidies）を特に問

題視した。

　2007年11月のルール議長テキスト[42]では，これらのEU及び米国の提案を基礎として，信用供与機関が当該信用供与事業によって長期的な営業上の損失を被っている場合に，当該機関による貸付け又は債務保証が利益を供与するものと推定する旨の注釈を規定することが提案されている。しかし，新興国側の反発もあり，2008年12月に発出された議長テキストでは，「コスト割れ融資」はブラケット論点として扱われ[43]，2011年4月の最新のテキストでも踏襲された[44]。

(2) 輸出信用

　ルール交渉・一般補助金交渉においては，輸出信用に関する規律も議論されている。政府系金融機関による輸出に対する支援（輸出産品の購入先がその購入資金を金融機関から借り受ける際，輸出国政府又は公的金融機関が輸入者あるいは輸入者に対して貸し付ける金融機関に低利で融資を行う形態）である「輸出信用」は，その融資が輸出を条件に行われる性質上，WTO補助金協定上の輸出補助金に当たる。ただし，OECDにおける参加国間で取り決めた紳士協定であるOECD輸出アレンジメントに定められた条件の範囲内で供与される輸出信用は規律の例外とされている（補助金協定附属書I(k)項第2段落）。

　輸出信用については，WTO上級委の判例も積み重ねられており，カナダ—ブラジルの航空機紛争などを通じて，OECD輸出信用ガイドラインの事務局側も透明性を向上させ，一方で，OECDの正式加盟国でないブラジルがOECD航空機アレンジメントには加入するなど，通商ルール面での一定の方向性が見られる[45]。一方で，OECD非加盟の中国の場合，先のUSWの提訴上にあるとおり，紛争解決で争うのか，ブラジルのように規律の中に取り込むのかについてせめぎ合いの状況である。WTOルール交渉上は輸出信用に関する論点は2011年の最新の議長テキストでブラケット論点として対立した状態である[46]。

3 補助金協定関連以外の通商ルール

(1) 概要

「公的機関」の定義を巡りWTO紛争解決手続において議論が活発化した公的補助・産業補助金に関連し，国有企業問題も含めた現行協定における扱いを以下概観する。大きく概括すると，①狭義の「政府」の他，②「公的機関」，「国家企業」，「国家貿易企業」，「国有企業」，「国有投資企業」，更には，③「政府から排他的又は特別の権利又は特権を付与された」類型が対象として整理される。

GATT 17条，中国WTO加盟議定書，サービス協定（GATS），政府調達協定にそれぞれ関連する規律が存在するが，本稿では解説は省略し[47]，以下，最近の論点であるローカルコンテント，輸出規制規律を中心に論じる。

(2) ローカルコンテント

ローカルコンテント要求は，国内現産の産品の購入や使用を要求する行為であり，TRIMs協定第2条及び例示表により禁止されており，GATT 3条4項の内国民待遇違反でもある。また，特定セクターへの補助金付与の条件としたローカルコンテント要求は補助金協定3条1(b)の国内産品優先補助金として禁止される。

2009年5月，カナダ・オンタリオ州は再生可能エネルギー利用促進のため固定価格買取制度（FIT（Feed in Tariff）制度）を導入したが，企業の制度参加に当たり太陽光パネル等に関してローカルコンテントを条件としたため，日本政府は2010年9月WTO紛争解決手続による協議要請を開始し，2013年5月WTO上級委員会は違反を認定した[48]。EUは日本の対カナダのケースに当事国として加わり勝訴を共有したが，一方でメンバーの一部であるイタリアとギリシャがFITでローカルコンテント要求を課しているとして2012年11月中国がEUに対してWTO紛争解決手続きによる協議要請を行っている[49]。更には，インドのFITについても同様であり，米国が2013年2月インドの措置に関して

WTO紛争解決手続きによる協議要請を行った。[50]

　世界経済危機後のこうした国内産品優遇措置は，各分野にも広がっており，最近のWTO・TRIMs委員会では，ブラジルの自動車産業支援策（Inovar-Auto）が問題となっている他，インドネシア，ロシア，ウクライナなどのセクター別の措置が問題となっている。[51]米国のUSTRは"Localization to Trade"として懸念を表明し，WTOその他での働きかけを提案している。[52]

　この際，国有企業がローカルコンテント要求を行う場合が論点となる。GATT 3条8項(a)に基づき，政府調達は，政府目的（for governmental purposes）であり商業的再販売のためでない（not with a view to commercial resale）場合には内国民待遇義務がないため，典型的には政府が自ら利用・消費する物品の調達に関し国内産品を優遇してもGATT 3条の問題は避けられるが，一方で政府調達協定加盟国は，協定対象の調達については，政府調達協定第3条に基づく内国民待遇・無差別原則に従う必要がある。一方で，政府調達協定非加盟国はこの義務がない。従って，非加盟の中国の「自主イノベーション」措置は現行政府調達協定上，直接の協定違反を問題にできず，日米欧の産業界の働きかけで改善を求めた経緯がある。

　次に政府が自ら利用・消費するわけではないが，政策目的で政府が公的機関に国内産品優遇義務を課す場合がある。典型がオンタリオ州のケースであり，WTOパネルは同州の公的な電力機関が商業的再販売目的で電力を購入したと認定し，GATT 3条8項(a)の例外に該当せず，GATT 3条4項の原則に則って内国民待遇違反が認定した。単純化すれば，商業再販売などを通じ市場競争下にある公的機関は内国民待遇義務を逃れないと言えそうである。ただし，WTO上級委はＦＩＴプログラムにおけるローカルコンテント要求は，政府機関が購入する電力ではなく，あくまでも電力業者が購入する太陽光パネル等の機器に関する要求であるため，そもそもGATT 3条8項における「政府機関による調達を規制する法令」に該当せず，政府調達除外の対象とならないと認

定しパネルの商業的再販売関連の認定以前の入口問題として本件を処理し，内国民待遇違反を認定した。結果として FIT プログラムの類型におけるローカルコンテントの内国民待遇違反は明確になり前進があったものの，商業的販売を巡る検討はパネル段階にとどまった。[53]

なお，GATT 3 条 8 項(a)の例外と政府調達協定が条文上直接リンクしているわけではなく，GATT 3 条 4 項の内国民待遇義務と政府調達協定は適用範囲に沿って重畳的にいずれも適用され得る。したがって，一般に政府調達協定によって規律されるべきと考えられている分野でも，GATT 3 条 4 項違反にならないかどうか，更に GATT 3 条 8 項(a)の要件を満たしているかどうかは十分に検討に値する。

(3) 輸出規制

GATT 時代のパネル判断で「日本の半導体に対する第三国モニタリング措置」については，日米半導体協定に基づく日本の第三国向け半導体輸出の監視制度が GATT 11 条 1 項の輸出制限と認定されたが，このケースでは一定の状況下で，私企業の活動が政府に帰責することがあり得るとされている。[54]

中国のコークス等の原材料輸出規制のケースにおいては，中国の輸出税・輸出枠が GATT 11 条 1 項違反とされたが，類似の最低輸出価格制度については，パネル段階で違法とされたが，上級委では審査範囲の手続き的な理由により判断されていない。政府の行政指導や国有企業が関与する制限行為が GATT 11 条 1 項との関係で問題か否かは事実関係次第という面がある。[55]

なお，補助金協定との関係では，カナダ政府による軟材の輸出制限を米国が補助金と認定し相殺関税を課した件に関しては，WTO パネルは，輸出制限は補助金に当たらないと判断した。軟材の輸出制限は，国内下流産業への供給増による価格低下効果があり，その安価な材料を使った産品が輸出された場合，価格競争力で優位に立つ場合があり，経済学的には事実上の補助金ともいえる面がある。[56]一方で，当該パネルは，補助金協定 1.1 条(a)(1)の「資金的貢献」，

特に(a)(1)(iv)の検討に関し，政府が民間団体（軟材の生産者）に対し「物品を提供すること」を「委託又は指示」しているとはいえないとした。「委託」又は「指示」には，明示的で積極的な行為，特定の団体に向けられていること，特定の任務を目的としていること，などが必要であり，輸出制限行為は政府による委託・指示に当たらないので補助金の定義に該当しないとした。ただし，パネル段階の判断にすぎず，現在進行中のケースで引き続き輸出規制が補助金に当たるか否かは争いがある。

4 経済連携・投資協定における規律

(1) OECD, EU の取組

以上のとおり WTO 協定を中心として市場競争に影響を与える公的機関・国有企業の規律を交渉，監視，紛争処理を通じて確保しようとする動きが顕著であるが，こうした動きは OECD の他，冒頭に述べた活発な経済連携協定・投資協定の交渉の中でも出てきている。

OECD 貿易委員会における議論は，2013年初頭に国有企業の貿易効果と政策意義を整理して公表された。OECD コーポレート・ガバナンス委員会・競争委員会では，豪州や EU の経験に立脚して「競争中立性」についての検討をまとめた。OECD の国有企業ガイドラインは，法的拘束力はないが，少数株主の権利保護や取締役会の権限明確化を求めるとともに，コーポレート・ガバナンスに関わる法的枠組みの他，国家が株主としての地位を超えて日々の経営事項に関して関与することを自制するよう求めている。

EU は，公企業に対する競争制限的規制の禁止を広く定めている。公企業も競争法の対象であり，更に国有企業も含む企業に対する全ての国家補助や補助金に規律が適用になる。具体的には欧州委員会は加盟国に対し，公企業に競争法を適用するよう要求することが可能であり，加盟国による国家補助は欧州委の審査・許可の規律に服する。EU はこうした域内の規律を背景に経済連携協

定を結ぶ国々へのアウトリーチを試みており、例えば、米 EU の交渉を始めるに当たって理事会で決定された交渉マンデートの「貿易と競争」では、「補助金」も言及されている点に特徴がある。更に、対応する対象を①政府独占（state monopolies）、②国有企業（state owned enterprises）、③特権又は排他的権利を委託された企業（enterprises entrusted with special or exclusive rights）、と分類している点が興味深い。

(2) 経済連携協定・投資協定

TPP、日 EU、日中韓、RCEP、米 EU の5つのメガ EPA について、いずれも今後の課題である。

過去の例では、国有企業に対して競争法を適用する義務に関し、EU 韓国 FTA、P4協定（シンガポール、ブルネイ、チリ、ニュージーランド）に規定がある。国有企業が内外差別的物品・サービスを購入・販売することを禁止する協定（米韓 FTA、EU 韓国 FTA）や国有企業に「商業的考慮」のみに従って販売、購入させる義務（米シンガポール FTA）がある。「競争中立性」について規定したものもある（豪州シンガポール FTA）。

EU 韓国 FTA では、補助金については、更に禁止補助金の範囲を WTO より拡大しており、政府又は公的機関が、①法令上又は事実上、制限なく債務保証をすること、②信頼ある再生計画なしに破たん企業を支援すること、を禁止している。これは前述のルール交渉における EU 提案が基調にあると思われる。

米国は2012年4月モデル二国間投資協定の改定版を公表している。モデル協定1条は、国家企業（state enterprise）について政府支配をベースに定義し、国家企業の行為に国家同様に内国民待遇や無差別原則を始め協定の諸規律を及ぼすよう試みており、自主イノベーション措置への言及もある。

Ⅳ　今後の課題

1　交渉への積極的参画

　公的補助・産業補助金を焦点に国有企業の議論も含め最近の動向を概観してきたが，日本がこれらの論点に取り組むにあたっての課題を述べておきたい。
　まず，WTO 交渉と経済連携協定交渉は相互に密接に関連しており，WTO ドーハ・ラウンドが停滞しているとはいっても，これまでの WTO の交渉提案や議論の積み重ねが経済連携協定交渉に活用されている点は重要である。一般補助金交渉のコスト割れ融資関連提案などの例は先に述べたとおりである。また，例えば，ドーハ・ラウンドに関わらず継続した WTO の政府調達協定改正テキストや同協定への新規加盟交渉が各種経済連携協定交渉と連動している。
　各国とも論点ごとに一定の軸を持って各交渉に臨んでおり，言うまでもなく，WTO における各種の取組と，メガ FTA・経済連携協定交渉の両方に積極的に取り組む必要がある[70]。
　産業競争力の視点をルール・メイキングに如何に反映させていくかも重要であり，産業界の関与は必須である[71]。WTO のルール・メイキングが機能していないとの批判がある一方，大国による特に巨大な自国市場を背景とした一方的措置を回避する上で，WTO の役割は，紛争解決はもとより，経済連携交渉における一方的押しつけ回避のための手段・レバレッジとしても重要である[72]。
　更に「ポスト」メガ FTA 交渉，すなわちメガ FTA 妥結後の姿も視野に入れつつ，将来の WTO 交渉への回帰も考えていく必要がある[73]。実際，例えば，財政規律において国際協調するためには各国が各セクターでのハードな補助金削減に協調して取り組む必要があるが，そうした取組は市場アクセス分野と異なり二国間や地域経済連携だけでは限界があり，多角的取組が不可欠である。世界の過剰設備・過剰供給問題への対応も同様である。

2 WTO紛争解決手続の一層の活用

WTO紛争解決では，日本，米国，欧州及び中国の4強構造が顕著である[74]。

日本はカナダのオンタリオ州のケースでは，再生エネルギー分野の国内産品優遇に関して重要な先例づくりをリードし，レアアースの原材料（raw material）輸出規制問題では，有限天然資源に関する重要なケースを日米欧で推進している。アルゼンチンの輸入制限措置についても日米欧で保護主義防遏の流れを形成した。伝統的なアンチダンピング・相殺関税の分野においても日米欧で中国のAD措置の明確化を図る取組を行っており，損害について重要な判例形成が進んでいる。いずれも産業界のイニシアティブであり，産業競争力の観点が通商政策・紛争解決手続活用の牽引力となっている[75]。

また，最近は中国がWTO被提訴側のみならず提訴側に回り，欧米に勝訴し措置を是正させたケースが出てきている点も注目に値する。自国の経済発展に不可欠な輸出利益を確保するとともに，自国制度や措置が違反とされた場合には是正する姿勢を示しており，WTO紛争解決手続きに積極的に関与している[76]。

なお，通商ルール・産業競争力確保の観点から人材育成の視点も不可欠である[77]。米国のUSTR法務官室には30名前後のベテランから若手までの通商ロイヤーがおり，EUも同様に貿易総局と法務部門で同様の陣営を構えている。中国も商務部法律司を中心に体制を整えつつある。紛争解決を通じた場外での戦いが交渉そのものに直結している。日本も産業界の期待に応える形で産業競争力に資するケースはWTO紛争解決手続きを一層の活用することにより，米国，欧州，中国の人材育成，強化の動きに出遅れないようにする必要があろう。

3 貿易措置の監視の継続・対話（dialogue）の場への積極的参画

保護主義防遏，国際ルール遵守の姿勢は，日本が二国間，アジア太平洋，及びグローバルに最も重視してきた価値観であり，こうした姿勢は，交渉と紛争

解決とともに，貿易措置の監視や経済対話の中で重視していく必要があろう。WTO における保護主義監視プロセスは重要な抑止力として機能した。[78]

　通商ルールと産業競争力のテーマの観点から，WTO と OECD の関係，特に日中の関係について触れたい。日本は，戦後1955年に GATT に加入し，1964年には OECD（経済協力開発機構）に加盟し，貿易・投資の自由化へ舵を切った。その後の高度成長により，1970年代，1980年代には，米欧との貿易摩擦も経験した。他方，GATT／WTO，OECD，G7／8の枠組みの中でグローバルに諸問題を解決し安定成長に繋げていった。中国も1978年以来の30年以上の対外開放路線，2001年の WTO 加盟実現を通じ，高い成長率を維持し続けている。他方で，米国との貿易摩擦，経済の諸問題での欧米との衝突も増えてきている。

　この点，WTO と OECD のアジェンダ比較が参考になる。日中あるいは，日米欧と中国が衝突する課題の多くが，投資政策，競争政策，国有企業，政府調達，輸出信用制度，分野別構造調整（鉄鋼・造船などが一例），規制改革，環境政策，公務員の贈収賄などガバナンス，等々その多くが，これまで先進国が戦後 OECD の枠組みを使って情報共有，経験共有，対話，制度作りによって解決してきた問題である。例えば，政府調達やサービスの分野別の取組は OECD での議論から WTO 協定につながった。WTO では未だ不十分な分野の典型としては，例えば，投資規律，競争政策がある。[79]

　OECD は第二次大戦後の米国の欧州支援組織のマーシャル・プランを母体に1961年に成立し，その後のG7への支柱となったグローバルなシンクタンクであり，NATO・軍事分野を除くあらゆる経済分野をカバーしている。経済成長，経済協力，自由貿易などを共通の価値観とし，現在34ヶ国が加盟している。日本は1964年に加盟し，隣国の韓国も1995年に加盟して世界経済へ協調していく流れとなった。旧東欧諸国も同様である。先進国の枠組みと捉えられがちであるが，WTO の枠組みでは途上国的な扱いを求めるトルコ，メキシコも

OECD メンバーである。2012年に WTO 加盟を果たしたロシアも OECD 加盟の最終交渉段階である。中国が世界第2位の GDP を占める一方で他国との摩擦が絶えないのも，WTO で解決できない OECD 関連分野が多い。

　まず対話でお互いに知り合う，といったアプローチが OECD の強みでもある。多くの政策でベスト・プラクティスを積み上げていく伝統がある。有望なものはガイドラインやソフト・ローとなり，更には有志国により条約に発展する。「貿易と構造調整」[80]といったアジェンダを OECD は得意としており，貿易自由化推進のためには，国内の構造調整が不可欠であり，そのためには健全なマクロ経済政策，規制改革，雇用政策，教育政策の充実が不可欠との助言が各国になされる。中国は，例えば OECD 鉄鋼委員会に参加し OECD 非加盟国ではあるが個別構造調整分野には関与している。

　日本は，WTO・OECD の両方の国際機関において積極的な加盟国として活動している実績があり，一層の努力が期待されるところである。日本，米国，欧州及び中国の4強時代の重要な視点として提起しておきたい。

Ⅴ　おわりに

　本稿は，経済連携協定と WTO 協定を巡る通商ルールと産業競争力の問題に関して，公的補助・産業補助金を切り口に最近の動向と主な論点を概観してきた。もとより，特定の論点に関する定点観測からスタートした一考察にすぎないが，日本，米国，欧州及び中国の通商4強時代において今後の各方面における議論の材料の1つになればと考えている。

(1) 本稿は筆者の OECD 貿易委員会事務局，WTO 補助金委員会議長，WTO ルール交渉・補助金交渉議長の友（Facilitator）などの経験に基づく通商ルール・産業競争力に関する個人的見解であり，所属組織の見解ではない。2013年6月に執筆したもの。本稿には，草野克也通商機構部参事官補佐から有益なコメントを頂いた。
(2) 経済産業省『2013年版不公正貿易報告書』559-590頁。

⑶　同上。
⑷　WTO, "Overview of Developments in the International Trading Environment" WT/TPR/OV/15 of 29 Nov. 2012
⑸　U.S.-China Economic and Security Review Commission, "An analysis of State-owned Enterprises and State Capitalism in China" (2011).
⑹　経済産業省『前掲書』（注２）第１章13頁以降参照。
⑺　2008年９月からのリーマン・ショック・経済危機後の産業補助について包括的に分析したものとして，川瀬剛志「世界経済危機下の国家援助と WTO 補助金規律」（2011年）参照。
⑻　川島富士雄「中国における市場と政府をめぐる国際経済法上の法現象と課題」『日本国際経済法学会年報』21号（2012年）参照。
⑼　米国の対中特別 SG を中国は WTO 協定違反として提訴したが敗訴した（DS399）。
⑽　United Steel Workers, "USW Files Trade Case to Preserve Clean, Green Manufacturing Jobs in America" (2010).
⑾　DS419.
⑿　DS431, 432, 433.
⒀　DS414, DS425, DS427, DS440. なお，日本は中国の対日 AD 措置の不十分な手続き・損害認定について別途提訴している（DS454）。
⒁　ルールの背景・概観について前掲，経済産業省『前掲書』（注２）第Ⅱ部第６章「補助金・相殺関税」参照。本稿は，冒頭物品の産業補助金に焦点を当てており，農業協定で規律される農業補助金，サービス貿易に関するサービス補助金（GATS 15条に基づき規律の「交渉中」の位置付け）については直接扱っていない。サービス補助金規律の欠如は2008年のリーマン・ショック後の論点として有識者間で最近の問題となっている。例えば Gary N. Horlick and Peggy A. Clarke, "WTO Subsidies Disciplines During and After the Crisis", Journal of International Economic Law 13 (3) (2010), pp.859-874.
⒂　DS70.
⒃　Jun Kazeki, "Anti-dumping Negotiations under the WTO and FANs", Journal of World Trade 44, no. 5 (2010), pp. 931-963.
⒄　経済産業省『2000年版不公正貿易報告書』第17章「シアトル閣僚会議の概要」・第18章「アンチ・ダンピング・ルール見直しの現状」。なお，2000年以来現在に至るまで経済産業省は「AD 協定改定実務者研究会（座長：小寺彰東京大学教授）」において AD 協定改定案について検討を尽くしている。
⒅　Doha Ministerial Declaration (WT/MIN(01)/DEC/W/1 of Nov. 2001) paras 28 and 29.
⒆　John R. Magnus, "World Trade Organization Subsidy Discipline: Is This the "Retrenchment Round"?" Journal of World Trade 38 (6) (2004), pp. 985-1047. Debra P. Steger, "The Subsidies and Countervailing Measures Agreement: Ahead of its Time

or Time for Reform?", Journal of World Trade 44, no.4 (2010), pp. 779-796.
(20) アジア危機から鉄鋼摩擦の流れは以下参照：OECD, "Trade and Structural Adjustment" Chapter 7 Steel (2005).
(21) DS273, DS301.
(22) DS296, DS299, DS336.
(23) セクター別補助金問題のうち，エアバス，ボーイングの航空機産業への欧米の補助金を巡っては，ルール交渉では議論されず，紛争解決手続により上級委まで判断が出ている。参照，米谷三以「航空機産業に対するWTO補助金協定の適用——エアバス・ボーイング紛争を踏まえて——」日本空法学会『空法』54号 (2013年)。
(24) WTO, TN/RL/W/213 of 30 Nov. 2007.
(25) WTO, TN/RL/W/236 of 18 Dec. 2008.
(26) WTO, TN/RL/W/254 of 21 Apr. 2011.
(27) DS379.
(28) Minutes of Meeting of the Dispute Settlement Body, held on 25 March 2011 (WT/DSB/M/294), See Cartland, Michael, Depayre, Gerard & Woznowski, Jan, "Is Something Going Wrong in the WTO Dispute Settlement?", Journal of World Trade 46, no.5 (2012), pp. 979-1016.
(29) DS379上級委報告書パラ317。
(30) DS379上級委報告書パラ322。
(31) 伊藤一頼「DS379：米国——中国産品に対する確定アンチダンピング税・補助金相殺関税の賦課（パネル・上級委）——」経済産業省平成23年度パネル・上級委報告書研究会報告書。
(32) Tegan Brink, "What Is a 'Public Body' for the Purpose of Determining a Subsidy after the Appellate Body Ruling in US-AD/CVD?", Global Trade and Customs Journal, Vol.6, Issue 6 (2011). 委託・指示については，一連の韓国DRAM相殺関税のDS（前掲注22）によりtotality of evidenceで判断する判例が定着している。
(33) WTO, "Notification Requirements Under the ASCM, Background Note by the Secretariat," G/SCM/W/546/Rev.4 of 16 Apr. 2013.
(34) DS450.
(35) Horlick *supra* note 14, p.859.
(36) DS344上級委報告書パラ160。
(37) DS379上級委報告書パラ318。
(38) Cartland et al, *supra* note 28, p.1011.
(39) DS273.
(40) WTO, TN/RL/GEN/135 of 24 Apr. 2006.
(41) WTO, TN/RL/GEN/94 of 16 Jan. 2006, TN/RL/GEN/146 of 5 Jun. 2007.
(42) WTO, *supra* note 24.

⑷3 WTO, TN/RL/W/236 of 18 December 2008.
⑷4 TN/RL/W/254 of 21 April 2011.
⑷5 OECD Press Release of 30 July 2007 "Brazil joins OECD countries in landmark pact on civil aircraft export credits".
⑷6 TN/RL//W/254 of 21 April 2011.
⑷7 経済産業省『前掲書』(注2) 参照。
⑷8 DS412, DS426.
⑷9 DS452.
⑸0 DS456.
⑸1 経済産業省『前掲書』(注2) 379-383頁。
⑸2 USTR, http://www.ustr.gov/trade-topics/localization-barriers (USTR Website 2013年5月アクセス)。
⑸3 前掲(注48)。DS412の内国民待遇違反とは別の論点である補助金協定3条違反(国内産品優遇補助金)の論点については,パネルは補助金認定の要件となる「利益」の存在が立証されていないとし,一方で上級委はパネルの判断を不十分としつつも「利益」の分析を完了するための事実が不十分として補助金協定違反を認定していない。
⑸4 間宮勇「日本の半導体に対する第三国モニタリング措置」松下満雄・中川淳司・清水章雄編『ケースブック ガット・WTO法』(有斐閣, 2000年) 193-196頁。
⑸5 DS394, 395, 398.
⑸6 OECD, TD/TC/WP (2002) 54/FINAL Analysis of Non-Tariff Measures: The Case of Export Duties (2002), para26.
⑸7 DS194.
⑸8 DS437.
⑸9 Kowalski, P. et al., "State-Owned Enterprises: Trade Effects and Policy Implications", OECD Trade Policy Papers, No. 147 (2013).
⑹0 OECD, "Competitive Neutrality: Maintaining a Level Playing Field Between Public and Private Business." (2011).
⑹1 OECD, "OECD Guidelines on Corporate Governance of State-owned Enterprises", (2005).
⑹2 EU機能条約106条, 107条。
⑹3 Council Decision Strasburg, 12..3.2013 COM (2013) 136 final.
⑹4 経済産業省『前掲書』(注2) 第Ⅱ部第6章コラム「公正な競争の実現に向けた国有企業のルール」, 第Ⅲ部第6章「競争」参照。交渉中の現状に鑑み一般的な内容に止めた。
⑹5 同上。
⑹6 EU Korea FTA: Article 11.11: Prohibited subsidies.
⑹7 経済産業省『前掲書』(注2)「米国モデル投資協定の改訂について」687-688頁。

⑱　USTR・DOS: Model BIT 2012 Article 1 defines a state enterprise as "an enterprise owned, or controlled through ownership interest, by a Party".
⑲　"... sharpen the disciplines that address preferential treatment to sate-owned enterprises, including the distortions created by certain indigenous innovation policies".
⑳　TPP 交渉参加の行方を WTO との関係も踏まえつつ幅広く議論したものとして，小寺彰・中富道隆，対談「TPP 交渉参加の行方」『ジュリスト』（2013年7月号）参照。
㉑　日本経団連「通商戦略の再構築に関する提言──グローバルルールづくりを主導する攻めの通商戦略へ──」（2013年4月16日）参照。
㉒　日本は1995年，日米自動車協議の際，米国の数値目標等の一方的措置に対し，WTO 紛争解決を活用し対米協議要請を行い，数値目標を回避し，二国間協議妥結につなげた（DS6）。
㉓　中川淳司『WTO 貿易自由化を超えて』（岩波新書，2013年）参照。
㉔　最新の統計は WTO Website Dispute Settlement Gateway 参照。
㉕　経済産業省『前掲書』（注2）。
㉖　WTO Website, China and WTO.
㉗　風木淳「通商ルールと産業競争力──「事務局化」力の向上・官民挙げた人材育成が急務──」『国際商事法務』38巻9号(2010年)。
㉘　前掲（注4）WTO（2012）．
㉙　OECD Website 参照。
㉚　OECD, Trade and Structural Adjustment（2005）．

（経済産業省安全保障貿易管理課長（前経済産業省通商機構部参事官））

論　説　　環太平洋パートナーシップ協定（TPP）

公正衡平待遇条項の適用実態
——TPP投資章を考える素材の1つとして——

坂　田　雅　夫

 Ⅰ　はじめに
 Ⅱ　FET規定と慣習国際法の関係を巡る議論
  1　FETの起源
  2　NAFTA1105条を巡る論争
  3　条約規定で慣習国際法と結びつけることによる解決？
 Ⅲ　仲裁におけるFET規定の適用実態
  1　概　観
  2　法治主義（国内法の下での平等）
  3　適正手続き
  4　行為の一貫性
 Ⅳ　おわりに

Ⅰ　はじめに

　本稿は，TPPを含めて海外投資保護に関する国際協定の多くに含まれている，「公正かつ衡平な待遇（Fair and Equitable Treatment）（以下，FET[2]）」規定[1]について検討することを目的としている。

　このFET規定は，投資仲裁において最も依拠されることが多い規定である[3]。最も使われる規定であるにも拘わらず，現状の多くの条約のFET規定の文言は，国家側がFETの内容として考えるものから離れて解釈される余地があると思われるのである。誤解の原因となるのはFETを外国人待遇に関する慣習国際法上の最低標準と同一視する文言にある。アメリカ合衆国のモデル投資協

定5条は「各締約国は対象となる投資に対して，公正かつ衡平な待遇及び十分な保護と保証を含む，慣習国際法に従った待遇を与えねばならない。(Each Party shall accord to covered investments treatment in accordance with customary international law, including fair and equitable treatment and full protection and security.)」と定めている。わが国の最近の投資関連の協定も同様に慣習国際法に言及している[4]。真偽は確認できないが，TPP の草案としてリークされたものにも同様の文言が見られる[5]。

　通常，慣習国際法への言及は，FET 規定の内容を明確化する役割を果たしており，投資仲裁による恣意的な解釈を封じる効果を持つとされる。投資仲裁が増加する中で，「公正」や「衡平」といった曖昧な用語への危惧が強く諸国の中で示されるようになった。たとえば，アメリカの連邦議会上院では「公正かつ衡平な待遇は曖昧なものである。その意味するところは明らかではないし，その基準がどのように適用されるのかもはっきりしていない」との疑念が示されている[6][7]。そのような諸国内での危惧に対して，投資関連の協定の締結を進める諸国政府は，FET が曖昧なものではないことを示す必要に迫られた。そこで FET は慣習国際法上の最低標準を遵守することを求めるものであり，投資協定を結ぶ前から，慣習国際法により国家が既に負っていた義務を確認するだけの規定であって，国家の自由をさらに制限するものではない，と説明された。FET は慣習国際法上の最低標準を指し示す記号に過ぎず，それは通常の慣習国際法と同様に国家実行に基づいて解釈・適用されなければならない，と主張したのである。

　この経緯からすれば，FET を慣習国際法と結びつける近年の国際協定の文言は，FET の文言上の曖昧性を埋め，国家の規制権限への不当な制限にならないためのものと位置づけられる。しかしながら，実際の所，単に慣習国際法に言及するだけでは，慣習国際法の内容を巡るよりやっかいな議論を投資協定仲裁に持ち込むだけで，解釈上の新たな指針を明確に示しているとはいえない。

FETと最低標準の関係について議論をしても、そもそも最低標準が定まった規範でない以上、議論は言葉の上でのものに止まり、余り生産的なものとなってこなかった。むしろ現状では混乱を招いているだけともいえる。

そこで本稿の第Ⅱ章では、FETが慣習国際法とリンクされるようになっている最近の条約実行の背景を分析し、そのような動きが、そのままではFETの曖昧性を埋める役に立っていないことを指摘する。第Ⅲ章では、最近投資仲裁の場においてFETの内容として具体的にどのようなものが問題とされてきているのかを整理し、今後のFET規定の条文構成のありかたを考える際の素材とし、また今後のFETを巡る解釈・適用の指針を得ようと試みる。

Ⅱ　FET規定と慣習国際法の関係を巡る議論

1　FETの起源[8]

FET規定の起源はいつか。「fair」「just」（公正）という単語も「equitable」（衡平）という単語も、法律用語としては一般的なものであり、国内法や諸国の条約実行でもかなり歴史をさかのぼることが出来るように思える。ここではこの2つの用語が結びついて、fair and equitable 公正衡平という用語法が一般的になった、第2次大戦後に話を限って経緯を整理しておきたい。

FET規定の起源として通常指摘されるのは、1948年のハバナ憲章である。ハバナ憲章11条2項は「一方の締約国から他方の締約国へと移動された、企業、技能、資本、技及び技術に対して公正かつ衡平な待遇（just and equitable treatment）を確保する」ために国際貿易機関が勧告を行うことが出来る旨を定めている。続いて、1967年のOECDによる外国人財産保護条約草案の1条が「各締約国は他の締約国国民の財産に対して、常に公正かつ衡平な待遇を確保する」と規定した。多数国間での流れと並行して、二国間でも友好通商航海条約や投資協定などにおいてFETが規定されるようになり、今日ではほぼすべての投資関連の国際協定に見られるようになって、投資協定における「黄金律」[9][10]

と評されている。

　FETは当初は内国人や第三国人とくらべて「公正な」や「衡平な」という用語法で使われており，もとは単なる平等原則を確認するだけの用語であった。たとえば1948年署名のアメリカ合衆国とイタリアの友好通商航海条約18条は「第三国，そしてその国民，企業，団体及び商活動に付与される待遇と比較して（as compared with），他方の締約国，そしてその国民，企業，団体及び商活動に対して公正かつ衡平な待遇を付与せねばならない」と定めている。つまりは，FETは最恵国待遇条項や内国民待遇条項といった平等条項の1つと認識されていたようである。正確にいえば，国内法の下での平等，つまり国内法に従った上での平等待遇を意味していたといえる。アメリカの行政府が議会に条約の批准を求めて送付する際に付される書簡においても，FETは「不合理で差別的な手段を用いて，対象となる投資の経営，……，を害してはならない当事国の義務[11]」と説明されている。

　それではFETが慣習国際法上の最低標準の遵守を確約する規定であるとする考えはいつ頃生まれたのだろうか。それはOECDによる1967年外国人財産保護条約草案のFET規定に付された注からである。関連する箇所は次の通りである。

> 「公正かつ衡平な待遇」という用語は，それが関連する二国間条約において通常用いられるものであって，各国が外国人の財産に与える待遇に関する国際法により定められた標準である。この標準は，……，条約の下で与えられる保護が，各締約国がその国民に対して通常与える保護でなければならないことを要求している。しかしながら，国内法もしくは国内の行政上の実行が国際法の要求を下回る場合には，この標準はより厳格なものとなるであろう。この標準は，結果として，慣習国際法の一部をなす「最低標準」に従うことを要求するものである。[12]

　この注は2つの部分に分けることが出来る。すなわち「保護が，各締約国がその国民に対して通常与える保護でなければならない」，つまりは平等原則の確認部分（A）と，内外人平等原則は慣習国際法上の最低標準を下回ってはなら

ないとする慣習国際法の義務より「結果として，慣習国際法の一部をなす「最低標準」に従うことを要求する」部分（B）である。

先ほど述べたように FET は当初は A 部分が中心に考えられていた。B 部分は慣習国際法の要請から「結果として」そういった内容が付加される，というものであった。しかし，A と B の関係は混乱する要素をはらんでいた。それは最低標準という用語の理解に係わる。最低標準を広義で理解すれば，それは平等原則を含めて外国人待遇に関する慣習国際法上の標準すべてを含むが，狭義で理解すれば，平等原則自体はそれに含まれず，平等原則に従っている待遇が下回ってはいけない最低限の国際的な標準のみを指すことになる。

2　NAFTA 1105条を巡る論争[13]

FET の解釈は，2000年前後から急増した投資協定仲裁で激しい対立を引き起こした。投資家側及び多くの学説は FET が慣習法上の最低標準とは別個のより高い保護水準を求めるものであるとの見解[14]を示した。NAFTA を例に取ると条約締結者であるアメリカ・カナダ・メキシコの国家側はそろって，FET=慣習法上の最低標準と唱えた。3カ国の見解は，2001年の NAFTA 自由貿易委員会による解釈ノートに示されている。

> 1．1105条1項は，外国人の待遇の国際慣習法上の最低標準を，他の当事国の投資家の投資に与えなければならない最低標準として課している。
> 2．「公正かつ衡平な待遇」及び「十分な保護及び保障」は，外国人の待遇の国際慣習法上の最低標準によって要求される待遇に付加またはそれを超える待遇を要求してはいない。
> 3．NAFTA 上の，または独立した国際協定の他の規定の違反があるとの決定自体は，1105条1項の違反が存在することを証明するものではない。

FET は慣習国際法上の最低標準を超えるものを要求しないという2項の要請が主体であるが，1つ着目したいのは3項である。NAFTA の別の規定の違反は FET の違反の証明にならないと述べられている。先述したとおり，FET

はそもそも内国人または第三国人との平等待遇と密接に結びついて規定されてきていた．内国民待遇や最恵国待遇といった平等原則が別途規定されることになり，FETの意義が変質してきたことも今日のFETを巡る解釈の混乱の一因である。

なぜ国家側のFET＝最低標準という主張に投資家側や学者が反発したのか。その理由は2つあると思われる。1つはMethanex事件においてイギリスのジェニングスが提出した鑑定書に典型的に見られる主張である。ジェニングスは「伝統的な国際標準が主に1920年代から1930年代の仲裁裁判で適用されたもので，外国人の身体財産の保護につき極めて低い程度の保護しか与えておらず，現代の投資保護にそれをそのまま適用するのは時代錯誤（アナクロニズム）だ[15]」と述べている。この批判に対しては国家側も，慣習法は20世紀前半で凍りついて動いてはいない，というわけではなく，変化してきていると様々な場で認めていて，対立軸としては比較的弱いと思われる。

もう1つの主張は，FETの用語が持つ曖昧性に着目したものである。英国国際法年報の1999年版でヴァシアニーはFETについて詳細な論文を載せている。そこではFETが厳格な法規則ではなくて「状況に応じて，合理性，公正性，及び衡平を考慮することを認めるものである[16]」と述べられている。この論文とほぼ同時期にブローワーはFET規定が「準立法機能[17]」を仲裁に付与していると述べている。これらの主張は，法における一般原則の役割であるとか，または法の下での衡平という議論を通じて，我々法学者には大変なじみのある議論だが，残念ながら，諸国の主張を見る限り，このように仲裁に解釈の幅を与えることに対してアレルギーといって良いほどの拒絶反応が見られる。

国家側は，このFETの文言が持つ曖昧性に反発を示した。たとえばアメリカは「NAFTA1105条は，国際慣習に拠ることなく，主観的かつ定義されていない意味で適用されてはならない[18]」と述べる。それ以外の諸国の発言でもFETの解釈適用において裁判官の主観が入ることが徹底的に嫌悪されている。

このような嫌悪から，FETは国家実行に基づいて，具体的に解釈適用されなければならない，という国家側の主張が生まれ，そしてそれがFETを慣習国際法と結びつける今日の多くの条約規定へと繋がっていく。

　ただ注意が必要なことがある。少なくともアメリカ合衆国の認識においては国家実行に基づいて認定・解釈されるべきFETの内容は，従前のものとそれほど変化していないようである。アメリカ合衆国のモデル投資協定は，FETの内容として「刑事，民事，行政手続きにおいて，世界の主要法体系に含まれている適正手続きの原則に従って正義を拒否しない義務」が含まれると規定している。ここで注目したいことは，少なくともアメリカは，FETの内容を確定する主たる国家実行として「世界の主要法体系」つまりは，「国内法」を考えているという事実だ。[19]

3　条約規定で慣習国際法と結びつけることによる解決？

　条約規定において慣習国際法と結びつけることによって，FET規定の解釈問題は解決したのであろうか。もちろんそうではない。外国人待遇に関する慣習国際法上の最低標準という，イデオロギー上も，また実務上もよりやっかいな解釈問題が現れているだけである。

　それでは慣習国際法との関係に限定して仲裁実行の検討に移る。FETを慣習国際法上の最低標準と同一視する条約実行が，仲裁にどのように受け入れられたのか。仲裁判例は当初は混乱しているとしか表現しようがないほどFETと慣習国際法の関係について対立したが，解釈ノートの存在もあり，その後慣習国際法との関係を巡る対立は急速に下火になった感がある。特にNAFTAの下でのものを中心として，比較的多くの判例はFET=慣習国際法という条文に従い，さらに現代の経済環境に合わせて慣習国際法が発展してきているとして柔軟な解釈を示してきた。しかしながら，比較的少数の仲裁実行の中には，慣習国際法の認定を極めて厳しく行うものも見られる。

たとえば2009年に相次いで判決が出された Glamis Gold 事件[20]と Cargill 事件[21]は，慣習国際法上の最低標準に関する古典的判例である，1926年の Neer 事件での基準が今日でも慣習国際法上の最低標準に関する有効なものであると位置づけた。その上で，「透明性」の確保義務や「差別の禁止」などについて，慣習国際法となっていることを原告は証明していないと述べている[22]。2011年の Grand River 事件でも，差別の禁止は慣習国際法となっていないと述べている[23]。

これらの判例は慣習国際法の認定を極めて厳格に行い，海外投資では当然の前提とも言うべき，「透明性」の確保や差別の禁止までも FET の求めるものではないと判断した。かかる判例の存在は，慣習国際法の認定作業自体が，「公正衡平」という曖昧な用語を解釈するのと変わらないほどやっかいな問題であること示している。

最近の判例の中には慣習国際法の認定というやっかいな作業そのものを放棄するものもある。2011年10月の El Paso 事件判決は次のように述べている。「仲裁廷はこの議論（FET と慣習国際法の関係：筆者注）は無駄だと考える。国際法上の最低標準の内容と範囲はほとんど決まっておらず，その点で2国間投資協定上の FET 標準と変わっていないし，真の問題点は FET を通じて外国人投資家にいかなる実体的保護が与えられているかであると考えるからである[24]。」

同様に2013年5月の Rompetrol 事件の判決も，「公正かつ衡平な待遇という文言が，慣習国際法上の最低標準を単に導入することを締約国が意図してのものなのかという抽象的な議論にはまったく意味はないし，さらに慣習国際法上の最低標準が今日どのように解釈されるべきかという議論に踏み込むことにも同様に意味はない[25]」と述べている。

これらの判例は極論ではある。多分解決策は，慣習国際法を極めて厳格に解するのでもなく，また慣習国際法を捨てるのでもなく，その中間にあって，地道に条約規定，国家実行（特に諸国の国内法制度）を分析することにあると思わ

れる。

Ⅲ　仲裁における FET 規定の適用実態

1　概　　観

　FET に関する最近の仲裁実行について触れる際に，1つ言及しておきたい仲裁実行がある。それは FET の内容として「正当な期待」という用語を用いる実行である。たとえば El Paso 事件の仲裁判決は「投資家の正当な期待は FET の定義の中心であると一般的に考えられている」（前掲注(24) para.348）と述べている。これと同様に最近の仲裁では，FET の解釈に際してこの用語に言及して議論を進めるものが多数見られる。その結果,「正当な期待」という用語自体も近年多くの研究が出されつつある。筆者は最近の仲裁判例が「正当な期待」という用語を用いて，FET と慣習国際法の関係という抽象的な議論から，どのような場合に「正当な期待」が生み出されるのかという，比較的具体的な議論へと軸足を移している点には着目したいと考えている。しかしながら，それは「正当な期待」という用語自体に着目して，その用語から論理演繹的に議論を進めようというものではない。

　「正当な期待」という用語は，Tecmed 事件判決が「国際法の下で確立している信義則に照らして，協定のこの条項は締約国が国際投資に対して，外国人投資家が投資を行うに当たって考慮した基本的な期待に影響しない待遇を与えるべきことを求めている，と仲裁廷は考える」と述べて,「期待」という用語に言及したのに起源があるといわれる。この判決は「期待」の保護が FET の内容であることについていかなる根拠も掲げていない。さらにいえば,「正当な期待」が何かと問えば，濵本が適切に評しているように「投資家の期待は，それが保護されるべきと考えられるとき,『正当』と評価される」のであり，議論は同義反復となる。

　あくまでも「正当な期待」，そして FET の内容は諸国の国内法制度，外交

実行，そして仲裁判例などを通して，個別具体的に煮詰められるべきものであろう。たとえば1つ注目すべき判例として Total 事件を挙げたい。この事件では「正当な期待」を解釈するに当たって「正当な期待という概念は，国際司法裁判所規程38条1項(c)の法の一般原則である，信義誠実の要請に基づくものであるから，仲裁廷としては国内法制度における正当な期待の保護というものの比較法的分析が許されると考える[29]」と述べている。この判決の結論に比較法的分析がどれだけ影響したのかは疑問が残る。けれども上述の通り，国家側が FET の解釈は国家実行に基づいて行うべし，と述べている際の国家実行には，主として国内法制度がイメージされていたことからすると，この Total 事件の比較法分析を重視する見解は今後もっと注目活用されて良いのかもしれない。

続いていくつかの判例を分析するが，議論の手がかりとして，投資協定の FET 条項の違反が初めて認定された2000年の Metalclad 事件を取り上げたい。この事件は，FET と慣習国際法の関係を巡る議論が盛り上がる以前の判例ということもあり，かなり素直な FET の解釈適用をしており，FET の解釈に際してもっと着目されても良いと思われるからである。

仲裁裁判所の判決は，メキシコの行為が「透明で予測可能な枠組み」を確保していないとして，NAFTA の FET 条項の違反を認定した。

この事件で問題となったのは，地元市であるグワダルカサール市がゴミ処理上の建築申請を不許可としたことだ。判決がメキシコの行為は「透明性」を欠くものであったと判断した根拠は，大きく3つに分けられる。

1つはメキシコ国内法上，建築申請を認可しなかったことが許されるか，である。仲裁は，メキシコ法の解釈を行い，周囲の環境問題や周辺住民の反対という要素は，建築許認可基準の考慮要因とはされていないと判断した。つまりこの点に関して仲裁の実質的判断根拠はメキシコ国内法違反という事実に依拠していたのである。これは「法治主義」，または「法の下の平等」という表題の下で議論される問題であろう。

2つ目は、手続きの遅延または不当性に関するものである。地元の市が建築許可の申請を求めたことがそもそもかなり遅れていた。また申請後、意見徴収などの手続きが行われず、13カ月も放置された上で、建築工事が終了したあとに、不許可処分が下された。つまり行政府の行為の手続的正統性の問題である。

3つ目は連邦政府の行動との関係である。メキシコ連邦政府は国内のゴミ処理業者の不足という問題に対処するために、国外の業者を積極的に誘致していた。その背景から Metalclad 社も連邦政府を主たる相手方と考えて投資事業を行っていた。そしてこの連邦政府が、国内法手続は連邦政府が進める、といい、さらに、地元の市には建築許可を不許可にすることはできない、という言質もあたえていた。

これを便宜的に整理すれば、法治主義、適正手続き、そして政府の行為の一貫性（とくに specific commitments（特別な約束）の存在）という3つの要素で説明できるかと思う。これらは近年の仲裁でも相変わらず注目または議論されている。以下では、便宜上この3つの要素に分けて、いつかの代表的な判例を整理・紹介していく。[30]

2　法治主義（国内法の下での平等）

先の章で述べたように、FET という用語がそもそも想定していたものは、「不合理な差別の禁止」であった。外国人投資家に対する差別的対応に合理的根拠がない場合を想定したものであった。軽微な間違いではなく、国内法に意図的に反する行為はもちろんであるが、内国民または第三国民と比較して、差別的な対応がある場合には、その差別に合理的根拠が求められてもいる。[31]

Loewen 事件においては、国内裁判所における審理過程での差別が問題となった。カナダ系企業がアメリカの裁判所で差別されたと訴えた事件である。仲裁廷は、NAFTA 自由貿易委員会の解釈ノートに従い、FET は慣習国際法上の最低標準を意味するのみである、との立場を堅持した上で、「国内法に違反

し，そして外国人に対して差別的な決定は，国際法においては明白な不正義に該当する」と述べ，問題になった国内裁判手続き全体が「不適切で不名誉なものであったのは明白で，国際法上の最低標準及び公正かつ衡平な待遇と調和していない[32]」と述べている。

　Saluka 事件においては，破綻状態に陥った銀行の救済を巡って，他の銀行が救済されたのに，原告の出資した銀行のみが救済から外されたことが問題となった。仲裁廷は，銀行の不良債権問題への対応において，原告の出資した銀行へのチェコ政府の対応が他の銀行と異なっていた事実を確認し，その違いを正当化する合理的根拠の有無へと議論を進め，合理的根拠がなかったと判断している。結論として，チェコ政府が差別的対応を取り，その結果として原告の出資した銀行の経営が継続不能となった，として，チェコ政府の行為が不公正で不衡平であったと判断している[33]。

　国内法の下での平等という概念は，先述の通り，内国民待遇や最恵国待遇との棲み分けが問題となる。その点から興味深いのは Parkerings 事件であろう。仲裁廷は FET の問題として「恣意性」と「合理的期待」の議論もしているのだが，差別の問題は FET の箇所で議論をすることを避けた。この事件において原告は FET は不公正で差別的な行為が明らかである場合に違反が成立するとし，差別が FET 認定の重要な要素だと主張した。被告もこれに答えて議論を行っていた。仲裁廷はこの議論に対して，「最恵国待遇の下で議論されるものと実質的に同じである[34]」として，結論を最恵国待遇の箇所に持ち越している。

3　適正手続き

　続いては適正手続きの問題である。単純に手続上の瑕疵が問題とされたものとしていくつか挙げておく。最初に Alex Genin 事件を取り上げる。この事件では銀行業の許可の取り消しが問題となった。仲裁廷は，許可の取り消しの可能性があることの公式の通知がなかったこと，許可取消しの審議への参加の機

会が与えられなかったこと，取消しが即時に発効し異議申し立ての機会が無かったことを取り上げた。最終的にはこの点でFET違反は認定されなかったが，適正手続きの典型的な事例であろう。

続いてMiddle East Cement事件である。この事件では，船舶の押収・競売が問題とされたが，判決は押収・競売に先立って通知がなされなかったことを問題とした。

逆にThunderbird事件では，問題となった行政手続きにおいて，意見聴取の機会を与えられていたこと，決定の根拠となった事実及び法が明示されていたこと，行政決定の司法審査の機会が与えられたことを根拠として，国際標準を侵さないと判断されている。

4 行為の一貫性

最後に取り上げるのは，行為の一貫性の問題である。この点で近年，仲裁で最も議論されているのは，国内法の改正が許されるかである。ある国内法を信じて投資を行った投資家は，その国内法が改正されないという期待を「正当に」持ち得るのだろうか。この問いには，アルゼンチンを被告とした多くの事件において多くの仲裁廷が直面した。アルゼンチン・ペソとアメリカ・ドルとを固定するドルペッグ制，及び公共料金をアメリカ国内の指数に連動させるという制度の存在が，アルゼンチンの経済危機の中で政府によって破棄されたからである。ドルペッグ制の廃止がFET違反となるのか，つまり国内法の改変のFETとの関係が議論の中心となった。

FETに関して，近年最も長い分析を行った，El Paso事件仲裁判決は，FETの下で国内法が改変されないという期待は生まれないと述べている。ただ国内法の改変に際しては，経済的，社会的，その他の性格の正当化が示されるべきだとも述べているが，事実上国内法改正の自由を認めている（前掲注(24) para.372）。その他の判例でもこの点は踏襲されていて，たとえばLevy事件仲

裁は「安定性というのは，法制度を固定化する，または国家が投資家が投資をなした時点での法やその他の規制を改訂することを不可能にすることを意味しているわけではない[38]」と述べてもいる。

ただ問題は，さきほど Metalclad 事件でも述べたように，政府による特別な約束（specific commitment）がある場合である。この場合には国内法の改変がなされないという正当な期待を投資家は抱くことが出来るとされている。ただspecific というのが大事な用語で，国内法で一般的にドルペッグ制を行うと規定しているだけでは，特定事業者に対しての「特別な」約束であるとは見なされない。たとえば Total 事件では「裁判所の考えでは，ガス料金はアメリカ合衆国の生産者物価指数に連動して合衆国ドルで計算されるという規定がトータル社が依拠可能な「約束」と見なし得ると考えるのは適切ではない。なぜならそれらの規定は直接または間接に Total 社を名当てしたものではなかったからである（前掲注(29) para.145）」と述べられている。

Ⅳ　おわりに

FET の解釈については，一方に単純に慣習国際法上の最低標準に結びつけるだけの条約実行があり，また他方では慣習国際法との関係（異同）に焦点を当てて議論が進められる学説の現状がある。

しかしながら FET に係わる条約実行を見れば，まずこれは不合理な差別を禁じる規定として成立したことがわかった。「公正」，「衡平」，「不合理」といった用語の曖昧性を嫌った諸国が，この規定の解釈は国家実行に基づいてなされるべきだとの趣旨から，FET と慣習国際法を結びつける動きを近年強めた。そして条約の他の諸規定，とくに内国民待遇規定との棲み分けの必要性から，そもそもコアなものとして諸国がイメージしていた不合理な差別が議論の中心から放逐される結果になった。これらのことから慣習国際法との関係という議論は抽象的で不毛なものとなった。この慣習国際法との関係を巡る議論におい

ても，諸国がイメージしていた主たる国家実行は国内法制度にあったのだが，仲裁や学説の中には，諸国の外交実行またはかつての仲裁判例を主たる根拠として捉えるものも多く，議論がさらに混乱した。現状を見る限り，単純に慣習国際法と結びつける，今日の多くの投資協定の文言，そして TPP の投資章の予想される文言は，FET の曖昧性を埋める役には立っていないようである。

今後の議論の流れとしては，それを「正当な期待」や「透明性」といった一般的な用語のいずれで説明しようとしても，その用語自体では問題は解決しないであろう。投資紛争が対象とする事例が，国内の公法上の紛争と類似することが多い現実から考えるなら，諸国の公法制度の比較法的分析が，議論を具体化・精緻化する上で不可欠である。この比較法研究は，FET を慣習国際法上の最低標準を示す記号に過ぎないとした，アメリカを始めとした諸国が，その慣習国際法を解釈する素材として，諸国の国内法制度（特に適正手続き）を考えていたことからも正当化されるであろう。また今後の仲裁判例の蓄積とともに，より一層の判例分析が議論を深化させることになると思われる。

(1) TPP 投資章の条文案は，本稿執筆時（2014年4月）においても非公開であり，細かい文言については議論しようがない。考えられ得る条文構成について整理したものとしては，中川淳司「TPP で日本はどう変わるか？（第6回）Tpp の内容(4)投資」『貿易と関税』60巻1号（2012年）；玉田大「TPP における投資保護と投資自由化」『ジュリスト』1443号（2012年）を参照。投資章への批判は，大きくまとめるならば，国家が人権や環境保護のために取る規制措置が制限される，というものである。この観点から，投資協定の条文の曖昧性に危惧を表明した先駆的研究としては Konrad von Moltke & Howard Mann, *NAFTA's Chapter 11 and the Environment: Addressing the Impacts of the Investor-State Process on the Environment* (International Institute for Sustainable Development, 1999) を参照。また投資協定に反対する近年の動きついてまとめたものとしては Michael Waibel, *The Backlash against Investment Arbitration : Perceptions and Reality* (Kluwer Law International, 2010). を参照。

(2) 坂田雅夫「北米自由貿易協定（NAFTA）一一〇五条の『公正にして衡平な待遇』規定をめぐる論争」『同志社法學』55巻6号（2004年）129頁；小寺彰「公正・衡平待遇――投資財産の一般的待遇――」小寺彰編『国際投資協定』（三省堂，2010年）101頁；

阿部克則「公正衡平待遇規定と投資保護の国際的最低基準——わが国の国際投資協定における位置づけ——」日本国際経済法学会編，村瀬信也編集代表『国際経済法講座Ⅰ 通商・投資・競争』（法律文化社，2012年）295頁；Stephen Vasciannie, "The Fair and Equitable Treatment Standard in International Investment Law and Practice", *B.Y.b. I.L.* vol.70, (2000), p.99. Ioana Tudor, *The Fair and Equitable Treatment Standard in the International Law of Foreign Investment* (Oxford University Press, 2008).; Alexandra Diehl, *The Core Standard of International Investment Protection : Fair and Equitable Treatment*, (Kluwer Law International, 2012); Roland Kläger, *'Fair and Equitable Treatment' in International Investment Law* (Cambridge University Press, 2011); Mārtiņš Paparinskis, *The International Minimum Standard and Fair and Equitable Treatment* (Oxford University Press, 2013).
(3) UNCTAD, *Fair and Equitable Treatment* (United Nations, 2012), p.1.
(4) たとえば日本・コロンビア投資協定の4条1項「一方の締約国は、自国の区域内において、他方の締約国の投資家の投資財産に対し、国際慣習法に基づく待遇（公正かつ衡平な待遇並びに十分な保護及び保障を含む。）を与える。」と定めている。
(5) 詳しくはTPPへの反対を唱えているNGOであるPublic CitizenのHpを参照。Available at: https://www.citizen.org/TPP
(6) 148 Cong Rec. 4592, 4603.
(7) 同様の疑念に照らして仲裁判例を分析したものとしては、J. Roman Picherack, "The Expandinf Scope of the Fair and Equitable Treatment Standar: Have Recent Tribunals Gone Too Far?", *The Journal of World Investment & Trade*, vol.9, no.4 (2008), p.255を参照。
(8) 投資協定の歴史的研究としては、Kenneth J. Vandevelde, *Bilateral Investment Treaties : History, Policy, and Interpretation* (Oxford University Press, 2010). また同著者によるFETの研究も、条約実行及び仲裁実行がほぼ網羅的にまとめられており秀逸である。Kenneth J. Vandevelde, "A Unified Theory of Fair and Equitable Treatment", *NYUJ Int'l L. & Pol.* vol.43(2010), p.43ff.
(9) Rudolf Dolzer, "Fair and Equitable Treatment: A Key Standard in Investment Treaties", *International Lawyer* 39(2005). p.39f.
(10) Jeswald W. Salacuse, *The Law of Investment Treaties*, The Oxford International Law Library (Oxford University Press, 2010), p.218.
(11) "Message from The President of the United States", Trinidad & Tobago –USA, Sep. 26, 1994, Treaty Doc. 104-14, Ⅷ.
(12) OECD, Draft Convention on the Protection of Foreign Property, 7 *ILM* 117, 119 (1968).
(13) 詳しくは、坂田「前掲論文」（注2）を参照。
(14) この見解はマンによる1981年の英国国際法年報での見解を根拠の1つとして引用する

ことが多い，F. A. Mann, "British Treaties for the Promotion and Protection of Investments", *B.Y.b. I.L.*, vol.52 (1982), p.243.
(15) Jennings, *Second Opinion of Professor Sir Robert Jennings*, Q.C. (6 Sep. 2001), p.3.
(16) Vasciannie *supra* note (2), p.144.
(17) Charles H Brower, "Investor-State Disputes under Nafta: The Empire Strikes Back," *Col.J.Trans'l L., vol.*40(2001), p.43.
(18) *Pope & Talbot Inc. v. Canada*, Fourth Submission of the USA (1 Nov. 2000) p.2.
(19) 「国内法」の積み重ねを国家実行とみて慣習国際法の枠組みで考えるのか，それとも「法の一般原則」の枠組みで考えるのか，この2つの用語のどちらを用いることによって，議論が具体的にどう変化するのかは，まだ考えを深められていない。濱本・後掲（注28）の論文は「正当な期待」を埋める手がかりとして法の一般原則に着目し，比較法的研究の重要性を唱えている。その指摘は今後の研究の方向性として至言であろう。
(20) *Glamis Gold, Ltd. v. The United States of America*, Award (8 June 2009). Glamis 事件に対しては Schwebel 判事による批判が存在している。Stephen Schwebel, "Is Neer Far from Fair and Equitable?," *Arbitration International* vol.27, no. 4 (2011), p. 955. また *Merrill & Ring Forestry L.P. v. The Government of Canada*, Award (31 March 2010)を始めいくつかの仲裁も批判的立場に立っている。ただ Glamis 事件において，被告アメリカの主張は，FET は国家実行と法的信念に基づいて認定・解釈されるべきというだけであって，Neer 事件から変わっていないといっているようには思えない。実際，アメリカ側の書面を見る限りでは Neer 事件への言及はかなり慎重に避けられている。
(21) *Cargill, Inc. v. United Mexican States*, Award (18 Sep. 2009).
(22) 問題となるのは，慣習国際法の成否を証明責任の対象にする，という考え方そのものであろう。証明責任は通常「事実」の存否に関するものであり，「法規」の存否に関して妥当するのか検討が必要であろう。
(23) *Grand River Enterprises Six Nations, Ltd., et al. v. United States of America*, Award (12 Jan. 2011), para.209. この判決も正確に読めば，慣習国際法は差別を「一般的に」禁止しているわけではない，としているので，評価は慎重にしなければならないだろう。
(24) *El Paso Energy International Company v. The Argentine Republic*, Award (31 Oct. 2011), para.335.
(25) *The Rompetrol Group N.V. v. Romania*, Award (6 May 2013), para.197.
(26) Elizabeth Snodgrass, "Protecting Investors' Legitimate Expectations - Recognizing and Delimiting a General Principle," *ICSID Review* vol.21, no. 1 (2006).; Felipe M. Tellez, "Conditions and Criteria for the Protection of Legitimate Expectations under International Investment Law", *ibid.* vol.27, no. 2 (2012), p.432; Michele Potestà, "Legitimate Expectations in Investment Treaty Law: Understanding the Roots and

the Limits of a Controversial Concept," *ibid.* vol.28, no. 1 (2013), p.88.; P. Dumberry, "The Protection of Investors' Legitimate Expectations and the Fair and Equitable Treatment Standard under Nafta Article", *J.Int'l Arbitration*, vol.31, no. 1 (2014), p.47.

(27) *Técnicas Medioambientales Tecmed, S.A. v. The United Mexican States*, ICSID Case No. ARB (AF)/00/2, Award (29 May 2003), para.154.

(28) 濱本正太郎「投資家の正当な期待の保護——条約義務と法の一般原則との交錯——」RIETI Discussion Paper 14-J-002, p. 1 at: http://www.rieti.go.jp/jp/publications/dp/14j002.pdf.

(29) *Total S.A. v. The Argentine Republic*, Decision on Liability (2010 Dec 27), para.128.

(30) 便宜上の整理区分である。Rumeli 事件及び Paushok 事件において仲裁は FET の内容として（1）透明性，（2）信義誠実，（3）恣意的，大規模な不公正，差別の禁止，適正手続きの欠如，（4）適正手続きの遵守，といった四分類を挙げている。本稿での三分類でもそうだが，判例はこのいずれの分類か判別が付かない，もしくは重複するものも多く，またこの分類に収まらない判例もある。*Rumeli Telekom A.S. and Telsim Mobil Telekomunikasyon Hizmetleri A.S. v. Republic of Kazakhstan*, Award (29 July 2008), para. 609; *Sergei Paushok, CJSC Golden East Company and CJSC Vostokneftegaz Company v. The Government of Mongolia*, Award on Jurisdiction and Liability (28 April 2011), para.240.

(31) 正確にいえば国内法に違反する行為自体は，投資協定の禁止するものではなく，あくまでも結果としての差別に着目されている。

(32) *Loewen Group, Inc. and Raymond L. Loewen v. United States of America*, Award (26 June 2003), paras.135, 137. 下級審段階の判断であったので，国際法上の裁判拒否成立そのものは否定された。

(33) *Saluka Investments B.V. v. The Czech Republic*, Partial Award (17 March 2006), paras.285ff.

(34) *Parkerings-Compagniet AS v. Republic of Lithuania*, Award (11 Sep.2007), para.291

(35) *Alex Genin, Eastern Credit Limited, Inc. and A.S. Baltoil v. The Republic of Estonia*, Award (25 June 2001), para.364.

(36) *Middle East Cement Shipping and Handling Co. S.A. v. Egypt*, Award (12 April 2002), para.143.

(37) *International Thunderbird Gaming Corporation v. The United Mexican States*, Arbitral Award (26 Jan. 2006), para.200.

(38) *Renée Rose Levy de Levi v. Republic of Peru*, Award (26 Feb. 2014), para.319.

【付記】

本稿は科学研究費補助金・若手研究（B）「投資協定仲裁における「事実としての国内法」への言及の実態とその理論的含意の研究」（研究課題番号：25780026）及び平成25年

度陵水学術後援会学術調査・研究助成による研究成果の一部である。

(滋賀大学経済学部准教授)

論　説　国際化時代の不正競争

座長コメント

駒　田　泰　土

1　ケーススタディとしての新日鐵・ポスコ事件

本分科会では，いわゆる新日鐵・ポスコ事件をケーススタディとして，国際私法及び不正競争防止法上の諸問題について考察を行った。

本分科会が行われた時点では，同事件は東京地裁に係属中であり，その事実関係が十分詳らかにされていなかった。そこで，一般に報道されている情報を手掛かりに，以下のような事実を前提として議論を行った。

2007年に，電磁鋼板の製造技術を中国メーカーに流出させたとして，韓国鉄鋼最大手ポスコの元社員が逮捕された。この元社員は，韓国における刑事訴訟において，「流出した技術はポスコのものではなく，新日鐵の技術である」という趣旨の主張をした。この情報を得た新日鐵は，証拠保全手続により元社員の保有する資料を差し押さえ，2012年4月19日に，韓国企業のポスコ及びその日本法人を相手方として，不正競争に係る訴えを東京地裁に提起した。同訴訟において新日鐵は，ポスコが新日鐵の元社員などと共謀し，当該鋼板の製造技術に関する営業秘密を不正に取得・使用したと主張し，損害賠償として約1000億円の金銭の支払と，当該鋼板の製造・販売の差止めを求めている。

なお，新日鐵は，当該技術をポスコに漏らしたのは，少なくとも4人の元社員であると主張している。そのうちの1人は，ポスコとともに本件訴訟の被告となった。この者は元研究職の1人であり，1990年代の半ばに退職し，韓国の大学の客員教授に就任している（新日鐵は，賠償金約1000億円のうち800億円を，こ

の者がポスコと連帯して支払うよう求めている)。

　本件訴訟についてわが国の裁判所に国際裁判管轄権が認められ，また準拠法も日本法であるというのが，新日鐵の立場である。ポスコはこれらの点について争っている。またポスコは，2012年7月に，新日鐵を相手方として債務不存在確認訴訟を韓国の裁判所に提起している。

　ポスコの製造拠点は韓国に存在しており，本分科会が行われた時点では，当該鋼板が日本市場に流入していたか否かは不明であった。本誌掲載の諸論文は，ポスコの当該鋼板に係る市場は，専ら海外に存するという前提で執筆されている。

2　各論文の内容

　以上のように報道されている新日鐵・ポスコ事件をケーススタディとして，純粋に学術的な観点から，3名の専門家に検討と考察を行ってもらった。以下では，当日の報告順にその内容を簡単に紹介する。

(1)　出口論文

　出口教授の論文は，本件のような国際不正競争事件の準拠法を論じる。出口論文は，まずローマⅡ規則をめぐる欧州の議論状況を紹介している。

　同論文に示されているように，ローマⅡ規則6条1項は，不正競争一般について市場地に連結する準拠法選択規則を定め，同条2項は，不正競争が専ら特定の競争者の利益に影響を及ぼす場合を例外として，不法行為に係る準拠法選択規則（4条）によるべきことを定めている。この後者の場合には，4条2項又は3項の規定によって結果発生地以外の国の法（当事者の共通常居所地法等）に連結される可能性が生じる。

　出口論文は，同規則の立法の際には，6条2項の適用があるケースとして営業秘密の不正開示のようなケースが念頭に置かれていたが，特定の競争者の利益を侵害する不正競争は，実際上，他の競争者や需要者の利益をも侵害するの

が通常であるので，今日では同項の適用範囲は極めて狭いものと考えられていることを紹介する。

また出口論文は，信用毀損に関するドイツ最高裁（BGH）の重要判例にも注目する。このケースは，従来の判例理論によれば当事者の共通属人法（ドイツ法）を適用することが可能なケースであった。しかしBGHは，市場地（ブルガリア）における関係者の利益を無視することはできないとして，市場地法への連結を正当化した。出口論文は，不正競争に関しては市場地法主義が妥当であり，これに例外を設けることには極めて慎重であるべきとの考え方をそこから読みとっている。

出口論文は，以上の議論から得られた示唆を通則法の解釈にも反映させ，市場地法以外の法への連結を導きうる通則法の規定（17条，21条，22条）によるべきではなく，条理によって市場地法に連結すべきであるとする。本件（新日鐵・ポスコ事件）の場合，それは韓国法になるというのが同論文の結論である。

(2) 實川論文

實川教授の論文は，本件訴訟についてわが国の裁判所に国際裁判管轄権が認められるか否かを論じる。實川論文は，本件ではとくに不法行為地管轄（民訴法3条の3第8号）の有無が問題となるが，近時のEU法（ブリュッセルⅠ規則）の議論においては，不法行為に関して管轄原因と準拠法決定のための連結点を整合的に解釈する見解が有力であることを紹介している。そして，仮にこのような考え方を本件にもあてはめるならば，不正競争の準拠法は，通則法17条又は条理に従って結果発生地法又は市場地法とされるであろうから，不法行為地の国際裁判管轄権を肯定する上でも，わが国が結果発生地ないし市場地と認められる必要があるとする。しかるに，本件では，結果発生地が韓国と判断される可能性が高く，市場地を考慮しても同様の結果が導かれうるので（出口論文参照），不法行為地管轄を肯定することは困難である旨を指摘している。

もっとも，實川論文は，本件ではポスコ日本法人や新日鐵の元社員も被告と

されていることから，財産所在地管轄（3条の3第3号）を足がかりに請求の主観的併合（3条の6）によって，韓国ポスコを相手方とする請求についても国際裁判管轄権が肯定される可能性を指摘している。

　また，實川論文は，国際訴訟競合の問題についても考察を加えている。そして，わが国においては，民事訴訟法3条の9にいう「特別の事情」が国際訴訟競合を規制するための法的枠組みになるとし，訴訟の先後関係が，それ自体は決め手にはならないものの，重要な考慮要素になると論じている。訴訟の先後を決定する基準として訴状送達時説や提訴時説が提唱されているが，いずれの立場によっても恐らくはわが国が先訴になると推察されるとし，この点が管轄権を肯定する上で有利になると指摘している。

(3)　内田論文

　内田氏の論文は，本件にわが国の不正競争防止法が適用されるとした場合の解釈について論じている。内田論文が指摘するように，本件では，同法2条1項7号及び8号の適用が問題になる。とりわけ，新日鐵の元社員によるポスコに対する技術情報の漏えいが，7号にいう「営業秘密を保有する事業者……からその営業秘密を示された場合において」図利加害目的で当該営業秘密を開示する行為に該当するか否かが問題となる。

　当該規定の解釈に関しては，大まかにいえば，特許法等における知的財産の帰属規定を考慮する見解と考慮しない見解の争いがある。立法に際して参照されたドイツ法の規定においては，営業秘密の取得と雇用関係の間に因果関係の存することが明確に要求されているが，わが国の不正競争防止法2条1項7号にはその種の要件が定められていない。内田論文は，同号の「保有者」を決定する際に知的財産の帰属規定を考慮することで，ドイツ法が要求するような職務関連性等を無理なく導入することができるとする。また，近時の裁判例の傾向として，営業秘密として保護される技術情報の範囲を決定するために特許要件に類似する要件を用いる傾向があるが，規制対象が明確になるので従業者の

職業選択の自由からもこの傾向には合理性が認められるとした上で，技術情報の保護に一貫性を持たせるために特許法等の帰属規定を考慮する必要があるとする。

なお，既述のように，本件における準拠法はむしろ韓国法とされるべきとも考えられるが，内田論文はこの点についても考察を加えている。それによると，韓国法の関連規定をめぐってもわが国と同様の議論が存し，また同国の裁判例の考え方も明らかでないので，韓国法の解釈適用においても以上の考察は有用であるという。

以上が，各論文の概要である。わが国では，この種の問題に関する裁判例が少ない上に，海外の議論が紹介されることもあまり多くはないので，比較法の方法を積極的に駆使したこれらの論文は，いずれも学術的にきわめて貴重なものである。

3　分科会における議論

本分科会では，上記各論文の内容に相当する報告が行われ，非会員を含む出席者との活発な質疑応答がなされた。質問の内容は実に様々であったが，ここではとくに筆者の関心を惹いたいくつかの問題提起について，簡単に触れておきたい。

まず，知的財産権についていわれる属地主義の原則との関係性が問題とされた。もとより，国際的な不正競争事件には，従業者の引き抜きや顧客情報の不正取得のように，知的財産とは直接関係がないものも含まれうる。しかし本件（新日鐵・ポスコ事件）は，技術情報としての営業秘密の保護が問題となったケースであり，優に知的財産に関するケースであるといえる。その意味で，知的財産権に係る属地主義との整合性を問題にすることは一理あるということができよう。

しかし，従来から不正競争に関しては，（一般に特殊な不法行為と位置付けられ

ることもあってか）属地主義（あるいはもっと穏当な表現である保護国法主義）の文脈からは切り離された議論がしばしば行われてきた。諸外国（とくに欧州）においても基本的に同様であり，出口論文もこの流れに沿うものということができよう（海外の議論を丹念に紹介する文献としては，ほかに嶋拓也「国際的な不正競争行為を巡る法の適用関係について——抵触法上の通常連結と特別連結を巡って——」『知的財産法政策学研究』37号（2012年）253頁以下がある）。

　ただし，不正競争に係る法規制の一部は，比較法的にみても，無登録の商標や意匠の保護など商標法や意匠法と基本的に同様の機能を営んでおり，実質法においては知的財産法の一分野を構成するという見方が今日では常識になっている。知的財産権に関しては，概ね「保護国法」によることになるとしても，周知のようにどのような理論構成に基づいてそうすべきかについての議論が喧しいところであり，そうした議論が国際不正競争の連結規則の在り方に影響を与えないのか否か，さらに研究を深めていく余地はあろう。

　また，不正競争行為は実質法上もきわめて雑多な概念であるところ，その単位法律関係をどのように認定していくかという問題も提起された。不正競争の準拠法について通則法の規定によらず，出口論文のように条理説を採用する場合には，この点は確かに問題となろう（ちなみに，国際裁判管轄権のレベルでは，すべて不法行為地管轄の問題に落とし込まれるので，この問題は生じないように思われる）。1つの回答として，事業者による市場関係的な不法行為はすべてこの単位法律関係に含まれるとする回答がありうるが，今後の研究の蓄積が待たれるところであろう。

　グローバル化がますます進展する中で，わが国の企業等が国際的な不正競争事件に遭遇する機会も増えていくと思われる。本分科会における研究成果は，その解決に有用な道標を提供するものと信じたい。

（上智大学法学部教授）

論　説　国際化時代の不正競争

国際不正競争の準拠法

出　口　耕　自

I　はじめに
II　ローマII規則
　1　条　文
　2　用語法
　3　立法趣旨
　4　評　釈
III　ブルガリア広告判決
　1　事　案
　2　判　旨
　3　評　釈
IV　日本法の解釈
　1　連結政策
　2　通則法説と条理説
　3　結果発生地
　4　属地主義
V　おわりに

I　はじめに

　2012年4月19日，日本の新日本製鐵（現在の新日鐵住金）は，韓国のポスコ（POSCO）を相手どり，損害賠償等を求めて東京地方裁判所に訴えを提起した。このいわゆる新日鐵・ポスコ事件は，同地裁に係属中であり，その事実関係が十分に明らかとなっているわけではない。

　一般に報道されているところによれば，上記事件において，新日鐵は，ポスコが自社の営業秘密を取得し，韓国において当該営業秘密を使用して方向性電

磁鋼板を製造および販売したと主張し，約1000億円の損害賠償と，当該鋼板の製造・販売の差止めを求めている。営業秘密の侵害という不正競争が問題になった国際私法事件といえる。

本稿は，EUの「契約外債務の準拠法に関する欧州議会および理事会規則（ローマⅡ）」(1)（以下「ローマⅡ規則」という），並びに，ドイツ連邦最高裁のBGH v. 11. 2. 2010, BGHZ 185, 66 = NJW 2011, 3780（以下「ブルガリア広告判決」という）(2)を参考に，新日鐵・ポスコ事件における準拠法の問題を論じるものである。

Ⅱ　ローマⅡ規則

1　条　文

ローマⅡ規則は，4条において一般規定，6条において不正競争および競争制限に関する特則を設けている。以下では，競争制限に関する部分を除いて，これらの規定を翻訳する。ブルガリア広告判決の判旨（Ⅲ2参照）との関係で，ローマⅡ規則の31条と32条も翻訳する。

第4条　一般規定
1　本規則に別段の定めがある場合を除き，不法行為から生じる契約外債務は，損害の原因となる事実が発生した国およびその事実の間接的結果が発生した国にかかわりなく，損害が発生した国の法による。
2　第1項の規定にかかわらず，責任を問われている者と損害を被った者とが，損害の発生時に同一の国に常居所を有したときには，その国の法による。
3　事件のすべての事情から，明らかに第1項および第2項の規定により適用すべき国よりも不法行為に密接な関係がある他の国があるときには，当該他の国の法による。他の国との明らかにより密接な関係は，とくに，当該不法行為と密接な関係がある契約のように，当事者間に既に存在する関係に基づいて認められる。
第6条　不正競争および競争制限
1　不正競争から生じる契約外債務は，競争関係または消費者の集合的利益が影響を受け，または，影響を受ける恐れのある国の法による。
2　不正競争が，もっぱら特定の競争者の利益に影響を及ぼす場合には，第4条が適用される。
3　（略）

4 本条による準拠法は，第14条［当事者自治］による合意により排斥されない。
第31条 施行時期
　本規則は，その施行後に生じた損害発生事件に適用される。
第32条 適用時期
　本規則は，2008年7月11日から適用される第29条を除き，2009年1月11日から適用される。（以下略）

2 用語法

日本が倣ってきたドイツの伝統的な用語法によると，不法行為地（Tatort）には，行動地（Handlungsort）と結果発生地（Erfolgsort）が含まれ，結果発生地は，損害発生地（Schadensort）とは異なるとされた[3]。これに対して，ローマⅡ規則4条1項は，不法行為地法主義を採用しながら，具体的な連結点として，結果発生地を採用し，損害発生地はもとより行動地も排斥している。すなわち，同項にいう「損害が発生した国」とは，ドイツの伝統的な用語法によれば，結果発生地なのである[4]。

ただし，ローマⅡ規則4条1項が，損害（Schaden）という言葉を用いていることから，同項の採用する連結点は，ドイツにおいても，損害発生地とよばれるようになった。伝統的なドイツの用語法における損害発生地は，間接的損害発生地（Ort indirekter Schadensfolgen）とよばれるようになり，このような表現によってローマⅡ規則4条1項にいう損害発生地と区別されている[5]。

日本においては，現在でも，伝統的なドイツの用語法が維持されている[6]。損害発生地というと結果発生地とは異なるととられる。以下では，ローマⅡ規則4条1項の意味において損害発生地（結果発生地と同義）という言葉を用いる場合，Ⅱ2の参照を求め，伝統的な意味における損害発生地と誤解されないようにしたい。

3 立法趣旨

(1) 市場地法主義の原則

ローマⅡ規則6条1項は，市場地法主義（Marktortprinzip）を採用している[7]。

2003年のEU委員会提案は，不正競争に関してローマⅡ規則5条（現在の同6条）の根拠を次のように説明していた。すなわち，同条は，「『不正競争』により『競争関係または消費者の集合的利益が影響を受け，または，影響を受ける恐れのある国の法』へ連結している。この国は，競争者が消費者の需要を獲得しようとしている市場である。本条の立場は，関係者の期待に合致する。なぜなら，原則として，これらの者の経済環境を規律する法が指定されることになるからである。このことは，同一市場における参加者が同一の扱いを受けることも保障する。競争法の目的は，市場を保護することであり，マクロ経済的な利益を確保することである。賠償を求める訴えは，第2次的なものとみなされ，それは，市場がいかに機能するかという全体的な判断に従属しなければならない[8]。」

現在では，ローマⅡ規則の前文（21）が，市場地法主義の根拠を次のように説明する。すなわち，「不正競争において，抵触規則は，競争者，消費者および一般公衆を保護し，市場経済が適切に機能することを確保しなければならない。これらの目的は，一般に，競争関係または消費者の集合的利益が影響を受け，または，影響を受ける恐れのある国の法への連結により充たされる。」

(2) 市場地法主義の例外

ローマⅡ規則6条2項は，市場地法主義の例外を定めている。

2003年のEU委員会提案は，ローマⅡ規則5条2項（現在の同6条2項）の立法趣旨を次のように説明していた。すなわち，「第2項は，競争相手の被用者の引き抜き，収賄，産業スパイ，営業秘密の開示（disclosure of business secrets）または契約違反の教唆のように，不正競争行為が特定の競争者へ向けられた場合を対象にしている。そのような行為が，特定市場に悪影響を及ぼすこ

とも考えられるが，上記のような場合は，二面的（bilateral）なものと考えられるべきである。」[9]

　ローマⅡ規則 6 条 2 項によれば，二面的不正競争に同 6 条 1 項は適用されず，一般規定である同 4 条が適用されることになる[10]。ただし，両者の適用によって結論に違いが生じるのは，後者の 2 項または 3 項が適用されることになった場合だけである。このことは，ローマⅡ規則の前文（21）が，「ローマⅡ規則 6 条は，同 4 条 1 項の例外ではなく，むしろ，それを明確化するものである」とすることからも明らかである。

　たしかに，EU 委員会は，簡単な例をあげて，ローマⅡ規則の 4 条 1 項と 6 条 1 項の結論が常に一致するわけではないとしていた[11]。しかし，この例は，説得力がないとされ，「4 条 1 項が，6 条 1 項と異なる結論を導くことは，実際上想定しがたい」といわれる[12]。不正競争において，損害発生地（Ⅱ 2 参照）と市場地とは同義語と解されるのである。

　したがって，不正競争について，ローマⅡ規則 6 条 1 項が適用されるか，同 4 条 1 項が適用されるかは，実際上それほど重要ではない。重要なのは，ローマⅡ規則 6 条 2 項により，同 4 条の 2 項または 3 項が適用される場合である[13]。とくに，ローマⅡ規則 4 条 2 項により，共通常居所地法が必ず損害発生地法に優先して適用されることに注意が必要である。二面的不正競争については，市場地法主義よりも共通属人法主義が優先することになるのである。

4　評　釈

　以上のように，ローマⅡ規則においては，不正競争に関して，市場地法主義の原則とその例外が定められている。このうち，前者については，大きな異論がない。これに対して，後者については，種々の問題が指摘されている。

　第 1 に，ローマⅡ規則 6 条 2 項については，立法論上の疑問が提起されている。すなわち，「同項の文言によれば，この規則は，『もっぱら特定の競争者の

利益を侵害する』不正競争を対象にしている。しかし，そのような事例は，ほとんど考えられない。なぜなら，特定の競争者の利益を侵害する不正競争は，市場関係者（購入者，供給者）の利益をも侵害し，しばしば他の競争者の利益をも侵害すると考えられるからである。……2003年のEU委員会提案においては，ローマⅡ規則5条（現6条）2項が，もっぱら『二面的(bilateral)』不正競争を対象としているとされ，その例として，被用者の引き抜き，収賄，産業スパイ，営業秘密の開示，並びに，契約違反の教唆が挙げられた。しかし，このような『二面的』不正競争の例示は，あまり役に立たない。なぜなら，EU委員会により挙げられた例は，けっして二面的関係を示していないからである。例えば，被用者引き抜きは，二競争者および被用者の間の三面的関係にほかならず，契約違反教唆も，二契約当事者および教唆者の間の三面的関係である」（傍点筆者）とされる。[14]

第2に，ローマⅡ規則6条2項は，制限的に解釈されるべきだとされる。すなわち，ローマⅡ規則6条における「両連結の関係は，原則（6条1項）と例外（6条2項）である。それゆえ，6条2項は，制限的に解釈されなければならない。同項は，当該行為が，（客観的に）他の競争者，消費者もしくは市場の公益に何らの直接的影響を及ぼさない場合（市場への間接的影響は問題とならない），すなわち，当該行為が，（やはり客観的に）特定の競争者へ直接の損害を与えることに限定されている場合にのみ適用される。したがって，6条2項は，特定の競争者に向けられてはいるが，消費者もしくは市場を介して機能する行為，例えば，ボイコットの要請，特定の競争者からの商品の購入もしくはこの者への役務の提供をしないよう求める不当な要請，または，その他の方法による市場における特定競争者への中傷行為などには適用されない。……このような観点から，疑わしい場合には，6条1項が適用される。それゆえ，6条2項の適用範囲は制限される」（傍点筆者）というのである。[15]

ローマⅡ規則6条2項に対する以上のような主張の背景には，ある不正競争

が同項の対象であると解されると，ローマⅡ規則4条2項により，その不正競争には共通常居所地法が優先して適用されてしまうという懸念がある。そのような共通常居所地法の優先的適用は，抵触法上の競争歪曲（Wettbewerbsverzerrungen）につながるという。すなわち，原告（被害者）と被告（加害者）が，同一の市場において競争している場合において，市場地法とは異なる共通属人法が，この二面的不正競争に適用されるときには，共通属人法が市場地法よりも不正競争に厳格であれば被告に不利となり，逆に緩やかであれば被告に有利となる。このことが，市場における競争平等（Wettwerbsgleichheit）の観点から問題視されているのである。[16]

かくして，「特定の競争者の利益に影響を及ぼす」不正競争（「二面的（bilateral)」不正競争）というだけでは，ローマⅡ規則6条2項は適用されないと解され，同項における「もっぱら」という要件が重視されている。すなわち，「不正競争行為が，市場全体における競争状況を実質的に変更することなく，唯一の競争者（被害者）の犠牲のみによって加害者に競争上の有利をもたらすものであるか否かが問われるべきであり」，「不正競争行為が，市場における加害者と第三者との間の競争状況にも認識可能な効果を及ぼす場合には，ローマⅡ規則6条2項は適用されない」とされる。[17]要するに，ローマⅡ規則6条2項は，二面的不正競争のうち，「市場関係的でない（nicht marktbezogen）」不正競争のみを対象としていることになる。BGHも，ブルガリア広告判決において，[18]このような制限的解釈を採用していると解される（Ⅲ3参照）。

Ⅲ　ブルガリア広告判決

1　事　案

X（原告）とY（被告）は，ドイツに本拠を有する会社であり，産業焼却炉製造および耐火性素材被覆の市場において活動している。ＸＹは，2006年春に，ガスバーナーを建造するブルガリア会社Ａの広告事業に参加した。ＸＹ以外に

は，この事業に参加しているドイツ企業はない。ブルガリア会社Bの被用者Cは，Yの現地代表として，申込の発信などに携わっている。

Yは，2006年4月12日に，上記のブルガリアにおける広告に関連する手紙をファックスでCに送った。Xは，この手紙が信用棄損としてドイツ法上違法であると主張して，Yを相手どり，差止めと損害賠償を求める訴えを提起した。これに対して，Yは，Xの請求がもっぱらブルガリア法によるべきであると主張した。

2 判 旨

BGHは，ローマⅡ規則が，「2009年1月11日以降に生じた事件にのみ適用される（ローマⅡ規則31条以下参照）」として，本件には同規則が適用されないとする。BGHによれば，本件の準拠法は，1999年6月1日施行の民法施行法（EGBGB）40条のもとでの法解釈による。[19]

BGHは，本件の準拠法が，EGBGB 40条によらず，市場地法主義によるとする。すなわち，「競争行為の評価は，競争者の競争法上の利益が影響を受ける地，すなわち，市場地の法による。顧客の獲得に関する行為の競争法上の評価が問題となる場合，市場地は，顧客の決心がなされるべき地である。そこにおいて，競争法は，不正な競争行為を禁止するのである。この地には，競争法によって保護される公正な競争に対する一般の利益も関係する。一般不法行為についてEGBGB 40条2項に定められた，加害者と被害者との間の共通常居所への特別連結は，競争法の分野においては妥当しない。立法者は，EGBGB 40条2項の導入によって，競争法における市場地法主義からの逸脱をなんら意図していなかった」とされた。[20]

BGHは，結論として，次のように判示する。すなわち，「市場地法主義によれば，ドイツ競争法の適用は，競争者の競争法上の利益が内国において影響を受けることを要件とする。それは，本件において欠けている。被告は，ブルガ

リアにおける広告業務に関して，外国のＡ会社その他のブルガリア顧客に当該内容を知らせるよう依頼して，自己のブルガリア代表にファクシミリを送った。したがって，競争行為の市場地は，ブルガリアである」とされた。[21]

3 評釈

ブルガリア広告判決によって，BGH は，「不正競争法の古い伝統から脱却し，種々の意味において有意義な法発展へのレールを敷いた」といわれる。[22]このような評価を理解するには，以下の２点をおさえておく必要がある。

第１に，国際不法行為法の分野において，ドイツの判例には，できるだけ内国法（ドイツ法）を適用しようとする傾向があった。例えば，ドイツの判例においては，伝統的に，行動地と結果発生地のいずれも不法行為地（Ⅱ２参照）としたうえで（遍在理論），行動地法と結果発生地法のうち被害者に「より有利な法」によるとされていた（優遇の原則）。[23]したがって，行動地または結果発生地のいずれかがドイツである場合において，ドイツ法によって被害者の請求が認められるときには，ドイツの裁判所は，直ちにドイツ法を準拠法とすればよかった。ドイツの判例は，ドイツ法の適用を容易にするために遍在理論と優遇の原則を発展させたといわれる。[24]

第２に，不正競争法の分野において，ドイツの判例には，当事者の属人法（法人の本拠地法）[25]を適用しようとする傾向があった。この傾向は，BGH の前身であるライヒ裁判所（RG）の時代から続いていた。例えば，RG v. 17. 2. 1933, RGZ 140, 25 = JW 1933, 2646 と BGH v. 20. 12. 1963, BGHZ 40, 391 = GRUR 1964, 316 などが有名である。前者は，いわゆるヌスバウム原則（Nußbaumschen Regel）[26]を採用したものであり，後者は，Stahlexport 判決とよばれている。前者において，RG は，「内国に本店を有するすべての競争者は，たとえ外国で競争している場合であっても，内国の不正競争防止法を遵守しなければならない」（ヌスバウム原則）と判示する。[27]後者において，BGH は，「問

題となっている競争が，外国市場において，もっぱら内国企業の間で行われているか，または，競争行為が，とくに内国の競争者に向けられることによって競争が不当に妨害される場合には，ドイツ法の適用が認められる」と判示する。

以上のような傾向からすると，ブルガリア広告判決においても，BGH は，例えば，ＸＹの共通属人法であるとしてドイツ法を準拠法としてもおかしくなかった。むしろ，そのほうが BGH の判例の流れにそっている。ところが，BGH は，この広告事件の準拠法をあくまでブルガリア法であるとする。しかも，注目すべきことに，BGH は，以下のように念押ししてまで，本件におけるドイツ法の適用を否定する。

第１に，BGH は，「内国における外国人競争と外国における内国人競争を別異に扱うことは，今日において理由がなく，両者とも市場地法主義によるべきである」として，Stahlexport 判決を否定する。BGH によれば，「たしかに，当事者以外にドイツの企業は，広告事業に参加していない。しかし，……他の企業が広告に参加していないことが想定されるとしても，このことは，ドイツ競争法の適用にはつながらない。（唯一の）競争者の共通属人法としてドイツ競争法を適用することは，外国市場関係者の利益を無視することになる。市場地が外国にある場合，当該ドイツ企業の保護されるべき利益も，第１次的にはその外国市場の競争上の地位に関係している。その地において，競争者としての当事者の競争的利益が衝突しているのである。……本件において競争的利益の中心が内国にあるというのは事実に反する」とされる。

第２に，BGH は，本件には適用されないとしたローマⅡ規則にわざわざ言及し，次のように判示する。すなわち，本件における BGH の結論は，「2009年１月11日に施行されたローマⅡ規則６条とも合致する。同条１項によれば，契約締結前になされた不法行為の準拠法は，通常，市場地により定まる。ローマⅡ規則６条２項によれば，外国における競争行為が，もっぱら原告の利益を侵害する場合には，不正競争とみなされるべき行為について，当事者の共通属

人法が適用される」（Ⅱ3（2）参照）。「しかし，ローマⅡ規則6条2項の対象となる企業関係的な介入（unternehmensbezogene Eingriffen）には，外国競争者の取引判断に対する直接の市場介在的な影響（unmittelbar marktvermittelte Einwirkung）が欠けていなければならない。そのような影響があれば，共通属人法への特別連結は排斥されることになるのである。……[共通属人法への特別連結が考慮されるべき]事実関係は，本件においては存在しない」（[ ]筆者）。

以上のように，BGHは，自身の過去の判例と決別し，当該事件と関係ないとされるローマⅡ規則の解釈を示してまで，本件の準拠法が，あくまで市場地法（ブルガリア法）であり，けっして共通属人法（ドイツ法）ではないとする。そこには，不正競争の準拠法に関しては市場地法主義が妥当であり，これに例外を認めることには極めて慎重であるべきだとする姿勢がみてとれる。

Ⅳ　日本法の解釈

1　連結政策

通則法の立法過程において，不正競争や競争制限の準拠法については，競争が阻害または制限される市場を考慮に入れた連結政策の必要になることが認識されながら，種々の問題（不正競争の被侵害法益の多様性，競争制限の公法的性質など）から特則を設けることが見送られた。不正競争や競争制限の準拠法は，解釈に委ねられている。

これまでの比較法的考察から，最近のEU法およびドイツ法においては，①不正競争の準拠法に関しては市場地法主義が妥当であること，②不正競争において市場地と損害発生地（Ⅱ2参照）とは同義語と解されること，③不正競争における市場地法主義に例外を認めることには極めて慎重であるべきこと，について基本的な一致がみられる。

このような連結政策は，わが国においても解釈論の指針とされるべきである。なぜなら，わが国とは比較にならないほど，不正競争の準拠法に関する議論の

蓄積のある EU 法およびドイツ法において，一定の連結政策にまとまったのであるから，この連結政策には，十分な合理性があると思われるからである。

2　通則法説と条理説

わが国において，不正競争の準拠法に関しては，通則法17条以下によるべきであるとする説（以下「通則法説」という）[34]と，通則法その他に規定がないものとして条理により市場地法によるべきであるとする説（以下「条理説」という）[35]がある。上記①②からすると，両説のいずれによるかによって，法的構成に違いが生じるものの，結論には大差ないことになる。なぜなら，不正競争について，結果発生地（通則法17条本文）と市場地（条理）とは同義語と解されるからである（Ⅱ2，Ⅱ3（2）参照）。

これに対して，上記③からすると，通則法説には否定的にならざるをえない。たしかに，通則法20条は，ローマⅡ規則4条2項と異なり，共通属人法を必ず結果発生地法に優先して適用するわけではない。ローマⅡ規則6条2項の制限的解釈を導いた懸念（Ⅱ4参照）は，通則法において相対的に小さくなっている。しかし，通則法には21条と22条があることに注意が必要である。前者は，当事者自治を認めるものであり，ローマⅡ規則6条4項はこれを排斥している[36]。後者は，そもそも立法論的に問題の大きい特別留保条款であり，もとよりローマⅡ規則はこれを採用していない[37]。不正競争に通則法の21条と22条の適用を認めないとすれば，おのずと条理説に従うことになる。

かくして，新日鐵・ポスコ事件においては，通則法17条本文によっても条理によっても，同一の法（結果発生地法＝市場地法）が準拠法となるべきところ，解釈論としては，条理により市場地法によるという構成が妥当である[38]。本稿冒頭における事実関係によれば，方向性電磁鋼板の製造および販売によって，「競争関係または消費者の集合的利益が影響を受け，または，影響を受ける恐れのある国」（ローマⅡ規則6条1項参照）は，韓国と解される[39]。したがって，新

日鐵・ポスコ事件における不正競争（営業秘密の侵害）の準拠法は，韓国法である。
(40)

3　結果発生地

　これまでは，通則法17条本文の結果発生地＝ローマⅡ規則4条1項の損害発生地＝ローマⅡ規則6条1項の市場地ということを前提にしてきた（Ⅱ2，Ⅱ3（2）参照）。そのため，通則法17条本文によっても，新日鐵・ポスコ事件における不正競争（営業秘密の侵害）の準拠法は，韓国法であるとした。

　この点については，次のような異論が考えられる。不正競争防止法2条5号が，営業秘密の使用もしくは開示のみならず，その取得をも規制対象としている以上，同号の保護目的である法益は，営業秘密の保持であり，営業秘密の取得にあっては，その取得された地が，法益の侵害された地，すなわち，結果発生地であるとする見解である。この見解によれば，新日鐵・ポスコ事件について，営業秘密が日本において取得されたと仮定すると，同事件の準拠法は，通則法17条本文によるときには日本法と解される余地がある。

　しかし，連結点の解釈は，単位法律関係の解釈（法律関係の性質決定）と同様，あくまで国際私法自体によりなされるべきものである。上記の見解は，あまり
(41)
に実質法上の議論にとらわれているといわなければならない。ブルガリア広告判決において，BGHも，「ドイツ法における中傷要件（Anschwärzungstatbestand）が，競争者の保護のみを目的としていることは重要でない」として，準拠法決定の場面において実質法の個別規定にとらわれすぎないよう戒めている。
(42)

　そもそも，「損害」発生地ではなく，「結果」発生地という言葉が用いられてきたのは，間接的損害発生地を排除するためである（Ⅱ2参照）。直接的損害発
(43)
生地といえば，それは，結果発生地と異ならない。このように解してこそ，隔地的不法行為における不法行為地の決定問題について，「結果」発生地説が，

次のように主張して「損害」を重視していたことが理解できる。すなわち，「この問題は，不法行為の基本的構成要件のうち主観的要件としての意思活動……と客観的要件としての損害の発生のいずれに重点をおくかによって決定される。行為者に刑罰を科することを目的とする刑法と異り，不法行為法は発生せる損害の塡補に根本目的をもつものと考えられるから，後者を重視すべきであり，従って，結果発生地説をもって妥当とすべき」（傍点筆者）とされる。

かくして，結果発生地の決定にあたっても，損害（直接的損害）の発生した地が基準とされるべきである。営業秘密についていえば，これを取得しただけでは，なんらの損害も発生しない。現に，労働者（被用者）の中には営業秘密を取得している者がいるはずだが，それだけでは，事業者（使用者）に損害が発生するわけではない。第三者が，営業秘密を取得した場合であっても，それが取得されただけにとどまっていれば，やはり上記の事業者に損害は発生しない。営業秘密は，それが使用されてはじめて侵害され，損害が発生することになるのである。新日鐵・ポスコ事件における不正競争（営業秘密の侵害）についても，結果発生地＝直接的損害発生地は，営業秘密が使用されて，方向性電磁鋼板が製造および販売された韓国と解される。

4 属地主義

公法について属地主義の原則が主張されることがある。この原則を前提に，「日本の裁判所で問題となる場合を想定し，その局面に限定して考えれば，公法の領域では，外国公法を適用することはなく，適用するとすれば自国の公法のみである」といわれる。新日鐵・ポスコ事件においても，不正競争防止法が公法であるとして，日本の裁判所における不正競争事件については，属地主義により日本の不正競争防止法のみが適用されるとする見解が考えられる。

しかし，上記の見解が正当なら，不正競争事件において外国の不正競争防止法の適用を認めるブルガリア広告判決（Ⅲ参照）は，およそ論理的に成り立た

ない判決ということになる。いうまでもなく，ドイツの最高裁であるBGHの判決が，そのような荒唐無稽なものとは考えられない。

V おわりに

本稿において，新日鐵・ポスコ事件における不正競争（営業秘密の侵害）の準拠法は，条理により，市場地法である韓国法になるという結論にいたった。この結論は，本稿冒頭における事実関係を前提に，EU法およびドイツ法を対象にした比較法的成果を踏まえ，日本法の解釈論として主張されたものである。

本稿においては，契約外債務の準拠法に関するローマⅡ規則が重要な参考資料とされている。同規則は，EUにおける国際私法統一法の1つである。この統一規則は，EUにおける国際民事訴訟法の議論にも影響を与え，不法行為訴訟における連結点と管轄原因の整合性などの問題を提起している[46]。今後の議論の動向が注目される。

(1) See, Regulation (EC) No 864/2007 of the European Parliament and of the Council of 11 July 2007 on the law applicable to non-contractual obligations (RomeⅡ), OJ L 199, 40 [31. 7. 2007]．ローマⅡ規則の沿革については，出口耕自「ローマⅡおよび通則法における名誉毀損」『上智法学論集』54巻2号（2010年）1-52頁（5-9頁）参照。草案段階のものだが，ローマⅡ規則6条の沿革については，相澤吉晴「EC国際不正競業法（2）」『広島法学』28巻2号（2004年）49-95頁参照。
(2) 従来のドイツの法状況については，相澤吉晴「西ドイツ国際不正競業法の一考察」『富大経済論集』29巻2号（1983年）87-122頁，同「続・ドイツ国際不正競業法の一考察（1）―（4・完）」『広島法学』26巻2号（2002年）45-64頁，同26巻3号（2003年）101-150頁，同26巻4号（2003年）27-68頁，同27巻1号（2003年）27-51頁参照．同「ドイツ国際私法改正法（1999年）における不正競業」『広島法学』31巻4号（2008年）123-166頁参照。
(3) See, J. Kropholler, Internationales Privatrecht (6. Auflage, Mohr, 2006), at 522-524.
(4) See, G. Hohloch, Place of Injury, Habitual Residence, Closer Connection and Substantive Scope: the Basic Principles, 9 YbPIL 1-18 (2007), at 7.
(5) See, J. Glöckner, Der grenzüberschreitende Lauterkeitsprozess nach BGH v. 11.2. 2010 – Ausschreibung in Bulgarien, WRP 2011, 137-147, at 140; R. Sack, RomⅡ-VO

und „bilaterales" unlauteres Wettbewerbsverhalten, GRUR Int. 2012, 601-610, at 602.
(6) 櫻田嘉章『国際私法〔第6版〕』(有斐閣,2012年) 254頁,櫻田嘉章 = 道垣内正人編『注釈国際私法第1巻』(有斐閣,2011年) 444頁（西谷祐子) 参照。通則法17条ただし書との関係で,従来の「行動地」は,「加害行為地」とよばれるようになった。
(7) See, Rauscher / Unberath / Cziupka, EuZPR / EuIPR (2011) Art 6 Rom II-VO Rn. 14.
(8) See, Proposal for a regulation of the European Parliament and the Council on the law applicable to non-contractual obligations ("Rome II"), COM(2003) 427 final, at 16.
(9) Ibid.
(10) ローマⅡ規則6条2項による二面的不正競争の場合に,同14条による当事者自治が認められるか否かには争いがある。A. Dickinson, The Rome II Regulation (Oxford University Press, 2008), at 426と,J. von Hein, Of Older Siblings and Distant Cousins: The Contribution of the Rome II Regulation to the Communitarisation of Private International Law, 73 RabelsZ 461-508 (2009), at 500とを比較,参照。
(11) See, Proposal, supra note 8, at 16.
(12) See, C. Wadlow, The new private international law of unfair competition and the 'Rome II' Regulation, 4 JIPLP 789-797, at 794.
(13) Id. at 795.
(14) See, Sack, supra note 5, at 604.
(15) See, Huber / Illmer, Rome II Regulation (2011) Art. 6 para. 1.
(16) See, Sack, supra note 5, at 605. Rauscher / Unberath / Cziupka, EuZPR / EuIPR (2011) Art 6 Rom II-VO Rn. 16も,市場地法主義が,「競争参加者の平等処理（Gleichbehandlung der Wirtschaftsteilnehmer)」を保障するものであるとする。
(17) See, Dickinson, supra note 10, at 406.
(18) See, Sack, supra note 5, at 604, 606.
(19) See, BGHZ 185, 66, 68-69. EGBGB40条1項は,加害行為地法主義と被害者の決定権,同条2項は,共通属人法（常居所地）法主義を定めている。出口耕自「ドイツ国際不法行為法における被害者の決定権」『変容する社会の法と理論（上智大学法学部創設50周年記念)』(有斐閣,2008年) 3-29頁 (9-10頁) 参照。
(20) See, BGHZ 185, 66, 69.
(21) See, BGHZ 185, 66, 69-70.
(22) See, Glöckner, supra note 5, at 137.
(23) 遍在理論と優遇の原則は,EGBGB40条1項における被害者の決定権によって一定の変更を受けた。出口「前掲論文」（注19) 3-4頁参照。
(24) See, Christian von Bar, Internationales Privatrecht Bd. 2. (C. H. Beck, 1991), at 484-485.
(25) 法人の属人法（従属法）について,日本においては設立準拠法主義が通説である。溜

池良夫『国際私法講義』(有斐閣, 2005年) 296-297頁参照。これに対して, ドイツにおいては本拠地法主義が通説である。*See*, Kropholler, *supra* note 3, at 568, 571.

(26)　*See*, A. Nussbaum, Deutches Internationales Privatrecht (Mohr, 1932), at 339-340.
(27)　*See*, RGZ 140, 25, 29.
(28)　*See*, BGHZ 40, 391, 397.
(29)　*See*, BGHZ 185, 66, 71. BGH v. 4. 6. 1987, NJW 1988, 646 = GRUR 1988, 453は, 内国における外国人間の不正競争について, それが競争者間の関係にとどまっているような場合であっても, 外国法によらないとしていた。
(30)　*See*, BGHZ 185, 66, 70.
(31)　*See*, BGHZ 185, 66, 72.
(32)　*See*, BGHZ 185, 66, 73. この判示部分は, ローマⅡ規則6条2項の制限的解釈 (Ⅱ4参照) を採用していると解される。
(33)　小出邦夫編著『逐条解説 法の適用に関する通則法』(商事法務, 2009年) 228-229頁参照。
(34)　佐野寛「国際取引から生じる不法行為の準拠法—ローマⅡ規則と対比しつつ」日本国際経済法学会編『国際経済法講座Ⅱ 取引・財産・手続』(法律文化社, 2012年) 65-80頁 (79頁) 参照。
(35)　櫻田＝道垣内編『前掲書』(注6) 451頁 (西谷) 参照。
(36)　ローマⅡ規則6条2項による二面的不正競争の場合に, 同14条による当事者自治が認められるとしても (前掲 (注10) 参照), ローマⅡ規則6条2項が制限的に解釈されるので (Ⅱ4参照), 当事者自治の認められる範囲は極めて限定的となる。*See*, Huber / Illmer, Rome Ⅱ Regulation (2011) Art. 6 para. 54.
(37)　もとより, 国際私法学者は, 通則法22条の前身である法例11条2項・3項にこぞって反対していた。溜池『前掲書』(注25) 400頁, 山田鐐一『国際私法〔第3版〕』(有斐閣, 2004年) 366頁, 折茂豊『国際私法 (各論)〔新版〕』(有斐閣, 1972年) 185頁参照。
(38)　日本において, 不正競争に関する市場地法主義の立法化こそ見送られたものの, 小出邦夫「判批」櫻田嘉章＝道垣内正人編『国際私法判例百選 (第2版)』(有斐閣, 2012年) 82-83頁 (83頁) によれば, 「いずれの学説も不正競争と市場秩序との関係が一般的に密接であり, 市場地を原則的な連結点と考えることについては概ね一致」している。
(39)　ローマⅡ規則6条1項の市場地は, 同4条1項の損害発生地を具体化したものであり (Ⅱ3 (2) 参照), この損害発生地は, 間接的損害発生地を含まないのであるから (Ⅱ2参照), ローマⅡ規則6条1項の市場地の決定に関しても, 市場への間接的影響は問題にならない。*See*, Huber / Illmer, Rome Ⅱ Regulation (2011) Art. 6 para. 43; R. Sack, Internationales Lauterkeitsrecht nach der Rome Ⅱ, WRP 2008, 845-865, at 847.
(40)　被告の製造した方向性電磁鋼板の一部分は, 中国などに輸出され, そこで販売されているようである。そうすると, 新日鐵・ポスコ事件は, 市場地が複数ある場合になるとも考えられる。市場地が複数ある場合 (ただし前掲 (注39) に注意), ローマⅡ規則6

条1項の解釈として，各々の市場地法が当該市場地において生じた損害についてのみ適用されるというモザイク的連結の当否が争いになっている。Huber／Illmer, Rome Ⅱ Regulation（2011）Art. 6 para. 551と，Dickinson,*supra* note 10, at 417-418とを比較，参照。

(41) 江川英文「国際私法における連結点の決定について」『国際私法の基本問題（久保岩太郎先生還暦記念論文集）』（有信堂，1952年）3-21頁（4頁）参照。

(42) *See,* BGHZ 185, 66, 72.

(43) 不正競争についていえば，例えば，営業秘密を使用した製品が，外国において販売されることで，当該営業秘密の保持者の本拠である内国において営業上の利益の減少が認められるとしても，それは，間接的損害であって，直接的損害（結果）ではない。前掲（注39）も参照。

(44) 齋藤武生「事務管理・不当利得・不法行為」国際法学会編『国際私法講座第2巻』（有斐閣，1955年）461-486頁（474頁）参照。

(45) 道垣内正人「特許権をめぐる国際私法上の問題」『知財管理』60巻6号（2010年）881-895頁（883頁）参照。ただし，出口耕自「競争法・知的財産法」国際法学会編『日本と国際法の100年　第7巻国際取引』（三省堂，2001年）118-142頁（127-131頁）参照。

(46) *See,* Glöckner, *supra* note 5, at 137; Rauscher／Unberath／Cziupka, EuZPR／EuIPR（2011）Art 4 Rom Ⅱ-VO Rn. 14-16.

【付記】

本稿は，2013（平成25）年4月11日付で東京地方裁判所に提出された筆者の意見書に基づいている。

（上智大学法学部教授）

論　説　国際化時代の不正競争

国際訴訟競合と民事訴訟法3条の9

實　川　和　子

I　はじめに
II　国際裁判管轄について
　1　概　要
　2　不法行為地管轄
　3　ブリュッセルI規則
　4　若干の考察
III　国際訴訟競合について
　1　概　要
　2　我が国の裁判例と従来の議論
　3　ブリュッセルI規則
　4　若干の考察
IV　おわりに

I　はじめに

　日本法人の新日本製鐵（現在の新日鐵住金，以下新日鐵と省略する）と韓国法人のポスコは，業務上提携関係があるにもかかわらず，2012年4月に新日鐵が，不正競争防止法（営業秘密の不正取得）違反で韓国のポスコを東京地裁に提訴した。[1]それに対して同年7月に，今度はポスコが新日鐵に対して債務不存在確認訴訟を韓国の裁判所に提訴したことから，国際的な訴訟競合状態が生じ，この新日鐵・ポスコ間の事件は新聞などマスコミにも注目・報道された。[2]

　このような国際訴訟競合をどのように規律すべきかという問題については，2011年の民事訴訟法改正において明文規定を設けることが見送られた。それゆ

え，依然としてその判断は解釈等に委ねられている。この問題を考えるためには，そもそも我が国に国際裁判管轄が認められるか，民事訴訟法3条の2以下の規定の解釈が問題となる。本件の場合，特に不法行為地管轄が問題となろう。また仮に管轄事由が肯定されたとしても，国際訴訟競合という状況のため民事訴訟法3条の9「特別の事情」の一例として却下すべきか等が問題となりうる。

　本稿においては新日鐵・ポスコ事件を1つの素材として，上記のような国際民事訴訟法上の問題について若干の考察を試みる。その際，EU法上の議論も参考にしてみることにしたい。というのは，国際裁判管轄に関する統一規則であるブリュッセルI規則においては，国際訴訟競合に関する明文規定が置かれ，原則として訴訟の先後が判断基準となっている。しかし，提訴後一定期間内に判断が下されない場合についての判例等があり，参考になるべき点があるのではないかと思われるからである。また不法行為地管轄に関しても，ブリュッセルI規則5条3号の不法行為地概念と契約外債務の準拠法に関する欧州議会及び理事会規則（いわゆるローマII）規則4条1項における不法行為地概念の整合性，換言すると管轄原因と連結点とを整合的に解釈すべきかという問題などについて議論の実績があるからである。

　本事件については，数多くの論点が考えられるが，本稿では我が国の管轄が認められるべきかという観点から不法行為地管轄と国際訴訟競合を中心として，若干の考察をしていくこととする。

II　国際裁判管轄について

1　概　要

　まず我が国に国際裁判管轄が認められる場合はどのような場合か。我が国における国際裁判管轄に関する議論および規定を概観していく。

　周知のように我が国の国際裁判管轄については，1981年のマレーシア航空事件[3]をリーディングケースとし，その後下級審で，日本の国際裁判管轄が広がり

すぎるような場合に,「特段の事情」があれば,管轄を否定すべきという判例を積み重ねてきた。そして,1997(平成9)年のファミリー事件で,最高裁において「我が国に土地管轄に定める管轄原因がある場合に,我が国の国際裁判管轄が推認され,当事者間の公平,裁判の適正・迅速に反する特段の事情がある場合には否定される」という判例法理が確立し,この判例法理に長い間依拠してきた。

そんな中,2011年4月28日に,「民事訴訟法及び民事保全法の一部を改正する法律」が第177回国会において成立し,翌2012年4月1日から,国際裁判管轄に関する制定法が施行されている。それゆえ,我が国においても,2012年度以降は,国際裁判管轄に関する明文規定が置かれたことになる。

それでは,具体的な規定はどのようなものか。

まず新設された民事訴訟法3条の2をみると,一般管轄として被告の住所地が挙げられている。ゆえに被告の住所が我が国にある場合には,管轄が肯定される。

被告の住所が我が国にない場合でも,3条の3以下の特別管轄の規定がある。3条の3では,契約上の債務に関する訴え等の管轄として,同条3号で財産権上の訴えについて財産の所在地管轄を,同条8号で不法行為に関する訴えについて不法行為地管轄などを規定しており,それらが我が国にある場合には,管轄が肯定される。

そして民事訴訟法3条の9では,従来の判例法理を踏襲すべく,「裁判所は,訴えについて日本の裁判所が管轄権を有することとなる場合においても,事案の性質,応訴による被告の負担の程度,証拠の所在地その他の事情を考慮して,日本の裁判所が審理および裁判をすることが当事者間の衡平を害し,又は適切かつ迅速な審理の実現を妨げることとなる特別の事情があると認めるときは,その訴えの全部又は一部を却下することができる」と定めている。

2 不法行為地管轄

被告の住所が我が国にない場合で,特別管轄を検討する場合,本事件で主に

問題となるのは，不法行為地管轄（民訴3条の3第8号）であり，さらに次のような諸問題が考えられる。

(1) 不法行為地管轄の範囲

まず営業秘密の侵害を理由とする差止請求訴訟も不法行為地管轄に依拠すべきかという問題である。

損害賠償請求訴訟は一般に不法行為管轄の問題とされるが，差止請求訴訟も入るのか，特許権侵害を理由とする差止請求訴訟について類似の論点が存在した[6]。結論的には不法行為地管轄に依拠することに差し支えないと考える。なぜなら，まず国内の裁判管轄においても，不正競争防止法に基づく営業秘密の侵害の差止請求については，不法行為の管轄規定が適用されるという実務が行われてきているからである[7]。もちろん，国際裁判管轄と国内裁判管轄とを異なる扱いをすべきであるとし，このような差止訴訟は入らないという解釈の可能性もありうる。しかし，民事訴訟法改正時の議論においても，この点特に問題とされておらず，また国際裁判管轄に関する先に挙げた特許権侵害を理由とする差止請求についても不法行為地管轄によっている[8]。さらに，損害賠償請求と併合していることからも，不法行為地管轄の問題とすることは差し支えなかろう。

(2) 「不法行為地」とは

次に管轄事由としての「不法行為地」とは，何を指すのか。

この点結果発生地と加害行為地の両者が含まれると解釈されている[9]。ただし，外国で行われた不法行為の結果，日本の企業の利益が減少した場合等のいわゆる二次的・派生的な経済的損害の発生地も含まれるかについては，国内土地管轄（民訴5条9号）でも考え方がわかれるとともに，違法行為や損害に関する実体法上の解釈とも関連することから特段の規定はなく，事案ごとに判断される[10]。

またもう1点，この「不法行為地」概念は，管轄事由でもあり，本案の勝訴敗訴における重要論点の1つでもあることから，管轄の有無を判定する場合において，どこまで不法行為の存否を調査すべきなのかという点も議論されてきた。

この点従来の学説・判例をみると，まず本案の審理には立ち入るべきではないとの立場から，不法行為の存在は原告の主張があれば仮定してよい（先送り説）[11]という考え方もあるが，原告が主張さえすれば被告が応訴を強いられてしまい，不当だと批判されている。

そこで，管轄原因の証明を一応求めるが，本案審理と同じことまでを求めるのではなく，本案審理よりも証明の程度が低いとする考え方（一応の証明説）も主張されており，下級審判例の主流でもあった[12]。

しかし，最高裁は「一応の証明というのでは，本来の証明に比して，裁判所間の判断が平準され難く，当事者ことに外国にある被告がその結果を予測することも著しく困難になる」として，一応の証明説を否定し，「原則として，被告が我が国においてした行為により原告の法益について損害が生じたとの客観的事実関係が証明されれば足りると解するのが相当である」との判断を下すに至っている[13]。

3　ブリュッセルⅠ規則

このように我が国における不法行為地管轄をめぐって複数の議論があるが，さらにEUの議論をもみてみることにしたい。

そもそもブリュッセルⅠ規則の前身は1968年の民事及び商事事件における裁判管轄および判決承認・執行に関するブリュッセル条約である。この条約の目的は，複数の締約国の民事紛争に関して裁判管轄のルールを統一することによって，締約国裁判所間における裁判管轄権をめぐる紛争を解消することや訴訟競合問題を規制することである。EUの権限の拡大に伴い，2000年にブリュッセルⅠ規則となった[14]。なお，ブリュッセルⅠ規則は2012年にブリュッセルⅠ Bis規則に改正されている[15]。

(1)　ブリュッセルⅠ規則5条3号における「不法行為地」とは

ブリュッセルⅠ規則5条3号（2012年7条2号）では，「損害をもたらす事実

が発生した地」として不法行為地に管轄を認めている。この「損害をもたらす事実が発生した地」とは、過去の EU 判例から、加害行為地と結果発生地の双方が含まれると解されている。[16]

(2) 管轄原因としての「不法行為地」と連結点の「不法行為地」の整合性

ところが、準拠法について定めているローマⅡ規則4条1項は[17]、連結点としての不法行為地として、加害行為が行われた国および間接的な侵害結果が発生した国とは関係なく、端的に侵害結果が発生した国の法を適用するとの解釈をとり、結果発生地だけに連結し、加害行為地を排除するという考え方をとっている。[18]

つまり、EUにおいては、このようにブリュッセルⅠ規則5条3号の管轄原因としての不法行為地概念と、ローマⅡ規則4条1項の連結点としての不法行為地概念が異なっている。そこで、両者を整合的に解釈すべきなのではないかという問題が生じ、両者を整合的に解釈すべきとの有力説が説かれている。[19]さらに不正競争についてローマⅡ規則は、その6条1項に明文規定を定めていることから[20]、不正競争事件について、ブリュッセルⅠ規則5条3号における不法行為地は、ローマⅡ規則6条1項における市場地の意味に解釈されるべきであるとされる。

4 若干の考察

本稿で素材とする新日鐵・ポスコ事件は現在係争中であるため、通常の判例研究のように確定した事実をもとに論じることはできない。しかしながら、民事訴訟法改正後に生じた事案であり、多くの重要な論点を含むと考えられることから、報道などで知られるかぎりで具体的に検討してみることとしたい。

(1) 普通裁判籍について

本事件の場合、被告は韓国企業のポスコ、ポスコ日本法人、そして現在韓国ポスコで働く元従業員の日本人である。

主たる被告たるポスコの本社は韓国にあるため，原則として被告の住所地管轄は否定されよう。しかし，ポスコ日本法人および元従業員の日本人をも被告としている点をも鑑みれば，主観的併合等により管轄肯定の余地がありうる。

(2) 不法行為地管轄について

営業秘密の侵害を理由とする差止請求訴訟が不法行為地管轄に含まれることを前提として，仮に普通裁判籍が否定された場合，不法行為地管轄が認められるためには，結果発生地か加害行為地のいずれかが我が国にあることが必要である。そして，前述した判例の通り，被告が我が国においてした行為により原告の法益について損害が生じたとの客観的事実関係を証明することが必要となる[21]。

詳細な判断は本案に委ねるとしても，少なくとも営業秘密の不正取得や取得された営業秘密を利用した方向性電磁性板の製造・販売による損害が我が国において生じたとの客観的事実関係を証明しなければなるまい。

(3) EU法の影響

管轄事由としての「不法行為地」概念について，さらに上述したようなEU法の解釈にならうとすれば，日本の民事訴訟法3条の3第8号における管轄事由としての「不法行為地」概念も，通則法17条における連結点としての「不法行為地」概念と整合的に解釈すべきではないかという考え方が生じうる。すなわち，民事訴訟法3条の3第8号の「不法行為地」も，通則法17条の原則である「結果発生地」を意味すると解釈すべきという考え方である。また通則法において不正競争について明文の準拠法規定は存在していないが，条理によるべきものとし，市場地法によるという考え方もある[22]。具体的な結果発生地や市場地の詳細な検討は主に準拠法解釈に委ねることとなるが，いずれにせよそうした連結概念を管轄事由にどこまで反映させるべきなのか，整合的に解釈すべきなのかは今後の課題となろう。

本件の場合，何が結果かには解釈の余地がありうるが，いわゆる結果発生地が韓国と判断される可能性は高いのではなかろうか[23]。さらに不正競争の準拠法

の条理上の連結点として考えられる市場地を考慮してみても，同様の結果が導かれよう。そのように考えるならば，管轄事由としての「不法行為地」を日本とし，不法行為地管轄を肯定することは整合的に解釈しようとする限り困難のように思われる。

(4) 残された問題

他方で，他の管轄事由の可能性，例えば，民事訴訟法3条の3第3号の財産所在地管轄により肯定される余地はあろう。というのは，他の被告たるポスコ日本法人や退職労働者（元社員）が日本に財産を有しているのではないかと考えられるからである。

また法制審議会でも議論されていたように，労働契約上の秘密保持義務の請求や退職者の競業避止義務違反が問題となっている場合や事業主の営業秘密による侵害が日本で発生しているとすれば，個別労働関係民事紛争の管轄権（民訴法2条1項7号，3条）も議論となる余地があろう。

不法行為地管轄に焦点を絞ると，結果の解釈如何により容易に管轄肯定というわけにはいかないようにも思われる。しかし，他の要素をも考えることで我が国の管轄が肯定される余地は十分あると思われる。

Ⅲ 国際訴訟競合について

1 概　要

既述のように仮に我が国の国際裁判管轄が肯定される場合には，韓国でも訴訟が提起されていることから国際的な訴訟競合状態となる。そこで，このような国際訴訟競合をどのように規律すべきかが問題となる。

そもそも国際的な訴訟競合には，先行する外国における訴訟が係属中の場合（外国訴訟先行型）と日本での訴訟提起後に外国で訴訟が提起された場合（国内訴訟先行型）や，外国及び日本の裁判所の原告および被告が同一の場合（原・被告共通型）と反対の場合（原・被告逆転型）などいくつかのパターンがある。[24]

このような国際訴訟競合が生じる理由は，本国での訴訟提起により自己に有利な判決を期待したり，競合状態にすることで先の訴えの原告に圧力をかけ，自己に有利な和解に持ち込む布石にしたり，など複数ありうる。本件でも新日鐵側の訴訟意図として「技術流出に対する強い姿勢を示し，法的制裁を勝ち取ることで再発を防止すること」とがあると報道されている[25]。

2 我が国の裁判例と従来の議論

(1) 我が国の裁判例と従来の議論

我が国における国際訴訟競合に関する従来の議論と裁判例を簡単に紹介すると，裁判例は，当初重複する訴えの提起を禁止する民事訴訟法142条にいう「裁判所」とは，日本の裁判所を意味し，外国の裁判所を含まないものというべきであるとして，外国の訴訟係属を考慮しない，つまり特別な規制を行わないという態度を示していた[26]。

しかし，その後は，外国の訴訟係属を何等かの形で考慮する判断が出され，規制する考え方が主流と思われる。どのように考慮するかについては，先行する外国訴訟に基づく判決が将来我が国で承認されることが予測される場合には，我が国での後訴を却下するとする承認予測説[27]があり，この考え方を採用したように思われる事例も存在する[28]。

もう1つは，国際裁判管轄の有無の判断において，訴訟が継続している外国と我が国のいずれが適切な法廷地であるかを，総合的な比較衡量によって決定しようとする考え方である[29]。近年は，この考え方を採用し，外国で継続する訴訟を「特段の事情」による具体的判断の一要素として考慮した裁判例が多く見受けられる[30]。

(2) 民事訴訟法改正と民事訴訟法3条の9「特別の事情」

こうした裁判例や学説における議論を踏まえ，民事訴訟法改正の法制審議会において，国際訴訟競合については，まず規定を置くか否か，置くとすればど

のような案がふさわしいのかなどが議論された。何らかの規制の必要性については，十分認識されているものの，規定を置くとした場合，特に係属する日本訴訟の一時中止を命ずる措置をめぐって，中止の要件をどう書くか，中止措置に対する不服を認めるか，規定を置かなくても「期日は追って指定」の形で妥当な運用が図られるのではないか，など，最後まで種々の議論があったようで，結局規定を置くべきとする意見が大勢を占めるには至らず，立法化は見送られた。[31]

それゆえ国際訴訟競合は，従来の判例や議論を参照し規律されることとなろう。その場合，従来の判例の傾向を見る限り，国際裁判管轄に関し「特段の事情」が今回の改正で立法化されたことから，「国際訴訟競合」状態であることを，その他の要素を合わせて民事訴訟法第3条の9「特別の事情」の中で考慮するという法的枠組みが特に重要になると考えられよう。[32]

3 ブリュッセルⅠ規則

我が国の民事訴訟法改正の際にも，国際訴訟競合について明文規定をもつ外国国際私法やブリュッセルⅠ規則は大いに参照された。[33]その内容は，基本的に先訴優先主義が採用されている。国際訴訟競合においては，訴訟の同一性や係属についての解釈も不可欠であるが，この点EU法の議論を参考にすることも多い。[34]それゆえ，ここでも若干言及しておくことにしたい。

ブリュッセルⅠ規則では，後に訴えが係属した裁判所は，先に訴えが係属した裁判所の管轄が確定されるまで手続きを中止する旨が定められている。[35]このことから，訴えが先か後かが重要な判断基準となる。

そこで，どのようにして訴訟の先後を決定するのか問題となりうるが，この点，各国の民訴法に委ねるという考え方や，予め規定を設けるという考え方等がありえよう。[36]現在のブリュッセルⅠ規則には明文規定が存在するが，[37]ブリュッセル条約時代にはこの点に関する規定が存在しておらず，先後の判断について各国の法に解釈を委ねていた。そのため，この点をめぐり，早く提訴した国

が後訴と判断されたものの、先訴となった国での訴訟がなかなか進まず確定判決が得られなかったため、明文により先訴優先主義が定められているにもかかわらず、先訴の遮断効を覆し、後訴を進める判決を下すに至った事案も生じた。[38]

この判決には批判も多いし、現在は先後の判断につき明文規定も置かれていることから、そもそも先例としての価値も制限的であろう。しかし、規定がない場合に訴訟係属の先後の判断基準を与えている点およびその限界を明らかにしているという点については、一定の意味があると考える。

4　若干の考察

(1)　民事訴訟法3条の9「特別の事情」について

我が国の国際訴訟競合に関する裁判例と従来の議論から推察するならば、外国で係属している訴訟を民事訴訟法3条の9の「特別の事情」の中で考慮していくことになろう。

「特別の事情」の考慮要素としては、「事案の性質」として請求の内容、契約地、事故発生等の紛争に関する客観的事情、「応訴による被告の負担の程度」として応訴により生じる被告の負担、当事者の予測可能性等の当事者に関する事情、「証拠の所在地」として物的証拠の所在や承認の所在地等の証拠に関する事情が挙げられている。[39]そして、その他の考慮要素として、その請求についての外国の裁判所における同一または関連事件の係属等の事情が挙げられており、それらの諸点を総合的に考慮していくこととなろう。

本件については、特別管轄などを総合的に考慮することで、国際裁判管轄はおそらく肯定されるように思われる。それゆえ、この「特別の事情」の中で国際訴訟競合といった事情を考慮し、その管轄を否定すべきかが重要な点となると思われる。否定すべきでない、肯定の要素としては、加害行為ともいいうる営業秘密を不正取得した地が日本にあると思われる点や我が国での訴訟が先訴と判断されうる点などが挙げられよう。他方で否定すべきとする要素として、

結果発生地たる不法行為地・市場地の解釈や証拠の所在地，また後述する外国判決の承認との関係などが挙げられる。

また，先行研究によれば，「特段の事情」の判断において，本案の準拠法が日本法か外国法かという要素が管轄の決定に高い相関関係を示していることも指摘されている。[40]それによれば，準拠法が外国法と認定された事案は，いずれも準拠外国法の調査困難を理由に，準拠法所属国裁判所での審理が適当として日本の国際裁判管轄が否定されているという。[41]この点を本件について考慮するならば「国際不正競争の準拠法」の決定が極めて重要な論点であることが認識されよう。もちろん準拠法を「特別の事情」の1つの判断要素とすることは請求の内容等に係る客観的な事情となるようにも思われ，否定すべきことではなかろう。けれども，果たしてそのような判断が適切なのかは，やはりまだ検討の余地があるように思われる。[42]

(2) EU法の影響について

我が国には結果的に国際訴訟競合について明文規定が存在しておらず，先訴優先主義を採用していない。また法制審議会で提示された基準によっても，訴訟係属の先後は決定的な判断基準とはなっていない。しかし，その先後をどのように決定するかという点は依然理論的には問題である。

というのも，我が国の民事訴訟法の通説によれば，訴訟の係属は訴状送達時と解釈されている。[43]他方で，裁判例の中には，訴えの提起時を基準に訴訟係属の先後を判断すべきとした2007年4月11日の知財高裁判決もあり，[44]様々に解釈されているからである。

それゆえ，訴訟係属の先後の決定という問題は理論的に明確にしておくべき点の1つであろう。ただし，既述のEU判例からの帰結としても，先訴優先にも限界があることは明らかである。そのことから，我が国が国際訴訟競合における具体的事情を優先すべく，訴訟の先後は問わないとしている点は確かに実務上一定の理があると思われる。

とはいえ, 本件では, 訴状送達日までは確定できていないが, 過去の報道を参考にする限り, おそらく我が国が先訴となると推察される。本来訴訟の先後は問わないとする我が国ではあるが, 上記の点は「特別の事情」の一要素としうるのではなかろうか。他方で, 韓国における国際訴訟競合の規定および実務は明らかではないものの, 学術的には先訴優先主義への支持が高いように思われる。そうであれば, 後訴の可能性の高い韓国での訴訟がむしろ中止ないし却下されるべきであろう。

(3) 残された問題

なお国際訴訟競合状態が継続したまま, 審理判断が行われる場合には, 次のような問題が発生しうる。

① 我が国が先に判決を下し, その判決が確定した場合

我が国が適切な法廷地であると判断され, 民事訴訟法3条の9「特別の事情」による却下をなさず, 我が国で引き続き訴訟が行われ, 仮に原告の請求が認められた場合には, 日本で得た確定判決を韓国において承認執行できるかという問題が生じることになる。特に, 本件の場合には韓国における製造・販売の差止が請求されているため, 韓国での我が国の判決の承認・執行には課題が多いと思われる。

なお, 仮に韓国で承認されなかった場合でも, 日本国内では判決は有効である。それゆえ, 日本市場での差止や損害賠償は可能かと思われる。とりわけ本件の損害賠償額は多額のため, 日本国内にポスコが有する商取引債権などを指し押さえる可能性もある。

② 外国の裁判所が先に判決を下し, その判決が確定した場合

他方で, 仮に韓国でも訴訟が継続した場合で, 原告の請求認容の判決が出され, 確定した場合には, 我が国の裁判所における同判決の民事訴訟法118条の承認が問題となる。

しかし, 仮に韓国の裁判所が原告の請求を認容せず,「ポスコに責任なし」

との判断を下した場合には，我が国の判決と矛盾した判決が存在することにな
り[47]，せっかく得た我が国の判決が韓国で承認されることはないという事態が発
生すると思われる。

Ⅳ　おわりに

　以上，不法行為地管轄や国際訴訟競合という観点から，本件に含まれる国際
民事訴訟法上の諸問題を概観してきた。我が国の管轄が認められるべきかにつ
いては，不法行為地がどこかなどの判断如何により，どちらの可能性もありう
ることが示された。いずれの点においても理論的に解釈の余地のあることを指
摘するにとどまっており，現実の裁判において，それらの諸点のうち，どの点
が重視されるかは未知数である。

　他方で，我が国の知的財産を守るという政策な観点から本事件を改めて考察
すると，訴訟の入り口である管轄において，我が国の管轄を否定する「特別の
事情」は存在しないとし，管轄を肯定することは，そのような政策を達成する
一助となろう。その限りにおいて，原告が主張するように我が国の管轄を肯定
すべきであるようにも思われる。現実の事案がどのように展開するのか極めて
興味深い。

　本件の背景には，我が国の知的財産や情報をどのように守るか，労働者の処
遇を含めた実質法上の問題が多数存在する。こうした事案が今後発生しないよ
う法の改正を含めた対策も大きな課題であろう。類似の事案も発生しており[48]，
この事案の持つ意義や今後への影響は極めて大きいと考える。

(1)　新日鐵プレスリリース
　　http://www.nssmc.com/news/old_nsc/detail/index.html?rec_id=4267（2014年4月30
　日アクセス）
　　我が国の鉄鋼メーカーである新日鐵は，方向性電磁鋼板に係る当社技術に関連し，韓
　国の鉄鋼メーカーである株式会社POSCO及びその日本法人POSCO JAPAN株式会社

を被告として，当社の営業秘密を不正に取得し，これを使用している等として，不正競争防止法等に基づき，損害賠償及びPOSCO等による方向性電磁鋼板の製造・販売等の差止を求める民事訴訟を東京地裁に提起したとのことである。同時に，上記POSCO等による営業秘密の不正取得・使用等に加担したことを理由に，当社元社員に対しても不正競争防止法等に基づく損害賠償等を求める民事訴訟を提起している。なお，米国においても，POSCO及びその現地法人に対して，米国特許の侵害を理由とする損害賠償及び侵害の差止を求める民事訴訟を提起している。

(2) 日本経済新聞2012年10月26日朝刊・第9面。なおその後も本事件に関する報道は度々行われている。例えば，新日鐵住金が韓国で有する特許4件について，韓国特許庁が無効とする判断を下していた旨が（日本経済新聞2014年2月18日），また新日鐵住金の元技術者らが買収されて情報を採られた経緯を示し，ポスコ側の組織的関与があったことを主張した旨（日本経済新聞2014年3月26日）などが報道されている。

(3) 最判昭和56・10・16民集35巻7号1224頁。

(4) 最判平成9・11・11民集51巻10号4055頁。

(5) 改正民事訴訟法については，主に次のものを参照。佐藤達文・小林康彦『一問一答 平成23年民事訴訟法等改正』（商事法務，2012年）。

(6) 多田望「不法行為地管轄」『国際私法年報』10号52頁，佐野寛「不法行為地の管轄権」高桑昭＝道垣内正人編『新・裁判実務体系（3）国際民事訴訟法（財産法関係）』（青林書院，2002年）94頁等。他方で，差止請求権を根拠づける実体規定の法的性質に照らして判断すべきという考え方もある。横溝大『ジュリスト』1417号174頁，高橋宏司『平成22年重要判例解説』（『ジュリスト』1420号）359頁。

(7) 最決平成16・4・8民集58巻4号825頁によれば，不正競争防止法の規定に基づく侵害差止等の差止請求訴訟につき，民訴法5条第9号の「不法行為に関する訴え」に該当するものを判示している。佐藤・小林『前掲書』（注5）69頁。

(8) 知財高判平成22・9・15判タ1340号265頁。この事件では，損害賠償請求訴訟と差止訴訟で紛争の実態は異ならないことなどから，特許権侵害差止訴訟が「不法行為に関する訴え」に含まれることを初めて明言している。この点を指摘しているのは，申美穂「96 不法行為地管轄（3）」櫻田嘉章・道垣内正人編『国際私法判例百選〔第2版〕』194頁。

(9) 佐藤・小林『前掲書』（注5）69頁。

(10) 改正前の裁判例で，二次的・派生的に生ずる経済的な損害のみの発生地は含まないとしたものがある。東京地判平成18・10・31判タ1241号338頁。

(11) 安達栄司『国際民事訴訟法の展開』（成文堂，2000年）145頁以下等。

(12) 東京地中間判昭和49・7・24判時754号58頁，東京地中間判昭和59・3・27判時1113号26頁，東京地判平成7・3・17判時1569号83頁，東京地判平成7・4・25判時1561号84頁，東京地判平成9・2・5判タ936号242頁。

(13) 最判平成13・6・8民集55巻4号727頁，判時1756号55頁，判タ1066号206頁，佐藤・

小林『前掲書』（注5）72頁。
(14) 中西康「民事及び商事事件における国際裁判管轄および裁判の執行に関する2000年12月22日の理事会規則（EC）44／2001（ブリュッセルⅠ規則）（上）（下）」『国際商事法務』30巻3号（2002年）311-318頁，同30巻4号（2002年）465-470頁。
(15) Regulationa(EC) No1215/2012 of the the European Parliament and of the Council of 12 December 2012 on jurisdiction and the recognition and enforcement of judgments in civil and commercial matters(recast), OJ L 351, 1(20.12.2012) 主な改正内容は，新たに欧州統一特許裁判所を設立したことや，条文上に規定されている「加盟国の裁判所」という概念に，さらにベネルクス司法裁判所のような複数の加盟国に共通の特定の裁判所が含まれるようになったという点が挙げられる。そのため，加盟国の国内裁判所とそうした共通裁判所との国際訴訟競合という問題も新たに生じうるため，その場合についての規定も設けられるにいたっているが，今回取り上げる規定について内容的変更はない。
(16) Schack, Internationales Zivilverfahrensrecht, 5. Auflage, 2010, S.117-124.
(17) EUにおいては，2007年7月に「契約外債務の準拠法に関する規則」いわゆるローマⅡ規則が採択され，2009年11月からEU諸国で適用されている。ローマⅡ規則は，契約外債務の準拠法に関するEU諸国の国際私法規定を統一するもので，通則法改正等に際しても参考にされた。
(18) 西谷裕子「第17条 不法行為」櫻田嘉章・道垣内正人編『注釈国際私法第1巻』（有斐閣，2011年）433頁。
(19) C. Heinze, Der europäische Deliktsgerichtsstand bei Lauterkeitsvestößen, IPRax 2009, 231-237, at 233-234. このような管轄事由と連結点とを整合的に解釈すべきという考え方は，不正競争だけでなく，製造物責任においても主張されているようである。安達栄司「17 企業間の製造物責任事件の国際裁判管轄」『最新EU民事訴訟法判例研究Ⅰ』（信山社，2013年）227-234頁，特に233頁。Von Hein, Die produkthaftung des Zulieferers im Europäischen Internationalen Zivilprozessrecht, IPRax 2010, 330-343.
(20) 近時の国際私法では，不正競争についても独立した規定を設け，準拠法を定めることが多い。例えば，オーストリア国際私法48条2項，スイス国際私法136条1項，オランダ不法行為抵触法4条1項など。なおローマⅡ規則6条については，相澤吉晴「EC国際不正競業法（2）」『広島法学』28巻2号（2004年）45-95頁，佐野寛「国際取引から生じる不法行為の準拠法」日本国際経済法学会編，柏木昇編集代表『国際経済法講座Ⅱ 取引・財産・手続』（法律文化社，2012年）65-80，78頁以下が詳しい。
(21) 大阪地判平成16・2・5（裁判所ウエッブサイト）によれば，「我が国に住所等を有しない被告に対し提起された不法行為に基づく損害賠償請求および不正競争防止法に基づく損害賠償請求訴訟につき，民事訴訟法の不法行為地の裁判籍の規定に依拠して我が国の裁判所の国際裁判管轄を肯定するためには，原則として，被告が我が国においてした行為により原告の法的について損害が生じたとの客観的事実関係が証明されれば足り

ると解するのが相当である」という基準に照らし，「原告主張の営業秘密の不正取得，開示による不法行為に関しては，被告が原告の保有する技術上又は営業上の情報で公然と知られていないものを取得し，これが利用されたことにより営業上の損害を生じたという客観的事実関係について証明されていない」などとして，民事訴訟法の不法行為地の裁判籍の規定（同法5条9号）に依拠して我が国の国際裁判管轄を肯定する根拠はない。よって本件訴えは，我が国の裁判所に国際裁判管轄を肯定することができず，不適法であるから却下することとされた事案がある。

(22) 西谷・『前掲書』（注18）450-453頁。
(23) 出口耕自「国際不正競争の準拠法」『日本国際経済法学会年報』23号（2014年）106頁。
(24) 本件は，国内訴訟先行型かつ原・被告逆転型の事案に該当すると思われる。
(25) 日本経済新聞2012年11月22日。
(26) そのような判断をしていたものとして次のものがある。①東京高判昭和32・7・18下民集8巻7号1282頁（中華民国事件）②東京地判昭和40・5・27下民集16巻5号923頁（東宝事件）。
(27) 道垣内正人「国際訴訟競合（5・完）」『法学協会雑誌』100巻4号（1983年）722頁以下等。
　　この説においては訴訟係属の先後が重要な基準となるが，移送制度のない国際訴訟において先後だけで判断することへの批判および各国裁判所の同質性担保に対する不安や，承認予測の困難さなどが指摘されている。
(28) 承認予測説を採用したといわれる事案として次のものがある。東京地中間判平成元・5・30判タ703号240頁（宮越機工（＝グールド・インク）事件）。これは，米国での損害賠償請求等の訴えに対して我が国で債務不存在確認訴訟を提起した事例で，国際訴訟競合について詳しく検討した最初の裁判例と言われている。
(29) 古田啓昌『国際訴訟競合』（信山社，1997年）118頁以下，小林秀之・村上正子『国際民事訴訟法』（弘文堂，2008年）164頁他。
(30) そのような裁判例として，次のものがある。①東京地判昭和59・2・19下民集35巻1＝4号69号（グリーンラインズ事件）先行して提起された米国訴訟の状況をも考慮して，我が国の裁判管轄を否定，②東京地判平成3・1・29判時1390号98頁，真崎物産事件（ナンカセイメン事件）先行して提起された米国訴訟の状況から「特段の事情」があると認め，我が国の国際裁判管轄を否定，③東京地中間判平成19・3・20判時1974号156頁（みずほ銀行事件）米国での先行訴訟を考慮したが，米国訴訟に係る紛争は本来我が国の裁判所において解決を図るべき案件であるから国際裁判管轄を否定すべき「特段の事情」なしとして我が国の管轄を肯定　評釈：江泉芳信「116国際訴訟競合」櫻田嘉章・道垣内正人編『国際私法判例百選〔第2版〕』234頁，④東京地判平成22・9・30裁判所HP　中国との訴訟競合状態にあるものの，証拠が日本国外にのみ集中していると認めるに足りる証拠はなく，準拠法も日本法であることなどから，国際裁判管轄を否定すべき特段の事情がないとして，管轄が肯定された。

⑶ 佐藤・小林『前掲書』（注5）174頁，青山善充「新しい国際裁判管轄法について」『明治大学法科大学院論集』10号（2012年）363頁。

なお，法制審議会において判断基準として出されていた点としては，訴訟係属の先後は問わない，「同一の事件」かどうかは解釈に委ねる，日本および外国の裁判所における審理の状況，外国の訴訟が確定判決に至る見込み，その確定判決の承認可能性をあげつつ，裁判所の裁量を広く認めること，その中で中止の要件の判断にあたって裁判所が当事者の意見を聞くことは妨げられない……などがある。

⑶ 佐藤・小林『前掲書』（注5）178頁。

⑶ 例えば，スイス連邦国際私法9条など。

⑶ 酒井一「ブリュッセル条約21条における同一請求概念」石川明他編『EUの国際民事訴訟法判例Ⅱ』（信山社，2013年）127頁，芳賀雅顕「国際訴訟競合における外国手続の長期化」石川明他編『EUの国際民事訴訟法判例Ⅱ』（信山社，2013年）134頁等。

⑶ ブリュッセルⅠ規則27条の内容は次の通りである。「1　同一当事者間の同一の対象及び同一の原因の訴えが，異なる構成国の裁判所に係属するときは，後に訴えが係属した裁判所は，職権に基づき，先に訴えが係属した裁判所の管轄が確定されるまで，手続を中止しなければならない。2　先に訴えが係属した裁判所の管轄が確定されたときには，後に訴えが係属した裁判所は訴えを却下しなければならない」

⑶ 佐藤・小林『前掲書』（注5）174頁。

⑶ ブリュッセルⅠ規則第30条。訴状提出時をもって訴訟係属と認めている。

⑶ 1983年1月26日の連邦通常裁判所判決，IPRax 1984, 152. この事件では，1978年8月にドイツで提訴，同年9月にイタリアで提訴，同月中に被告に訴状の送達が行われた。他方，ドイツでの訴状の送達は1979年1月であった。

裁判に至るまでにはいくつかの過程があるが，「訴訟係属の先後」の解釈について規定がなかったため，各国の法解釈によるべきところ，ドイツ法によれば，「訴訟係属」とは，被告への訴状送達時であると解釈されていた。この解釈により，提訴はドイツの方が早かったが，訴状の送達はイタリアの方が早かったため，ドイツが後訴となった。ところが，先の訴えとなったイタリアでの訴訟がなかなか進まず確定判決が得られないという状況が発生した。そこで，「外国訴訟係属に基づく内国後訴に対する遮断効が，事案の状況に照らして重大な権利保護の侵害をもたらす場合には，相手方配偶者が外国で起こした離婚訴訟の係属は，ドイツ人配偶者が内国で起こした離婚の申し立てを阻止しない」として，後訴を進める判決をくだしたものである。

⑶ 佐藤・小林『前掲書』（注5）158頁。

⑷ 河野俊行他「国際裁判管轄に関する判例の機能的分析」『NBL』890号74頁，早川吉尚「判例における「特段の事情」の機能と国際裁判管轄立法」『ジュリスト』1386号22-28頁，特に27頁。

⑷ そのような事案として，東京地判平成15・9・26，東京地判平成23・9・7判タ1377号236頁，『ジュリスト』1453号299頁。

⑷2 このことを指摘しているのは，長田真里『ジュリスト』1453号300頁。もっとも準拠法を考慮することを是とするのであれば，本稿で紹介した管轄事由と連結点との整合的解釈というEU法の議論に親和性が高くなるようにも思われる。

⑷3 兼子一『条解民事訴訟法〔第2版〕』（弘文堂，2011年）821頁（竹下守夫・上原敏夫執筆）。

　なお，韓国の通説および判例は，国内の訴訟係属の発生時期について，訴状が裁判所に提出されたときではなく，訴状の副本が被告に送達されたときであるとしている（李聖昊「知的財産権事件の国際裁判管轄」『季刊　企業と法創造』6巻2号（通巻19号，2009年）140頁）。判例（大法院1992年5月22日宣告91ダ41187判決）も前訴と後訴の判別基準は訴訟係属の発生時期の前後によるとしている。しかし，国際二重訴訟においては，国ごとに送達方式などが異なり，被告の意図的な受領回避によって訴訟係属時期の前後がかわるおそれがあることなどから，明確かつ画一的な処理が可能な訴状受付時によって前訴・後訴を判別することが妥当であると考えられているようである。

⑷4 知財高判平成19・4・11最高裁ウエップサイト，このことを指摘しているのは，古田啓昌『国際民事訴訟法入門』（日本評論社，2012年）70頁。

⑷5 なお，韓国における国際裁判管轄の規定は，当事者または事件が韓国と実質的関連がある場合に認められるというものであり，調べた限りにおいて，訴訟競合について韓国民訴法259条は国内における重複提訴の禁止を定めるものの，国際訴訟競合についての明文規定はまだないようである。また国際訴訟競合に関する韓国における多数説は承認予測説のようである（李聖昊「知的財産権事件の国際裁判管轄」『季刊　企業と法創造』6巻2号（通巻19号，2009年）138頁）。

⑷6 知的財産権についてではあるが，知的財産権に関する国際私法原則　日韓共同提案（2010年）においても，国際訴訟競合について（ハーグ国際裁判管轄条約に依拠した内容をもち），第1受訴裁判所が優先的に管轄権を行使する旨定め，第2受訴裁判所は訴訟を中止しなければならない旨を定めている。木棚照一編著『知的財産の国際私法原則研究——東アジアからの日韓共同提案——』（早稲田大学比較法研究所叢書40号）（2012年）284頁以下。

⑷7 内外判決の抵触という問題である。

⑷8 朝日新聞2014年3月14日。東芝の半導体の研究データを韓国SKハイニックスに流出させたとして，東芝の提携先である米国半導体メーカー，サンディスク日本法人の元技術者が不正競争防止法違反の疑いで逮捕された。これを受けて東芝は，ハイニックスに対して損害賠償を求める訴えを東京地裁に提訴した。他方で，東芝とハイニックスは，半導体開発では提携し続けるとしている。

（山梨学院大学法学部教授）

論　説　　国際化時代の不正競争

技術に関する営業秘密の保護と知的財産権の帰属規定
――新日鐵・ポスコ事件を契機として――

内　田　　　剛

Ⅰ　は じ め に
Ⅱ　前提的考察
　1　営業秘密の保護
　2　技術情報の保護と営業秘密
　3　検討の方法と範囲
　4　補足――韓国における営業秘密の保護――
Ⅲ　ドイツにおける営業秘密の保護
　1　不正競争防止法における営業秘密の開示の禁止規定
　2　労働者発明法
Ⅳ　我が国における営業秘密の保護
　1　不正競争防止法2条1項7号
　2　特許法の職務発明の規定
Ⅴ　比較・検討
　1　日本とドイツの営業秘密保護規定の異同
　2　知的財産権の帰属規定を参照する意義
　3　知的財産権の帰属規定を参照する必要性
Ⅵ　お わ り に

Ⅰ　は じ め に

　本稿では，2012年4月19日に新日本製鐵が，韓国のポスコ等を相手に訴訟を提起した，いわゆる「新日鐵・ポスコ事件」を題材として，その知的財産法に関する問題を扱う。しかし，同事件はまだ係属中で不明な点も多いため，以下のような事案（以下，「本件事案」という。）として，検討を進める。

Y1は，我が国の鉄鋼メーカーXに技術者として勤務していたが，管理職を務めた後に退職をした。Y1は退職時にXと秘密保持契約を締結していたが，退職後に韓国の製鉄会社であるY2と関連の深い韓国の大学の客員教授となり，韓国でY2へXの営業秘密である高性能鋼板に関する情報を開示した。Y2は，当該営業秘密を用いて高性能鋼板を製造し，韓国を含む各国（我が国を含むかについては争いがある。）で同鋼板を販売している。

同事件では，営業秘密の外国での開示及び外国法人による営業秘密の使用が問題となっており，その渉外的要素に目が向けられがちである。しかし，退職従業者が技術情報を開示したことが問題となった事例は少なく，その点も同事件の特徴といえる。以下では，このような特徴を有する本件事案について我が国知的財産法，特に不正競争防止法を適用する上での問題を検討したい。

II 前提的考察

1 営業秘密の保護

営業秘密の保護に関する条約としてTRIPS協定があり，同協定39条は，パリ条約10条の2に規定する不正競争からの有効な保護を確保するために，開示されていない情報を保護することを加盟国に求めている。このTRIPS協定の成立に先立って，[1]我が国不正競争防止法は，他の複数の不正競争行為とともに，営業秘密の不正取得行為等を不正競争とし，その防止及び損害賠償に関する措置を定めている。

同法は，営業秘密を「秘密として管理されている……事業活動に有用な技術上又は営業上の情報であって，公然と知られていないもの」と定義する（不正競争2条6項）。そして，営業秘密に関する不正競争行為として，営業秘密の不正取得行為及びそれに起因する行為（不正競争2条1項4ないし6号）並びに適法取得後の図利加害目的での使用，開示及びそれに起因する行為（不正競争2条1項7ないし9号）の大きく分けて2つの類型を定める。後者の不正競争行為

として，①保有者から示された営業秘密の図利加害目的での使用または開示（不正競争2条1項7号），②①の行為もしくはその介在を知ってまたは重過失で知らないでする営業秘密の取得もしくはその使用または開示（同8号），③取得後に①の行為もしくはその介在を知ってまたは重過失で知らないでする営業秘密の使用または開示（同9号）を定める。本件事案では営業秘密の適法取得後に開示等がなされているため，Y1につき①が，Y2につき②が適用されるかが問題となる。

2 技術情報の保護と営業秘密

営業秘密に関する不正競争行為からの保護等を定める不正競争防止法は，不法行為法の特別法として位置づけられている[2]。そのため，上記の営業秘密に関する不正競争行為の類型は，「秘密」情報の盗取等という「公正な競争」に反する行為を問題とし，その行為を禁止するものである。しかし，技術情報である営業秘密については，他の知的財産の保護との兼ね合いからか，単に秘密とされている情報というだけでなく，特に有用な技術上の情報を保護している。

この点に関して，近時の下級審判決である融雪板構造営業秘密事件判決は[3]，営業秘密該当性，なかでも有用性及び非公知性の判断を，特許法において要求される新規性及び進歩性といった特許性を判断する要素（特許法29条参照）と類似の基準を用いて行っている。その結果として，同事件で営業秘密と主張されている技術情報は，「一般に知られているものもしくは知られているものから同業者であれば通常の創意工夫の範囲内にあるもの」として，その保護が否定された。また，同判決については，特許性のない技術情報については営業秘密に該当しないとしていると評価する見解もある[4]。そのため，同判決からは，営業秘密の保護に関して，他の知的財産法のように秘密情報の技術上の価値に着目する傾向を見て取ることができる[5]。

本件事案は，上記のとおり技術情報の退職従業者による開示が問題となって

いる点が特徴である。これを「技術情報の価値」の保護という観点から見れば，営業秘密の保護と他の知的財産権，主として特許法による保護との関係が問題となりうる。その中でも特に本件を「従業者により創作された技術情報」の保護の問題として捉えたならば，従業者により作られた秘密情報の保護と職務上創作された知的財産権の帰属との関係をどのように考えるべきであろうか。この点の理解が，上記（Ⅱ1）の①不正競争防止法2条1項7号及び②不正競争防止法2条1項8号の適否に関連して，本件事案の結論を左右しうる。

3　検討の方法と範囲

そこで以下では，従業者が創作した技術情報の営業秘密としての保護と職務上創作された知的財産の権利帰属（または，そのように帰属した知的財産権）との関係を我が国不正競争防止法の規定の解釈を通じて探ることにしたい。

そのために，自ら技術情報等の情報を作り出した（元）従業者が職務上知り得た秘密を使用・開示する行為が，不正競争防止法2条1項7号の保有者から示された営業秘密の図利加害目的での使用または開示の行為であるといえるのかを検討する。その場合，自ら情報を作り出し，その情報を示されるまでもなく既に従業者が知っているため，文言通り営業秘密が「示された」といえるのかが，従来から問題とされていた。その判断につき知的財産権の帰属に関する規定，特に職務発明（特許法35条）や職務著作（著作権法15条）の規定が参考になるという見解がある[6]。この見解に対しては批判もあるが，そもそもこの見解は職務上創作された知的財産権の帰属規定と営業秘密の保護との関係をどのように考えているかを明確にしていない。そこで，我が国の営業秘密保護規定の立法の際に参考にしたドイツの営業秘密の保護規定と我が国の規定との比較から，職務上創作された知的財産権の帰属規定を参照する意義を明らかにし，同規定と営業秘密の保護との関係をどのように考えるべきかを探る。

なお，本稿は，本件事案でも示されているように技術情報に関する営業秘密

を対象とするものであり，商業上の秘密情報を含むものではない。また，知的財産権の帰属に関する規定としては，主に職務発明の規定を念頭に置く。

4　補足──韓国における営業秘密の保護──

なお，本件（「新日鐵・ポスコ事件」）については，その準拠法を韓国法であるとする見解があるため韓国の営業秘密保護に関する実質法について補足する。[7] まず韓国において，営業秘密は，「不正競争防止及び営業秘密の保護に関する法律」によって保護されている。他にも営業秘密を保護する法律はあるが，[8] 営業秘密についての民事上の救済は，一般的にこの法律によって与えられている。同法の営業秘密の定義や営業秘密の侵害行為の定義は，例えば同法2条2項で「営業秘密」を，「公然と知られておらず，独立した経済的価値を有するものであって，相当の努力によって秘密にされた生産方法，販売方法，その他営業活動に有用な技術上または経営上の情報」と定義するなど我が国法と類似している。

しかし，我が国の不正競争防止法2条1項7号に対応する韓国法2条3項4号は「契約関係等により営業秘密の秘密保持義務を負う者が不正な利益を得る目的，または営業秘密の保有者に損害を与える目的で，営業秘密を使用または開示する行為」を規制しており，我が国法のような保有者から「示された」という要件はない。そのため営業秘密の帰属や職務発明との関係を検討する必要はないようにも思われる。しかし，我が国での議論に引きずられてなのか，営業秘密の帰属に関して以下の学説上の争いがある。学説は，そもそも帰属は同号の適用とは関係ないとする見解から，職務発明の規定等を参照し営業秘密の[9]黙示譲渡を見出す見解，[10] さらには営業秘密の帰属を問題としそれを取引通念ないし健全な常識に基づいて個別に判断する見解[11]までさまざまである。また，営業秘密の帰属に関する問題ついては，裁判例の考え方も明らかではない。そのため，韓国法を準拠法として元従業者の営業秘密の不正開示等を問題にする場

合にも，営業秘密の保有者が誰であるか，また営業秘密の保有者を検討する上で職務発明の規定を参照すべきかどうかという点は問題となりうる。

そこで，本稿においては，新日鐵・ポスコ事件の準拠法が韓国法となりうることも念頭に置きながら，その場合であっても我が国不正競争防止法2条1項7号の解釈が参考となるため，以下では主として日本法についての検討をドイツ法との比較から行うこととする。

Ⅲ　ドイツにおける営業秘密の保護

1　不正競争防止法における営業秘密の開示の禁止規定

ドイツでは，営業秘密は，民法，刑法，競争制限禁止法，商法，労働者発明法等さまざまな法律によって保護されているが，ここでは特に不正競争防止法（Gesetz gegen den unlauteren Wettbewerb. 以下，「UWG」ということがある。）での営業秘密の保護，特に以下の UWG 17条1項の規定について見ていきたい。

UWG 17条1項は，「企業の従業者として，雇用関係に基づいて示された[12] (anvertraut)，または知りうることとなった営業秘密を，雇用関係の存続中に，権限なく，競争の目的，自己の利益のため，第三者の利益のため，または，当該企業に損害を与える意図で，他人に開示する者は，3年以下の自由刑または罰金に処する。」としている。

ただし，UWG の営業秘密保護の規定と，我が国法の規定とではいくつかの相違点がある。特に，UWG における営業秘密の保護規定は刑事規定であって，明示的には民事救済を定めていないところが最大の相違点である[13]。ただし，その刑事規定に該当する場合には，損害賠償及び差止めの請求が，ドイツ民法（BGB）の類推適用または直接適用により認められうると解されている。具体的には，BGB 823条2項（他人を保護する法律の違反者に対する損害賠償責任）により損害賠償請求が根拠づけられ[14]，差止請求は BGB 823条2項及び1004条（排除及び予防請求）の類推適用により認められうる[15][16]。そのため，その相違点は，

本稿において UWG の営業秘密保護規定を我が国不正競争防止法の規定の比較対象とすることを妨げるものではない。

UWG 17条1項の適用のためには①「企業の従業者」が②「雇用関係に基づいて示された、または知りうることとなった」③「営業秘密」を、④「雇用関係存続期間中に」⑤「権限なく図利加害目的等で」、⑥「他人に開示する」必要がある。なかでも②の「雇用関係に基づいて示された」という部分が我が国不正競争防止法2条1項7号の文言と類似しており、立法において参照されたようである[17]。そのため、以下ではこの部分を含む要件の解釈を見ていく。

(1)「企業の従業者」

「企業の従業者」に関しては会社に雇用される者であるが、その活動の性質、程度、期間及び支払いに関係なく、すべての企業の従業者が含まれるとして、比較的広く解されている。これは、「雇用関係」(Dienstverhältnis) という文言から、命令従属性 (Weisungsabhängigkeit)[18] は問題とならないためであり、取締役、監査役、有限会社の取締役も本条の適用対象になりうるとされる[19]。

(2)「雇用関係に基づいて示された、または知りうることとなった」

次に、「雇用関係に基づいて示された、または知りうることとなった」という要件であるが、雇用関係と営業秘密の取得との間に因果関係が要求されている。そのため、秘密情報が従業者自身から生じたような場合であってもこの要件は満たされる。下記（Ⅲ2）の労働者発明法における雇用発明であっても本要件を満たすとされている[20][21]。

企業が従業者に情報を伝え、明示または黙示に守秘義務を課した場合には、この「示された」営業秘密であると解されている。また従業者が企業に秘密を提供し、企業がその従業者に守秘義務を課した場合にも、雇用関係に基づいて示された営業秘密だと解されている[22]。これは、"anvertraut" の文言が、多くの条文訳で採用されているような「示された」とか「打ち明けられた」というだけでなく、「託された」であるとか「委託された」というような意味があり[23]、

その営業秘密の管理を託されているというような意味合いで読めば，上記の場合も"anvertraut"に含まれることは理解しやすい。

「雇用関係に基づいて知りうることとなった」という要件についても，従業者が雇用関係中に知ったものは，従業者が秘密情報自体を作成したこと[24]や，それが従業者に報告され，従業者自身が（場合によっては，契約違反または偶然に）知識を提供したこととは無関係に含まれる[25]。

(3) 「雇用関係の存続中に」

本項適用のためには雇用関係の継続期間中である必要があり，雇用契約終了後については原則として本項の適用はない。その判断は，行為時に雇用関係が法律上存在していたかによりなされるため，雇用契約の不履行や契約違反を犯した場合にも同要件を満たすことになる[26]。なお，雇用関係の満了後の侵害行為は，例えば，下記（Ⅲ2）の労働者発明法による雇用契約終了後の守秘義務違反として民事責任を生じさせる可能性がある[27]。

(4) 「他人に開示する」

また他人に「開示」することが要求されているが，例えば，他の従業者，株主，役員等のような自分以外の者ほぼすべてを含む他人に対して，それを開示する行為があれば足りる。第三者は，従業者の行動によって，秘密を使用し，他の人に開示できる程度に知識を取得している必要があり，取得できていない場合には，その行為は未遂（UWG 17条3項）になりうる[28]。そのような第三者に情報を知られない「使用」の行為は UWG 17条1項においては制限されていない。なお，本条の「開示」は守秘義務違反のような不正なものでなければならない[29]。

2 労働者発明法

(1) 労働者発明法の概要

ドイツにおいて営業秘密の保護とその他知的財産権（特に特許権）との関係

をどのように捉えているかを理解するために，いわゆる職務発明について定める労働者発明法（Gesetz über Arbeitnehmererfindungen. 以下，「ArbNErfG」ということがある。）を取り上げる。

労働者発明法は，その適用対象である発明として，雇用発明（Diensterfindungen）及び自由発明（freie Erfindungen）を挙げる（4条1項）。「雇用発明」は，労働期間内の発明で労働者が義務としてまたは企業の経験や業務に著しく依拠してなされた発明をいい（4条2項），「自由発明」は雇用発明以外の労働者の労働期間中の発明全てをいう（4条3項）。

労働者発明法は，雇用発明に関して，労働者が雇用発明の内容を使用者へ通知する義務を負い（5条1項），使用者は労働者への一方的意思表示により権利請求できるが（6条1項），この権利請求を行った場合，労働者は使用者に相当な補償を請求することができる（9条1項）と規定している。

自由発明についても，労働者は通知義務を負うが（18条1項），使用者がその通知を受領後3カ月以内に自由発明であることを否認しなければ，使用者はその発明を雇用発明であるとして権利請求をすることができなくなる（18条2項）。

(2) 雇用発明の営業秘密化

本来であれば使用者は雇用発明について出願義務を負う（13条1項）が，雇用発明が営業秘密に該当する場合はその例外として，出願義務を負わない（13条2項3号）。ただし，営業秘密にするためには，当該雇用発明を「秘密にする正当な利益」が必要であり，使用者は「雇用発明の特許性を承認」する必要がある（17条1項）。また，営業秘密とする場合には，労働者は当該雇用発明について使用者に相当な補償を請求することができる（9条1項）。

労働者は雇用発明について一般的に守秘義務を負う（24条2項）[31]。またこの雇用発明についての守秘義務は，雇用契約終了後も継続的に及ぶことになる（26条）。これは，労働者が守秘義務を負わないとすると，当該発明が新規性を失いかねず，権利請求をした使用者が特許を取得することができなくなるという

ことがその理由である。

Ⅳ 我が国における営業秘密の保護

1 不正競争防止法2条1項7号

　不正競争防止法2条1項7号適用のためには，①「不正の利益を得る目的で，又はその保有者に損害を加える目的」で，②「営業秘密を使用し，又は開示する行為」であって，③その営業秘密が「『保有者』からその営業秘密を示された」ものである必要性がある。①のいわゆる図利加害目的に関しては，何らかの義務違反が存在している場合と解されている。雇用関係においては通常信義則上の義務違反であり，雇用契約終了後に関しては守秘義務や競業避止義務の違反ということになる。また②の営業秘密を使用・開示する行為は，使用は本来の使用目的に基づいて行う行為であり，使用とされるためにはその情報が第三者に開示されたことを要しない。開示は「公然と知られる状態にするもの」のみならず，非公知性を失わない状態で営業秘密を「特定の者に通知すること」も含む。

　企業に所属する従業者が職務上営業秘密とされる（技術）情報を開発したような場合につき，「保有者から示された」といえるかについては，学説上さまざまな見解がある。類型としては，①営業秘密の帰属を問題とし，知的財産権の帰属に関する規定（特許法35条や著作権法15条等）に照らして判断するという見解，②そのような営業秘密の帰属や知的財産権の帰属に関する議論は不要として，他の要件該当性のみを問題とする見解，③営業秘密の対象となる情報を問題とするのではなく，営業秘密であることが示されたといえるかを問題とする見解，④「保有者」や「示された」という要件を営業秘密の使用権限または開示権限から判断をするとして，その権限を職務発明や職務著作の結果からも導くとする見解，そして⑤従業者が職務上営業秘密を開発した場合には，「保有者から示された」とはいえず，不正競争行為に該当しないが，債務不履行の

問題が生じるという見解(41)などがある(42)。

「保有者から示された」かについて判断した幾つかの裁判例がある。顧客情報に関するエーアンドネイチャー事件(43)では，顧客情報を自ら収集した者であるとしても，その顧客情報をいちいち記憶していることはあり得ないが，一旦「秘密情報として会社において管理された以上，右顧客情報は，当該従業員に対し，『開示』されたものと解すべき」として，それを収集した後に企業から開示されたものについては，「保有者が示したもの」であると解すべきとしている。

その一方で，技術情報に関する営業秘密について判断したフッ素樹脂ライニング事件(44)では，営業秘密であるところの技術に関しては，従業者が出向して技術を身に付け，またはそのノウハウの確立を行ったとしても，それらはすべてその従業者の業務の一環として行ったものであり，その従業者が1人で考案したものとはいえないことから，これは従業者には帰属せず会社が保有者に該当すると判断している。

また，派遣スタッフ名簿事件(45)においては，情報の収集には関与していない従業者はその使用者の管理している営業秘密たる「情報をその職務上知ったのであるから，営業秘密を保有する事業者から示されたもの」であると判断している。

そして比較的近時の事例である投資用マンション顧客情報事件控訴審判決(46)では，保有者から示されたかの判断ではなく，営業秘密該当性における判断においてであるが，顧客情報は会社の従業者が業務上取得した情報であるから，当該従業員が記録や記憶しているかにかかわらず，勤務先である会社に当然に帰属すると判断している。

2 特許法の職務発明の規定

特許法35条は職務上なされた発明に関する権利帰属等を定める規定である。

同条は，従業者等がその性質上当該使用者等の業務範囲に属し，かつその発明をするに至った行為がその使用者等における従業者等の現在または過去の職務に属する発明を職務発明とする。職務発明につき使用者等は通常実施権を有し（特許法35条1項），特段の定めをすることにより，従業者への相当の対価の支払い義務負うが，使用者等は特許を受ける権利等の事前譲渡を受けることができるとする（同条2項及び3項）。同規定の趣旨は使用者等と従業者等の間の公平，及び不利となりがちな従業者等の保護であるとされており[47]，同条の解釈は利益の調整の下で成り立っている。なお，この職務発明の規定を含む特許法には，営業秘密との関係を明示する規定は存在しない。

V 比較・検討

1 日本とドイツの営業秘密保護規定の異同

以上で述べてきた日本とドイツの営業秘密保護規定の要件の異同は概ね以下のとおりである。まず，UWG 17条1項では「企業の従業者」だけを対象としているのに対して，我が国の不正競争防止法2条1項7号は，「保有者から営業秘密を示された者」として従業者以外の者にも適用されうる。また，対象となる情報については，ドイツ法が「雇用関係に基づいて示された，または知りうることとなった営業秘密」として，雇用関係と営業秘密の取得との因果関係を求めているのに対して，我が国法は文言上契約等の当事者の関係を問うことなく保有者から示された情報であるか否かだけを問題とする。また規定の対象とする期間については，「雇用関係の継続中」に限るとするドイツ法に対して，我が国法は，期間の定めはなく，退職後を含む営業秘密を示すことに関連して生じた（信義則上の）義務が有効であると考えられる期間すべてを適用対象とする[48]。主観的態様に関しては，ドイツ法も日本法もいわゆる図利加害を目的とする場合を対象とする点で比較的類似している。行為態様については，ドイツ法は開示のみを規制の対象としているのに対して，我が国法は使用もその対象

に含まれており，営業秘密を保有者から示された者が営業秘密を利用できる範囲が比較的狭いことになる。なお，ドイツ労働者発明法は，雇用発明について契約終了後にも守秘義務が及ぶとするが，職務発明の規定を含む我が国の特許法はその旨を明文では定めていない。

以下では，この日本とドイツの規定をさらに3つの観点から比較し，その比較を通じて，従業者が職務上取得した技術情報を使用または開示する場合，その行為が営業秘密の保護のために制限されるかを判断するにつき職務発明等の知的財産権の帰属規定を参照する意義を考える。

2 知的財産権の帰属規定を参照する意義

(1) 雇用・職務関連性と「示された」要件との関係

まず，比較の観点の1つ目は，「雇用・職務関連性と『示された』要件」についてである。UWG 17条1項では，営業秘密の取得と雇用関係との因果関係を要求していた。我が国ではこれを文言上要求していないが，上記（IV 1）の裁判例では「示された」か否かの判断において，ドイツ法と同様に情報の取得の業務関連性や職務関連性を考慮していた。その理由は明示されておらず，裁判例の中からそれを読み取ることは困難だが，上記（II 2）の通り営業秘密保護を定める不正競争防止法が不法行為法の特別法であり，不正競争防止法2条1項7号は，特に「保有者から示された」営業秘密をあえて図利加害目的で使用等する行為の違法性を明確にしたものである[49]。しかし，従業者等の技術情報の直接の取得者は，取得時にその情報が後に使用者等の営業秘密となるか（例えば，後にその情報が秘密管理されるか）を本来的には知ることができない。そのため，上記裁判例の判断は，後に営業秘密となるかの判断を取得者が取得時に為しうるような，①従業者等の行った情報の取得等が使用者の管理下での活動であると従業者にとって認識可能であって，②職務上（または業務上）の取得活動であるが故に，使用者がその情報を管理・秘匿することを従業者が許容す

べき場合に，その適用範囲を限定しようとしていると理解することもできよう。そのような場合に，はじめて技術情報の取得者の開示等の行為を違法と非難することができるのである。このような「示された」要件の解釈は上述の我が国の立法の際に参照されたドイツ法の規定を考慮した解釈として一応理解することもできる。しかし，我が国の不正競争防止法の「保有者から示された」という要件を解釈する上で，その文言のみから職務関連性や業務関連性を導出することは困難である。

以上の点については，営業秘密の帰属を問題とし，保有者の決定の際に我が国の職務発明，職務著作等の知的財産についての権利帰属の規定を参照することで，職務関連性等を，条文の文言上，比較的無理なく導入することができる。職務発明等の知的財産権の帰属に関する規定は，複数の要件（使用者等の業務範囲に属し，従業者等の現在または過去の職務に属する等）を設けているが，解釈によって「職務」以外の要件の多くが無意味化されており[50]，営業秘密の帰属を問題とし職務発明等の規定を参照することで，ほぼ職務関連性のみを容易に考慮することができる。

この不正競争防止法2条1項7号において営業秘密の帰属を問題とする解釈は，従業者等がその使用等を制限される対象を予見可能な範囲に制限することにより，従業者等の行動の自由を確保するとともに，同号の不正競争行為を「侵害の態様」が問題となり違法と非難しうる合理的範囲に狭めるものといえる。

(2) 守秘義務の発生根拠と知的財産権の帰属

比較の観点の2つ目は守秘義務の発生根拠と知的財産権の帰属との関係である。上述（Ⅲ2）のように労働者発明法においては労働者が職務発明について守秘義務を負っており（24条2項），その義務は雇用契約終了後にも及ぶ（26条）とされているが，我が国には職務発明に関する守秘義務についての明文の規定は存在しない。労働者発明法が上記定めを置くのは，そのような定めがない場

合には，当該発明が新規性を失いかねず，権利請求をした使用者が特許を取得することができなくなるためであった。我が国不正競争防止法においては，一般的に雇用契約上の付随的義務として，被用者は使用者の営業上の秘密について，守秘義務を負うとされており[51]，また使用者等が職務発明として特許を受ける権利の承継を受けた場合には，従業者はその職務発明の新規性喪失（特許法29条1項各号）を避けるために当該発明について守秘義務を負うと解される[52]。後者の守秘義務は雇用契約に基づく義務ではなく，特許を受ける権利の承継に基づき生じる守秘義務であり，雇用関係の終了後もそれとは無関係に従業者は特許を受ける権利の譲渡の本旨である特許の取得を妨げることがないよう引き続きこの義務を負うことになる。このように職務発明の規定による特許を受ける権利の帰属を考慮することにより対象技術に関する退職後の守秘義務をも同時に認めることができ[53]，かつ職務発明の規定を経ることで，明確な対象に営業秘密の保護規定の適用範囲を限定することができることになる。この対象の明確性は従業者の職業選択の自由（憲法22条1項）及び利用可能な情報の識別という点でも有益である。

(3) 営業秘密とすることと金銭補償との関係

比較の観点の3つ目は営業秘密とすることと金銭補償との関係である。労働者発明法においては，雇用発明を営業秘密とする場合には労働者発明法の適用を受けることによって従業者に相当の補償を受ける請求権が発生する。我が国においても特許を受ける権利の承継を受ける限りにおいては，その承継に対する相当対価請求権が発生する（特許法35条3項）[54]。

これに対して，我が国と UWG とでは規制される行為態様が使用を含むか否かという点で異なる。我が国においては，営業秘密の使用が制限されるため，特に技術上の情報を営業秘密とした場合，従業者は自己の創作した技術情報の開示のみならず使用をも限定され，従業者自身の能力を十分に発揮することができなくなる恐れがある。その結果，保有者下から離れてしまうと，（元）従

業者は，その技術に関連する一定の業務に就くことが実質上幅広く制限され，営業秘密の保護が結果として競業避止義務にも類似した効力を発揮することになる。そのような場合に，上記（Ⅱ2）のように技術情報の保護において特許法の対象と技術上の営業秘密の保護の対象とが重複するため，営業秘密となった技術情報についての職務発明の相当の対価（請求権）に，競業避止のような就業制限に対する代償としての意味を見出す余地がある。判例上，退職後の競業避止義務の有効性を判断する要素として十分な代償の支払いが考慮されるが[55]，このような就業制限に対する代償も営業秘密の保護について職務発明等の権利帰属の規定を参照することによって，同時に考慮することができる[56]。

ただし，上記の相当の対価の性質は特許を受ける権利の承継の対価であって，秘匿の対価でも，退職後の競業避止の代償でもないことには留意が必要である。特に後者の点については，ドイツ商法（HGB）での競業禁止の有効性判断においては，補償金の支払いが退職後におこなわれることが要求されている[57]。なお，我が国においては，明示的な競業避止の代償措置はないが，在職中の賃金が高額であったこと等をもってそれを競業避止の代償措置として競業避止義務の有効性を認めた裁判例がある[58]。

3 知的財産権の帰属規定を参照する必要性

以上が不正競争防止法2条1項7号による技術情報である営業秘密の保護において，職務発明等の知的財産権の帰属規定を参照することの意義である。しかし，それでは参照する意義があるとはいえ，それだけでは参照しなければいけないということにはならない。そこで，以上の検討をふまえてその必要性がどこにあるのかを考察する。

まず，技術に関する営業秘密については，上記（Ⅴ2（3））の通り，保有者から開示を受ける者，特に従業者がその情報を秘密とされることによりうける制限の程度が非常に大きく，状況によっては職業選択の自由の過度の規制とな

りかねない。上（Ⅱ2）で挙げた，営業秘密保護と特許法における保護の要件を共通化する融雪板構造営業秘密事件判決の考え方によれば，営業秘密の対象となる技術情報が特許法で保護される発明に接近する結果，非公知の技術情報の中でもより高度のものだけが営業秘密として保護されることになる。同判決は，従業者等を含む第三者が使用制限を受ける技術情報の範囲が過度に広くなりすぎないよう，その範囲を制限するものであるとも評価できそうである。また，特に従業者にとっては，特許法による保護の考慮に伴い，不正競争防止法2条1項7号適用の際に従業者等の保護を掲げる知的財産権の帰属規定（Ⅳ2参照）が参照されることにより，使用等が制限される技術情報が予見可能な範囲に限定される。また明確な対象に営業秘密の保護規定の適用範囲が限定される（Ⅴ2（1）（2）参照）ことで，その職業選択の自由の過度の規制を排除することができる[59]。そのため，技術に関する営業秘密の保護が，従業者にとっての過度の制限とならないよう，知的財産権の帰属規定を参照する必要性があるといえる。

　また，上記のように技術情報の保護において特許法の対象と技術上の営業秘密の保護の対象とが重複する。営業秘密の保護と特許を受ける権利の帰属に関して多少なりとも相互の関連性を考慮するドイツ法（Ⅲ2参照）とは異なり，そのような点を念頭に置いていない我が国法において，営業秘密の保護の際に特許を受ける権利の帰属を考慮しないとすると，技術情報の保護の一貫性を欠く結果となりかねない。例えば，営業秘密とした情報を保有者の意に反して開示されたが，営業秘密の保有者が特許を受ける権利を有しておらず，開示後に特許を受ける権利を承継した場合，2011年改正後の特許法30条における新規性喪失の例外の規定の適用を受けられない可能性がある。これは，同条が「特許を受ける権利を持つ者の意に反して」（同条1項），または「特許を受ける権利を有する者の行為に起因して」公知となった場合に，「その者」すなわち公知となった際に特許を受ける権利を有する者の出願に対して適用されると解する

のが，特許法30条の文言の素直な読み方であるため，その際に特許を受ける権利を有しない使用者は本条の適用を受けることができない。[60]その結果，営業秘密とした技術情報が開示されたことで，営業秘密の保有者がその技術情報に対する保護を特許法からも，不正競争防止法からも得られなくなる可能性がある。また，冒認出願の取戻しのための規定も2011年改正で導入された（特許法74条）が，これも技術情報を創作した従業者が特許を受ける権利を有しており，出願を行ったような場合には，「特許を受ける権利を有しない者の特許出願」（同法123条6項）ではないため，特許法74条の要件を満たさず特許の取戻しが認められない。さらには，その出願が，特許を受ける権利を有する者の適法な権利行使として不正競争防止法2条1項7号の図利加害目的も否定され不正競争防止法上の保護も得られないという結論にもなりかねない。[61]そのような不整合及び不都合があるため，技術情報保護における一貫性の要請からも，職務上の創作における知的財産権の帰属を参照する必要があるといえる。

Ⅵ　おわりに

本稿では，技術に関する営業秘密の従業者による開示等に対して不正競争防止法2条1項7号を適用する際に，職務上創作された知的財産権の帰属規定を参照する意義を探った。その意義は，①職務関連性を無理なく導入し，②守秘義務を同時に認めうるとともに③退職後の実質的な競業規制への代償のシステムを提供するというものであった。

また，知的財産権の帰属規定を参照しない場合には，①技術情報の使用等が際限なく不正競争行為とされ，従業者の職業選択の自由を過度に制限することになりかねず，②技術情報が営業秘密保護と特許法の保護の双方の対象となるため，技術情報の保護の一貫性を欠く結果となり，使用者（保有者）にも不利益が生じうる。そのため，従業者が作成した技術情報に営業秘密保護規定を適用する場合には，従業者との利益調整や特許保護との相互関係から職務発明等

の知的財産権の帰属規定を参照する一定の必要性があるといえる。

最後に本件事案に戻ると，不明点も多いが，仮にY1が営業秘密とされた技術情報を創作した者であったとしたとしても，それが職務発明の要件を満たし，その権利帰属を定めていたような場合には不正競争防止法2条1項7号または韓国不正競争防止法2条3項4号の適用において営業秘密の保有者は我が国の使用者（X）であり，Y1が保有者から営業秘密を示されたとすることにも障害はない。

(1) 通商産業省知的財産政策室『営業秘密──逐条解説改正不正競争防止法──』（有斐閣，1990年）21・45-46頁。
(2) 同上30頁。
(3) 大阪地判平成20・11・4判時2041号132頁。
(4) 青山紘一「判批」『判例評論』610号（2009年）18頁。
(5) 同様に，Full Function事件判決（東京地判平成25・7・16・平成23年（ワ）8221号）も他の知的財産権（著作権）との関係からか，ソフトウェアについて，営業秘密の保護対象を現実のソースコードの表現そのものに限定している。
(6) 通産省『前掲書』（注1）87頁。
(7) なお，韓国での営業秘密の保護の詳細については「『国際知財制度研究会』報告書（平成25年度）」（知的財産研究所，2014年）78頁以下参照。
(8) 他に「産業技術の流出防止及び保護に関する法律」がある。ただし，同法により保護される情報は技術情報でなければならず，それも政府により指定された技術に限定される。また，その保護は，主に刑事罰により担保されている（ただし，2011年改正により差止めによる民事救済を導入している。）。
(9) 尹宣熙・金志榮「営業秘密保護法」（法文社，2012年），p125．
(10) 丁相朝「不正競争防止法原論」(2007年)，pp.110-111．
(11) 정호열「경제법」박영사（2006年），p.277．
(12) 比較的多くの条文訳で採用されている訳語である。Ⅲ1（2）でこの訳語についても検討を行う。
(13) 他に，UWGが一般条項（3条）を有しており，それを通じて規定外の営業秘密の利用行為も不正競争行為に該当しうる。
(14) BGB 826条，823条1項も考慮される。
(15) なお，BGB 823条1項，826条及び1004条の類推，UWG 3条，4条10号及び11号に対するUWG 8条（差止請求権）によっても認められる。
(16) Köhler/Bornkamm, UWG, 30 Aufl., 2012, §17 Rn. 51ff.

⒄　通産省『前掲書』（注1）39頁。ドイツを含む欧米の制度が参考にされたようである。
⒅　雇用関係（Dienstverhältnis）は，BGB 611条以下により規定される。BGBが有償委任に関する規定を有しないために，雇用関係の中に従属性を有しない雇用関係と従属性を伴う雇用関係の双方が含まれる。なお，従属性を伴う雇用関係を労働関係（Arbeitsverhältnis）と呼ぶ。
⒆　Köhler/Bornkamm, a. a. O., §17 Rn. 14; aA Nordemann, Wettbewerbsrecht Markenrecht, 11 Aufl., 2010, Rn 459.
⒇　Emmerich, Unlauterer Wettbewerb, 9. Aufl., 2012, §10 Rn. 9; Többens, WRP 2005, 556.
㉑　同旨を述べる判決として，BGH GRUR 1977, 539 - Prozßrechner. BGHは，UWG 17条の営業秘密が雇用発明であることを前提としないため，雇用発明であるか否かは明らかでなくともよいという控訴裁判所の判断を是認した。
㉒　Köhler/Bornkamm, a.a.O., §17 Rn. 16; Harte-Bavendamm/Henning-Bodewig, UWG, 2 Aufl., 2009, §17 Rn 9; aA Piper/Ohly/Sosnitza, UWG, 5 Aufl., 2010, §17 Rn 14.
㉓　「委ねられた」あたりが訳としては適切であろうか（千野直邦『営業秘密法』（中央経済社，2007年）82-83頁参照）。
㉔　雇用発明につき，BGH a.a.O. - Prozßrechner.
㉕　Köhler/Bornkamm, a.a.O., §17 Rn. 17.
㉖　Köhler/Bornkamm, a.a.O., §17 Rn. 22. なお，秘密開示のため加害者が雇用関係の終了を挑発したようなきわめて特別な場合にはその終了後であっても適用されうる（BGH GRUR 1955, 402.）。
㉗　Köhler/Bornkamm, a.a.O., §17 Rn. 59.
㉘　Köhler/Bornkamm, a.a.O., §17 Rn. 19ff.
㉙　BAG NJW 1988, 1686.
㉚　労働者発明法は，私的及び公的な業務に従事している労働者，公務員そして軍人の発明及び技術改善提案に適用される（1条）。
㉛　ただし，「雇用主が，書面で通知することによりそれを自由にし」，労働者が「自由に処分することができる」発明（労働者発明法8条）を除く。
㉜　Bartenbach/Volz, ArbnErfG, 5. Aufl., 2013, §24 Rn. 1
㉝　札幌地決平成6・7・8平成6年（モ）725号。特に雇用契約終了後について，田村善之『不正競争防止法概説〔第2版〕』（有斐閣，2003年）345-346頁。
㉞　通産省『前掲書』（注1）75頁。
㉟　小野昌延・松村信夫『新・不正競争防止法概説』（2011年，青林書院）340頁。
㊱　通産省『前掲書』（注1）76頁。
㊲　同上87頁。
㊳　中山信弘「営業秘密の保護に関する不正競争防止法改正の経緯と将来の課題（上）」『NBL』470号11-12頁。なお，田村『前掲書』（注33）343頁は，「営業秘密はいずれに

㊴　山根崇邦「不正競争防止法2条1項7号の『その営業秘密を示された場合』の再構成:投資用マンション事件を契機として」『Law & Technology』61号（2013年）63頁。ただし，営業秘密が，秘密管理された非公知の「事業活動に有用な技術上又は営業上の情報」と定義されていることから，当該情報を営業秘密としたことの伝達を以て，「営業秘密を示された」といえるかについては文言上疑問なしとはしない。

㊵　渋谷達紀『知的財産法講義Ⅲ〔第2版〕』（有斐閣，2008年）136・153-154頁。

㊶　竹田稔『知的財産権侵害要論〔不正競業編〕〔第3版〕』（発明協会，2009年）184頁。

㊷　本稿においては，①の見解が何故に知的財産権の帰属に関する規定を参照するのかという観点から，技術情報に関する営業秘密の保護と知的財産権の帰属規定との関係を検討するため，他の見解の当否を論じることはしない。しかし，①④以外の見解は，少なくとも技術情報に関して，本稿Ⅴ3で述べる知的財産権の帰属に関する規定を参照しなかった場合の問題が生じることになる。

㊸　前掲判決（注33）。

㊹　大阪地判平成10・12・22知財集30巻4号1000頁。

㊺　東京地中間判平成14・12・26平成12年（ワ）22457号。

㊻　知財高判平成24・7・4平成23年（ネ）10084号・平成24年（ネ）10025号。

㊼　特許庁編『工業所有権法（産業財産権法）逐条解説〔第19版〕』（発明推進協会，2012年）113頁。

㊽　通産省『前掲書』（注1）86頁。そもそもの立法の意図がその点にある。

㊾　同上86-87頁。

㊿　紋谷暢男「職務著作−職務発明等他の職務上の創作との関連」『コピライト』510号（2003年）7-9頁。

(51)　我妻榮『債権各論　中巻二（民法講義 V3)』（岩波書店，1962年）569頁。

(52)　東京高判平成12・12・25平成11年（行ケ）368号。特許法29条1項1号の解釈に関連して，社会通念上秘密扱いが暗黙裡に求められ，期待される場合に秘密を保つ義務が生じるとする。

(53)　この点は，Ⅳ1の④の見解がすでに述べている。渋谷『前掲書』（注40）155頁参照。

(54)　営業秘密とされた場合にも相当の対価の請求が認められうるとした事例として，東京地判昭和58・12・23判事1104号120頁。

(55)　多数に上るが，代表的な例として，東京リーガルマインド事件（東京地決平成7・10・16判時1556号83頁）がある。なお，この点について近時の裁判例を評価するものとして，経済産業省経済産業政策局知的財産政策室『営業秘密保護のための競業避止義務の締結の方法』（経済産業調査会，2013年）28-31頁。

(56)　Köhler/Bornkamm, a.a.O., §17 Rn. 59. 職業選択の自由等との調整の際に参照すべきと要素として対価を挙げる。

(57)　石田信平「退職後の競業避止特約（二）——ドイツの立法規制とその規制理念——」

『同志社法學』59巻6号（2008年）346頁。
(58) 東京地決平成18・5・24判時1956号160頁。東京地決平成22・9・30平成22年（ヨ）3026号）。
(59) 不正競争防止法2条1項7号の「示された」要件と職業選択の自由について，山本庸幸『要説不正競争防止法〔第4版〕』（発明協会，2006年）173頁参照。
(60) 渋谷達紀『特許法』（発明推進協会，2013年）75・77頁。ただし，合理的解釈として特許を受ける権利の承継人にも適用すべきとする。なお，特許庁『前掲書』（注47）91頁は，承継人についても適用があるとする。
(61) 小野・松村『前掲書』（注35）336頁は，職務発明について，守秘義務との関係から図利加害目的について困難な問題があることを指摘する。

(知的財産研究所研究員)

論　説　自　由　論　題

国際通商法における無差別原則と相互主義
―― 「分離」から「結合」へ ――

平　見　健　太

I　はじめに
II　無差別原則と相互主義
　1　"idealistic" な無差別原則と "pragmatic" な相互主義
　2　両原則の存在態様
　3　関連する諸概念の関係性
III　無差別原則と相互主義の「分離」から「結合」へ
　1　戦間期における無差別原則と相互主義の「分離」
　2　戦後における無差別原則と相互主義の「結合」
　3　緊張関係の存在
IV　おわりに

I　はじめに

　現代の国際通商関係を俯瞰すれば，WTOではドーハ・ラウンド交渉が頓挫し，他方で地域主義が爆発的に拡大しているという状況にあり，2014年1月時点でWTOに通報されている地域貿易協定の数は583にものぼる[1]。このような状況を捉え，第2次大戦後以来続く，「自由・無差別・多角主義」を基調とするGATT/WTO体制が危機を迎えているのではないかという声が挙がっている。すなわち，地域主義の拡大によって，「自由・無差別・多角主義」原理のうち，「無差別」と「多角主義」がWTO体制の下では貫徹しているとは到底言い難い状況にあることから，無差別原則の凋落が指摘されているのである[2]。

　以上の事実は，現代の国際通商関係における無差別原則の存在意義は何か，

という国際経済法にとって根底的な問題を我々に問い掛けていると言えるが，ここではこのような大きな問題を直接検討する余裕はないので，そのための分析視角を提示することを本稿の目的としたい。

ところで，かつてシュワルツェンベルガー（G. Schwarzenberger）が，「国際経済法の発展は，無差別と差別の綱引きを忠実に反映している」と指摘した通り[3]，通商秩序の基本原理とされる無差別原則（本稿では最恵国待遇原則に焦点を当てる[4]）は，歴史的にも度々その存在を脅かされてきた[5]。そこで注目すべきなのは，最恵国待遇原則の歴史を辿ってみると，その背後には往々にして相互主義の影があり，同原則の機能に大きく影響を及ぼしてきたことを窺わせるような，両者の相関関係が見出せるということである。

いくつか例を示すと，たとえば戦間期には，二国間主義やブロック経済の蔓延によって多角的通商関係は崩壊せしめられたが，その主たる要因は，後述するように各国が独自の立場から，排他的かつ相互主義的な通商利益の実現を優先するための種々の措置を採ったことにあった。その結果，国際社会には差別待遇が蔓延し，当時の二国間通商条約中の最恵国条項は存在するにもかかわらず実質的には機能不全に陥ったのであった。

第2次大戦後，GATTは最恵国条項を復権させ，無差別原則に基づく多角的通商関係を条約制度として再建することに成功した。その後の東京ラウンド交渉（1973–1979年）では，非関税障壁の規制に関する各種コードが成立したが，その受諾は各締約国の任意とされたため，GATT締約国間において法律関係の錯綜をもたらすこととなった。そのような状況において米国を含む複数のコード受諾国は，非受諾国に対してはコード上の待遇を与えないとする，"code conditionality" ないし "code reciprocity" という考え方を採用した。これは，より多くの締約国をコードに加入させるための相互主義に基づく誘因手段であったが，締約国間での差別を意味することからGATT 1条違反の疑義を生じさせ，無差別原則の弱化をもたらす実行であるとの批判がなされた[6]。

WTOへと発展する過程において以上の問題は克服されたが，今日ではドーハ・ラウンドの頓挫によって地域主義が拡大の一途を辿っており，結果的にWTO体制における無差別原則の地位は動揺しつつある。ラウンド停滞の背景には，体制内における先進国と途上国のパワーバランスの変化と，一括受諾方式の呪縛が存在することが指摘されており，現在159の加盟国からなるWTO体制の枠内で実効的な意思決定が行われず，結果的に自由化交渉が進められなくなっている。これは，WTO体制内で相互主義的な自由化が達成できなくなっていることを意味するが，そのような状況においては，各国が制度の枠外において二国間ないし複数国間でより容易に自由化を達成しようとするのは，ある意味自然の流れなのかもしれない。いずれにしても，地域主義の拡大によってWTO体制の最恵国待遇原則の侵食は深刻なものとなっており，その背景には，特定国との間での排他的かつ相互主義的な自由化を各国が競って達成しようとしている（相対利得の追求）という状況があるものと思われる。

　このように概観しただけでも，無差別原則の機能に相互主義が大きく関わっていることが示唆され，さらに言えば，無差別原則の機能は相互主義が発現することによって阻害されているようにも見える。両原則の以上のような相関関係を踏まえると，無差別原則が実際にどのように機能してきたのか，あるいは機能してこなかったのか，さらに今後この原則がどうあるべきなのかという問題を検討するためには，従来のように無差別原則だけを取り出して単独で論じるのではなく，むしろ両原則の関係性にこそ着目し，その関係性を通じて無差別原則を動態的に把握することが有用ではないかと思われる。

　そこで以下では，無差別原則と相互主義の関係性に着目し，そもそも両者の間にどのような関係性があり，GATT/WTO体制において両原則を同時に追求しようとすることがいかなる意義ないし問題点を有しているのかを，国際通商法の歴史的展開を踏まえつつ考察することとする。

II　無差別原則と相互主義

1　"idealistic" な無差別原則と "pragmatic" な相互主義

　無差別原則のうち，本稿で扱う最恵国待遇原則とは，「ある国の領域内で他の国，人または物に与えられる待遇で，第三国のそれらの対象が同様な場合にその領域内で与えられる待遇より不利でないもの[12]」を保障すべきことをいう。本原則を定めた条約規定が最恵国条項であり，伝統的には二国間の通商航海条約等に規定されてきた。その基本的機能は，条項に定められた対象事項につき，一方の条約当事国が第三国に与えた待遇の中で最も有利な待遇を，他の条約当事国にも均霑しなければならないという，いわゆる自動的均霑機能にある[13]。本機能がもたらす対象事項間の形式的平等の保障は，自由貿易発展の要求に適合し，競争条件の平準化による自由競争の実現に寄与してきた。

　二国間条約における伝統的な最恵国条項は，19世紀中葉から第1次大戦前までの自然的・自由主義的な国際経済秩序を背景に，各国の締結する通商条約に挿入されることによって本来独立の個々の二国間条約関係を自動的に媒介・結合してゆき，事実上の多角的通商関係を構築する原動力となった[14]。自由主義的秩序が崩壊し，国家による経済統制が強化された戦間期には，後述の通り各国による人為的かつ恣意的な経済統制策により条項は機能不全に陥ったが，第2次大戦後，条項は多数国間条約たる GATT に組み込まれることによって，復権することとなった[15]。

　その目的は，戦間期に蔓延した差別待遇を撤廃することを通じて，分断された多角的通商関係を再構築することにあった[16]。多角的通商体制を実現するためには，諸国間での無差別待遇の徹底が何よりも重視されたのである。その意味で，最恵国待遇原則は戦後のあるべき通商体制を構築するための鍵となる法原則と捉えることができ，ある種 "idealistic" な原則として性格づけられる[17]。

　他方で，国際関係における相互主義とは，2またはそれ以上の諸国の間にお

いて，相互に同一ないし同等な権利・利益を供与し，あるいは義務・負担を引き受けることによって，相互の間に待遇の均衡を維持する関係に立つことを意味する（相互主義の客観的側面）[18]。そして，自国が相手国に与える待遇と同等の待遇を自らも課されるという期待やおそれが，国家の行為を動機づけるという意味で，行為の社会的基盤をなすものである（相互主義の主観的側面）[19]。

　国際法学において相互主義は，主権国家が並存する分権的な国際社会において，国際法の形成・適用・履行確保を担保ないし促進するものとして把握されてきたが[20]，このことは国際経済法分野にも当然当てはまる[21]。とりわけ通商分野に即して言えば，相互主義は自由化（国際法形成）を促進するための原動力として特に重要な役割を果たしてきた。すなわち，外国との相互主義的な交渉に基づき獲得される自由化の利益（輸出の拡大）を国内の輸出産業に約束することによって，国の通商政策決定に大きな影響力を行使してきた国内の保護主義勢力に対置させる（自由化支持勢力としての輸出産業 vs 保護主義勢力としての輸入競争産業という構図の創出），という国内政治上の要請から，自由化に際して相互主義の仕組みが不可欠とされてきたのである[22]。このように通商分野における相互主義は，自由化を実現するための優れて現実的な要請から必要とされるものであり，その意味で "pragmatic" な原則としての性格をもつ[23]。

　ここでは，最恵国待遇原則を "idealistic" なものとして，他方で相互主義を "pragmatic" なものとして把握したが，これらの性格を前提とすれば，各国が通商関係において相互主義をその行動原理とするのはある意味自然の状態であり，他方で最恵国待遇原則を徹底し，関係国間における無差別待遇を実現・維持するためには，それ相応の国際協調の意識が必要となることが示唆されよう[24]。

2　両原則の存在態様

　以上，無差別原則（最恵国待遇原則）と相互主義を概観したが，これら２つの原則は GATT/WTO 法においていかなる位置を占めているのか。まず，最恵

国待遇原則は，GATT だけでなく他の WTO 諸協定の至るところで具体的に規定されており，その数は約20あるとされる。その中でも最も基本的かつ重要なのが，GATT 1 条 1 項の「一般的最恵国待遇」と題される規定である。同原則はこのように，加盟国に具体的な法的義務を課す規範として存在している。

他方で相互主義に関しては，GATT および WTO 協定の前文，あるいは GATT 28 条の 2 などにおいて，「相互的かつ互恵的な (reciprocal and mutually advantageous)」交渉が自由化交渉の原則である旨述べられているが，これは加盟国に法的義務を課すものではなく，行動原則にとどまるものと解されている。しかしながら，交渉にてひとたび形成された譲許利益の均衡については，その均衡を維持するための相互主義的な具体的規則が複数存在する。たとえば，譲許表の修正に関する GATT 28 条では，相互主義的な譲許利益の均衡を維持することに細心の注意を払うかたちで，具体的な修正手続が規定されている。また，「無効化・侵害」概念を中核とする特殊な紛争処理制度は，ヒュデック (R. Hudec) の指摘する通り，本来的には譲許利益の均衡が崩れた際にその均衡を回復するための制度として理解されるものである。さらに，代償および譲許の停止に関する DSU 22 条も，相互主義の消極的機能を利用した均衡回復のための規定となっている。このように，GATT/WTO 法上，相互主義は法形成段階においては行動原則にすぎないが，形成された自由化利益がひとたび実定法上の権利義務に転化した場合には，そのような法的利益の均衡を維持するために，相互主義が様々な具体的法規則に反映され，機能しているのである。

両原則は以上のように，GATT/WTO 法体制の在り方を規定する中核的な要素であるが，最恵国待遇原則は具体的な法規則として，他方で相互主義は様々な態様において存在している。したがって，両者の関係性を考察する際には，両原則がそれぞれいかなるレベル（実定法上の規則として制度化されたものか，あるいは法の外にあって機能する行動原則か）で存在し，いかなる局面（法形成・適用・履行確保のいずれかの段階）において機能しているのか，そして，どのよ

うに接点を有するのかについて問題毎に正確に把握する必要がある。

3 関連する諸概念の関係性

以上の考察を踏まえ、ここでは無差別原則と相互主義に関連する諸概念を取り上げ、各概念間の異同を検討することを通じて、両原則の意味ないし国際通商法上の位置づけをより明確化しておきたい。注目したいのは、無差別原則と最恵国待遇原則の関係、無差別原則と多角主義の関係、および、相互主義と二国間主義の関係である。

まず、無差別原則と最恵国待遇原則との関係性についてであるが、一般的に最恵国待遇原則は、内国民待遇原則などと共に無差別原則を構成する諸原則の1つとして捉えられており、両者は文脈に応じて互換的に用いられる概念である[30]。この点につき歴史を振り返ってみると、特に中世ヨーロッパにおいては、都市国家間において他の競争相手よりも有利な待遇（いわば、discrimination-in-favor）を獲得するための手段として最恵国条項が用いられたという事実があり[31]、その限りでこの時代の最恵国待遇原則を無差別原則として性格づけることは困難である。そして、関係国間における平等待遇（無差別待遇）の保障という今日の最恵国待遇原則の中核的概念は、古くても19世紀中葉以降に確立されたものであり、その意味では最恵国待遇原則の無差別原則としての歴史的基盤はそれほど強固なものとは言えないであろう[32]。

要するに、「最恵国待遇原則＝無差別原則」という図式は優れて現代的な把握であり、最恵国待遇原則の歴史的推移を一貫した論理で捉えようとする場合には、同原則を単純に無差別原則と同視することは適切ではない。しかしながら本稿は、20世紀以降、特にGATT/WTO体制における最恵国待遇原則に着目するものであり、同体制においてはそもそも戦間期に蔓延した差別待遇を撤廃するために最恵国待遇原則が採用されていることから、その限りで同原則は無差別原則と同義であるし、また同義であるべきである。以上に留意しつつ、

本稿でも最恵国待遇原則を無差別原則の1つとして位置づけることとする。

つぎに，無差別原則と多角主義（multilateralism）との関係性についてである。国際通商法における多角主義とは，多数国間（GATT/WTOの文脈においては，条約の全当事国間）における通商関係の構築を意味し，戦間期にみられたような排他的性格を有する二国間主義に対置される概念である。そして，それは単に多数国間でそれぞれ二辺的な通商関係が存在していれば良いのではなく，諸国が一群の集団となって協力し，通商関係における集団的な規律の導入ないしその実現を志向することが，とりわけ第2次大戦後の多角主義概念には含意されている[33]。

無差別原則と以上の多角主義の関係について，両者をほとんど同義のもののように扱っている見解も存在するが[34]，両者は決して同一の概念ではない。実際に，第2次大戦末期から始まった戦後経済秩序構想に関する米英間交渉において，多角主義の実現を特に重視していた米国は，無差別待遇の徹底と多角主義の実現が密接に関連することを踏まえつつも，両者をそれぞれ別の目標として掲げていたのであり，無差別原則と多角主義はあくまで別個のものとして扱われていたことが分かる[35]。また当時，多角主義の実現のためには，最恵国条項の復権による差別待遇の撤廃だけではなく，通商関係の制度化という観点も同じく重視されていた[36]。すなわち，第1次大戦以来続いた国内および国際経済の混乱を踏まえると，より自由な貿易を追求しつつも，通商関係を総体的に管理する必要性が認識され，そのために多数国間条約を用いた通商関係の制度化（国際協調に基づく制度化された多角主義）が追求されたのである[37]。

つまり，GATT/WTO体制における無差別原則は，多角的な通商体制を構築するための重要ではあるが1つの手段なのであって[38]，それゆえに，無差別原則と多角主義は親和性の高い概念ではあっても，厳密には目的（多角主義の実現）と手段（無差別原則の採用）の関係にあり，決して同義ではない[39]。

最後に，相互主義と二国間主義（bilateralism）との関係性であるが，この2

つの概念も互換的に用いられる場合が少なくない。しかしながら相互主義は，二国間だけでなく，多数国間のようなより多くの関係性の中においても理論的には追求可能である。ところが実際には，二国間関係が相互主義の追求に最も適した状況なので，歴史的にも多くの場合に相互主義が二国間主義の形態をとってきたという経緯がある。後述する，戦間期の特定国間における排他的な通商関係の構築や，現代の地域貿易協定の締結などが多くの場合に二国間関係において実現されているのは，相互主義が二国間主義の形態をとりやすいことの証左であろう。[40]このように，相互主義は二国間主義のかたちで発現する場合が多く，両者は実際上密接な関係にあると言えるが，イコールの関係にあるわけではない。上述の通り相互主義は多数国間関係においても追求可能であり，そのような相互主義の実現を図ろうとするのが，まさにGATT/WTO体制なのである。

Ⅲ　無差別原則と相互主義の「分離」から「結合」へ

1　戦間期における無差別原則と相互主義の「分離」

　戦間期の通商関係を振り返ってみると，それは無差別原則と相互主義が分離した状態であったと特徴付けることができる。19世紀中葉から20世紀初頭の間には，二国間通商条約の集積と当該条約中の最恵国条項の作用によって，ヨーロッパを中心とした事実上の多角的通商関係が構築されていたが，その背景には，自由市場の原理が尊重され，市場に対する国家の干渉がほぼ排除された，当時の自由主義的な国際経済秩序の存在があった。

　しかしながら，第1次大戦による経済的疲弊，その後の世界恐慌や金本位制の崩壊等によって国際経済は混乱を極め，各国は自国の国内経済安定を最優先するために，こぞって経済に対する統制を強化し，従前の自由主義的秩序は崩壊せしめられた。具体的には，各国は他の多くの国との経済関係を犠牲にし，一部の国との間でのみ相互主義的な通商利益を実現しようとする，保護主義

的・差別的な諸措置を採用していったのである。当時広範に用いられた，輸入割当，外国為替管理，清算協定，バーター取極，特恵制度などはその典型例であり，国際連盟経済委員会は，このような通商関係を「二国間主義（bilateralism）」と評していた。その結果，国際経済はブロック化し，多角的な通商関係は崩壊するに至った。ここでは，特定国との相互主義的な通商関係構築に没頭し，それ以外の国との関係は顧みないという「排他的な相互主義」の追求によって，最恵国条項は通商条約中に存在するにもかかわらず実質的には機能しない状態に陥り，結果的に無差別原則と相互主義が分離した状態（言い換えれば，相互主義のみが追求された状態）を生み出したのである。

2　戦後における無差別原則と相互主義の「結合」

　上述のような戦間期の苦い経験への反省を踏まえ構築された GATT は，両原則を同時に追求する道を選んだと言える。その焦点は，自由化のためには国内政治の現実的な要請から導入せざるを得ない相互主義と，あるべき多角的通商関係再構築のために必要とされた最恵国待遇原則を結合させることにあった。これは，相互主義を無差別原則を基礎とする多角主義の枠内に取り込むことによって，戦間期の「相互主義＝二国間主義」という図式を解体しようすることを意味する。

　ところで，無差別原則と相互主義を同時に追求しようとすること自体は，既に戦前から試みられていた。米国の1934年互恵通商協定法とそれに基づく一連の通商協定プログラムがまさにその例である。建国以来，条件付最恵国条項と自主関税制度を主軸とする通商政策を堅持し続けてきた米国であったが，この政策は自由化をほとんどもたらさず，さらには他国との軋轢を招くなど，米国にとって満足のゆく結果をもたらさなかった。このような状況を踏まえ，1919年に米国関税委員会は，条件付最恵国条項の欠点を指摘するとともに，無条件最恵国条項を採用するよう勧告した。

無条件最恵国条項への転換は1923年に一早く実現されたが，他方で依然として保護主義的な自主関税制度を採用し続けていたことから，交渉による関税引下（自由化）は事実上不可能であった。つまり，無条件最恵国条項を採用しただけでは自由化の促進という観点からはほとんど意味がなかったのであり，本稿に即して言えば，無差別原則のみを追求しても自由主義的な通商関係は構築し得ないことが理解されたのである。[45]

以上の経緯を踏まえ，無条件最恵国条項の採用とともに，外国との相互主義的な交渉を通じた関税率の設定を可能とする協定関税制度への転換を果たしたのが，1934年の互恵通商協定法（Reciprocal Trade Agreement Act）であった。本法の眼目は，相互主義的な関税引下交渉による自由化の実現と，無条件最恵国条項による無差別待遇の自動的保障を通じた通商関係の構築にあった。GATTは基本的にはこの互恵通商協定方式を引き継いだものであることから，本法は戦後通商体制の祖型をなし，その意味で歴史的意義は大きい。

しかしながら，互恵通商協定法自体は決して十分な成果をもたらしたわけではなかった。[46]というのは，本法に基づく通商条約の締結は，米国対相手国というかたちで二国間毎に行われるものであったことから，その条約関係は米国を機軸とした「二国間関係の束」として形成されていくこととなり，通商関係の構築は必然的にスローペースとなり煩雑を極めた。[47]また，米国が独自の立場から互恵通商協定方式を実行しても，当時の国際社会全体としての通商関係はほとんど何も改善されなかったが，このことも，二国間関係の束として通商関係を構築する手法の限界を露呈させることとなった。[48]

つまり，以上のような戦間期の経験を通じて理解されたのは，多角的な自由貿易体制を実現させるためには，相互主義は個々の二国間条約における二辺的関係を通じてではなく，多数国間関係においてこそ追求されるべきだということであり，それゆえに米国は，戦後構想において多数国間条約を用いた制度としての多角主義の実現を重視したのである。[49]以上の経緯から導かれた，多数国

間条約制度を舞台とした無差別原則と相互主義の結合という解は，戦後通商秩序の特質をなすものという意味で極めて重要である。

このような過程を経て，多数国間条約体制たるGATTにおいて無差別原則と相互主義は結合されることになったが，その帰結が次のような自由化の促進・維持メカニズムの原型である。すなわち，まず交渉国間での二辺的な利益交換の同等性を確保し，続いてその成果（譲許義務）を最恵国条項の均霑作用を通じて他の全当事国に対する義務へと転化させるというものである。

このメカニズムは，多数国間条約上の制度として機能するがゆえに，以下の利点を有している。まず，最恵国条項そのものに関して言えば，伝統的な二国間条約上の最恵国条項は「条約外部の不特定の第三国」との関係で機能するものであり，絶え間なく入れ替わっていく第三国との関係で享受しうる待遇の内容および範囲が変化しうる以上，当事者間の法律関係もそれだけ不安定なものにならざるを得なかった。これに対してGATTの最恵国条項は，あくまで条約内部において作用するものであり（条約当事国間の差別防止），上記のような「条約外部の不特定の第三国」を考慮する必要がない。譲許についてもひとたび一般化されると一定の場合以外は修正・撤回できなくなることから（GATT 28条），最恵国権利（譲許利益）の不安定性も除去されている。このようにGATTの最恵国条項は，二国間条約上の最恵国条項が有していた不確定性という欠点を相当程度克服するものとなっている[50]。

加えて，多数の条約当事国が同時に交渉を行うことによって（いわゆるラウンド交渉），交渉自体の効率性が上がるとともに，上述した最恵国条項の不確定性の克服と相俟って，自国の譲許がもたらす効果と獲得しうる譲許利益についての予測可能性が高まり，相互主義的な考慮に基づく交渉を進め易くなった[51]。

いずれも，二国間関係の束として通商関係を構築する際につきまとっていた欠点を補うものであり，このようなメカニズムがあればこそ，質・量ともに従来とは比較にならないほどの自由化が達成されてきたのである。これは，多角

主義の文脈における無差別原則と相互主義の結合がもたらした重要な成果と言える。

3　緊張関係の存在

　他方で，無差別原則と相互主義は併存することによって，両者の間に緊張関係を生じさせることにもなる。このことは，それぞれの原則が本来的に持っている性質の観点から一般的に考察することができる。

　そもそも無差別原則とは，同原則の適用対象たりうるすべての者に対して同一の待遇を与えることを目的としており，待遇の内容如何にかかわらず，一方的かつ一律に供与されるべきものである。他方で相互主義とは，二者以上の関係性の中で，自身が得る待遇と同一ないし同等の待遇を相手方にも与えようとするものである。つまり，相手方の行動を前提条件として，それに比例するかたちで自分の対応を決めるのが相互主義の本質なのであって（contingency and equivalence）[52]，相互主義に基づく行動は必然的に一方的なものにはなりえない。ゆえに，関係者が多くなる場合にはすべての者に対して一律の対応をとることは，理論的には可能であっても現実的には難しい。コヘイン（R. O. Keohane）は，相互主義が差別をもたらすものであると評し[53]，ヒュデックも，相互主義と無差別原則とが互いに矛盾しかねない原則であると述べているが[54]，それは相互主義が以上のような性質を持っているからにほかならない。要するに，一律の平等を志向する無差別原則と，その性質上，異なる待遇（差別）を導きやすい相互主義との間には，本来的に矛盾の可能性が潜んでおり，両者を同時に追求しようとすればその矛盾が発現しかねず，関係者が多数になる場合にはなおさらである。

　つぎに，GATT/WTO 体制に視点を移し，両者の緊張関係を相互主義の観点から説明してみたい。上述の通り，GATT/WTO はそれ以前の二国間通商条約とは異なり，理念的には多数国間での相互主義を追求しようとするもので

あるが，その交渉システム上，実際には以下のような緊張関係が生じうる。まず，①法の形成過程（交渉段階）においては，主として二辺的な関係での「経済的な利益交換の同等性」として相互主義が追求されるが，②その成果（譲許義務）が最恵国条項を通じて全当事国に対する義務へと転化すると，条約当事国間に網の目状の法律関係が形成されることになる。これはすなわち，最恵国条項の作用によって各当事国が互いに供与国（義務主体）であると同時に受益国（権利主体）になることを意味し，条約の全当事国間に「実定法上の権利義務関係の相互性」が設定されることになる。ただし，②の段階の相互主義はあくまで形式的・抽象的な権利義務関係の相互性なのであって，各当事国間に①の段階の相互主義が維持されていることを意味しない。むしろ，当初存在した「利益交換の同等性」としての相互主義は，最恵国条項の作用を通じて一般化されると，無差別性の中に埋没し希薄化してしまうのである（①の相互主義の変質）。コヘインは，GATT のメカニズムの下で任意の 2 カ国を取り上げてみても，多くの場合その国家間には譲許利益の同等性が存在しないことを指摘したが，このことは，当初の利益交換の同等性が最恵国条項の作用によって変質しうることを的確に表現している。

　つまり，上記①と②の 2 つの段階で，相互主義の意味内容にズレが生じうるのであり，その原因は最恵国条項の作用にあるということである。諸国が貿易自由化に際して本能的に追求する（国内政治上追求せざるを得ない）のは①「利益交換の同等性」という意味での相互主義であり，他方で，無差別原則に基づく多角的通商体制を多数国間条約を通じて実現・維持する場合には，②条約の全当事国間における「権利義務関係の相互性」という意味での相互主義も不可欠となる。いずれの相互主義を欠いても GATT/WTO 体制の基盤は脆弱なものとなるのであり，こうして①の相互主義と②の相互主義との間には，最恵国条項の機能を媒介として，不断の緊張関係が生じることとなるのである。

Ⅳ　おわりに

　戦後通商秩序の構想過程において，無差別原則と相互主義に依拠した多角的通商体制を構築することはいわば既定路線と考えられており，ITO 自体は挫折しつつも GATT として結実し，現在の WTO に至っている。しかしながら，ITO 憲章の起草過程において，交渉者の 1 人が次のような懸念を表明していたことは注目に値する。すなわち，無差別原則と相互主義という 2 つの目標は潜在的に衝突の可能性を秘めており，それゆえに，無差別原則よりも相互主義の方が重視されるべきだ，というものである[60]。後代の我々は，この指摘をどのように評価すべきだろうか。

　本稿では，冒頭に示した問題意識から，無差別原則と相互主義の関係性につき，主に歴史的・理論的考察を試みた。GATT/WTO 体制の成功の要因が無差別原則と相互主義の結合にありながらも，他方で，両原則間の緊張関係，言い換えれば相克関係もまた，同体制には潜在していることが理解されたであろう。

　以上の考察を踏まえ，本来的には相克関係にある無差別原則と相互主義を同時に追求しようとすることが，GATT/WTO 体制，あるいは国際通商法秩序の動態にいかなる影響を与えたのかという視角から，無差別原則に関わる種々の事例を具体的に分析し，現代における無差別原則の存在意義を再検証することが今後の課題である。

(1)　WTO, http://www.wto.org/english/tratop_e/region_e/region_e.htm (last visited 18 April 2014).
(2)　*E.g.*, "The Future of the WTO", Report by the Consultative Board to the Director-General S. Panitchpakdi (2004), para. 60.
(3)　G. Schwarzenberger, "Equality and Discrimination in International Economic Law (I)", *The Year Book of World Affairs*, Vol. 25 (1971), p. 163.
(4)　本稿では，無差別原則と最恵国待遇原則という 2 つの用語を文脈に応じて互換的に用

いることとする。両者の関係性については本稿Ⅱ3参照。
(5) G. Patterson, *Discrimination in International Trade* (1966).
(6) J. H. Jackson, *The World Trading System* (1989), pp. 143-145; J. A. Finlayson and M. W. Zacher, "The GATT and the Regulation of Trade Barriers", in S. D. Krasner (ed.), *International Regimes* (1983), p. 281.
(7) J. P. Trachtman, "International Trade: Regionalism", in A. T. Guzman and A. O. Sykes (eds.), *Research Handbook in International Economic Law* (2007), p. 160.
(8) この点の詳細な分析として，大矢根聡「国際規範の法化・遵守連鎖の逆説──WTOにおける法化の不均衡とその波及効果──」『国際法外交雑誌』112巻3号（2013年）42-50頁。
(9) 荒木一郎「多角的貿易体制は維持できるか」『国際問題』601号（2011年）30-31頁。
(10) 国内政治上，相互主義に基づく自由化メカニズムを構築した場合，保護主義勢力を押さえ込むためには自由化勢力を対置させ続けなければならず，それゆえに自由化への絶え間ない前進が必要になるという，いわゆる「自転車理論」については，*See*, I. M. Destler, *American Trade Politics* (4th ed., 2005), p. 18.
(11) 地域主義を舞台とした今日の自由化が，相互主義の論理に基づいていることを論じるものとして，伊藤一頼「相互主義の時代──その国際法上の意義と日本のEPA政策──」『ジュリスト』1418号（2011年）（以下，伊藤「相互主義」）；同「国際経済法における規範構造の特質とその動態」『国際法外交雑誌』111巻1号（2012年）62-63頁。
(12) 佐分晴夫「最恵国待遇」国際法学会編『国際関係法辞典〔第2版〕』（三省堂，2005年）。
(13) 西元宏治「最恵国待遇」小寺彰編『国際投資協定』（三省堂，2010年）56頁。
(14) 村瀬信也「最恵国条項論（2・完）」『国際法外交雑誌』72巻5号（1974年）78頁。
(15) 最恵国条項を多数国間条約内に位置づけることの意義については，拙稿「戦後国際通商秩序の再編過程における最恵国条項の変容」『早稲田大学大学院法研論集』145号（2013年）参照。
(16) UN Doc. E/PC/T/33, 1946, p. 9.
(17) *See*, J. Tumlir, *Protectionism* (1985), pp. 11, 70.
(18) 松井芳郎「国家管轄権の制約における相互主義の変容」村瀬信也・奥脇直也編『国家管轄権（山本草二先生古稀記念）』（勁草書房，1998年）43頁；M. Virally, "Le principe de réciprocité dans le droit international contemporain", *Recueil des cours*, Tome 122 (1967-III), p. 11; B. Simma, "Reciprocity" in R. Wolfrum (ed.), *The Max planck Encyclopedia of Public International Law*, Vol. 8 (2012), p. 651.
(19) 西村弓「武力紛争法の履行確保──相互主義と復仇──」村瀬信也編『武力紛争の国際法』（東信堂，2004年）685頁；Simma, *ibid.*, pp. 651-652.
(20) Simma, *ibid.*, pp. 652-655.
(21) *See*, Virally, *supra* note 18, pp. 79-80.

(22) 詳細は，柳赫秀「国際通商法における『公正・不公正貿易の区分』のレゾン・デートル (2)」『エコノミア』41巻2号 (1990年) 40-43頁。
(23) See, G. R. Winham, The Evolution of International Trade Agreements (1992), p. 44. Cf., J. H. Jackson, "Multilateral and Bilateral Negotiating Approaches for the Couduct of U. S. Trade Policies", in R. M. Stern (ed.), U. S. Trade Policies in a Changing World Economy (1987), p. 384.
(24) Cf., R. Hudec, Developing Countries in the GATT Legal System (1987), p. 218; R. Hudec, "Tiger Tiger, in the House: A Critical Appraisal of the Case against Discriminatory Trade Measures", in E.-U. Petersmann and M. Hilf (eds.), The New GATT Round of Multilateral Trade Negotiations (1988) (hereinafter, Hudec, "Tiger"), p. 196.
(25) W. J. Davey, "Non-Discrimination in the World Trade Organization: The Rules and Exceptions", Recueil des cours, Tome 354 (2011), pp. 235-269.
(26) GATT 1条を含む，最恵国待遇を定めるいくつかの規定の改正には，加盟国の全会一致が必要とされており，他の規定の改正に比べ厳しい改正手続が設定されている (WTO協定10条)。このことからも，最恵国待遇原則の占める重要な位置が理解される。
(27) A. Hoda, Tariff Negotiations and Renegotiations under the GATT and the WTO (2001), pp. 7-8.
(28) R. Hudec, The GATT Legal System and World Trade Diplomacy (2nd ed., 1992), pp. 23-47. See, UN Doc. E/PC/T/C.II/PV/12, 22 November 1946, pp. 13-14; UN Doc. E/PC/T/A/PV/6, 2 June 1947, p. 5.
(29) 相互主義の積極的・消極的機能については，山本草二「国際経済法における相互主義の機能変化」高野雄一編『国際関係法の課題 (横田先生鳩寿記念)』(有斐閣，1988年) 259-260頁。
(30) E.g., Finlayson and Zacher, supra note 6, p. 278; Davey, supra note 25.
(31) B. Nolde, "La Clause de la nation la plus favorisée et les tarifs préférentiels", Recueil des cours, Tome 39 (1932-I), pp. 24-31.
(32) Hudec, "Tiger", supra note 24, p. 177.
(33) See, J. Tumlir, "Emergency Protection against Sharp Increases in Imports", in H. Corbet and R. Jackson (eds.), In Search of a New World Economic Order (1974), p. 266; 金沢良雄「国際経済法に関する一考察 (2・完)」『法学協会雑誌』72巻4号 (1955年) 375-380頁参照。
(34) See, e.g., Davey, supra note 25, pp. 280-281. デイビーの理解が実際にはどのようなものであるかは不明だが，少なくともここで挙げた文献での記述ぶりからすれば，そのように評価しうる。
(35) See, G. Curzon and V. Curzon, "The Management of Trade Relations in the GATT",

in A. Shonfield (ed.), *International Economic Relations of the Western World 1959-1971: Vol. 1* (1976), pp. 143-147.
(36) J. H. Jackson, "The Birth of the GATT-MTN System", *Law and Policy in International Business*, Vol. 12, No. 1 (1980), pp. 28-29.
(37) 金沢良雄「国際経済法に関する一考察（1）」『法学協会雑誌』72巻3号（1955年）222頁。
(38) *See*, T. Flory, *Le G.A.T.T.: droit international et commerce mondial* (1968), p. 7; A. M. Johnston and M. J. Trebilcock, "Fragmentation in International Trade Law", *World Trade Review*, Vol. 12, No. 4 (2013), p. 646.
(39) 両者を明確に区別するものとして，Tumlir, *supra* note 33, p. 266.
(40) 昨今耳目を集めている TPP 交渉において，日本は同一産品であっても交渉国毎に異なる関税譲許を行う方針であることが報じられた。*Inside U.S. Trade*, Vol. 31, No. 35, 6 September 2013, pp. 12-13. 米国も同様の交渉態度をとっているが，このことは，複数国間の地域協定の内部においてさえ，二辺的なかたちでの厳密な相互主義的利益交換が試みられる場合があることを示しており，相互主義の考慮が地域主義内部の法律関係を個別の二辺的関係に分解しうることを意味している。伊藤「前掲論文」（「相互主義」）（注11）12頁。
(41) LN Doc. C. 379. M. 250. 1936. II. B, 12 September 1936, pp. 13-25.
(42) 詳細は，拙稿「前掲論文」（注15）233-239頁。
(43) H. C. Hawkins, *Commercial Treaties and Agreements* (1951), p. 74.
(44) U. S. Tariff Commission, *Reciprocity and Commercial Treaties* (1919).
(45) *See*, D. Irwin, "Reciprocity and the Origins of U. S. Trade Liberalization" in J. Bhagwati (ed.), *Going Alone* (2002), pp 68-71.
(46) K. Dam, *The GATT: Law and International Economic Organization* (1970), pp. 61, 64.
(47) *Ibid*.
(48) 当時，連盟主催のもと各種の国際経済会議が開催されたが，そこでも国際経済秩序の回復のためには多数国間条約の制度枠組が必要であることが指摘されていた。*E.g.*, LN Doc. C. 190. M. 92. 1933. II. B, 16 February 1933, p. 6.
(49) Curzons, *supra* note 35, p. 144; Jackson, *supra* note 36, p. 29.
(50) この点につき詳細は，拙稿「前掲論文」（注15）232, 243-244頁。
(51) Dam, *supra* note 46, pp. 63-64. *See*, Hawkins, *supra* note 43, pp.79-80.
(52) R. Axelrod, *The Evolution of Cooperation* (Revised ed., 2006), pp.118-120, 137; R. O. Keohane, "Reciprocity in International Relations" *International Organization*, Vol. 40, No. 1 (1986), pp. 5-8.
(53) R. O. Keohane, "Comment on 'Multilateral and Bilateral Negotiating Approaches for the Couduct of U. S. Trade Policies'", in Stern (ed.), *supra* note 23, p. 403.

(54) R. Hudec, "Like Product: The Differences in Meaning in GATT Articles I and III", in T. Cottier and P. C. Mavroidis (eds.), *Regulatory Barriers and the Principle of Non-Discrimination in World Trade Law* (2000), p. 109.
(55) この点に関する詳細な分析として，川瀬剛志「初期ガットにおける通商交渉と相互主義」『法学政治学論究』14号（1992年）参照。
(56) E. Decaux, *La réciprocité en droit international* (1980), pp.202-206; Virally, *supra* note 18, p.25.
(57) 柳赫秀「国際通商に関する法」『法学教室』276号（2003年）75頁。
(58) Keohane, *supra* note 52, p. 25.
(59) 極端な例ではあるが，かつて米国は通商法301条に基づいて，日本などを個別に狙い撃ちするかたちで一方的な報復をちらつかせ，相手国の貿易慣行の是正ないし産業構造の変革を迫った。この背景には，米国が上記①と②の相互主義の間に存在する大きなズレを問題視し，GATT の枠外で個別にその是正（①の相互主義の回復）を図ろうとしたものと評価できる。*Cf.*, A. C. Swan, "'Fairness' and 'Reciprocity' in International Trade Section 301 and the Rule of Law", *Arizona Journal of International and Comparative Law*, Vol. 16, No. 1 (1999), pp. 53-54.
(60) UN Doc. E. PC/T/C.II/3, 24 October 1946, p. 7.

【付記】

本稿は，日本国際経済法学会2013年度研究大会（2013年10月27日，立教大学）における筆者の報告「国際通商法における無差別原則と相互主義の相克」に基づくもので，報告内容の一部をより詳しく論じたものである。会員の方々からは報告の際のみならず，その後も様々なコメントを賜った。ここに記して感謝申し上げる。

（早稲田大学大学院法学研究科博士後期課程）

論 説 自 由 論 題

国家債務再編と投資協定仲裁
——集団行動条項の検討を中心に——

石 川 知 子

I はじめに
II アバクラット事件及びアンビエンテ事件の概要
　1 事実関係
　2 仲裁廷の判断
III アバクラット事件及びアンビエンテ事件管轄決定の，集団行動条項及び国家債務再編に対する政策的影響
　1 集団行動条項の機能
　2 アバクラット及びアンビエンテ両事件が集団行動条項に与える潜在的影響
　3 投資仲裁及び「債権者調整」問題
IV 投資協定仲裁の限界
　1 アルゼンチン国債のデフォルト及び再編に関する行為の性質
　2 管轄決定のための prima facie 基準
V おわりに

I はじめに

第二次世界大戦後，国家債務再編（Sovereign Debt Restructuring，以下「SDR」という。）はいくつかの重要な変更を経験してきた。ある国家に対する債権が専ら他の国家によって保有されていた時期には，非公式な債権者会合としてのパリクラブが，二国間対外債務の再編のためのアドホックな交渉の場及び枠組みを提供していた[1]。次に，1970年代後半，途上国に対する，民間の金融機関による貸付の急激な増加を契機として，代表的金融機関から構成される銀行諮問団が主導するロンドンクラブが，これらの貸付に係る債務再編のための交渉の場

として登場した。ロンドンクラブにおける債務再編交渉においては，債権者が特定かつ限定されていたため，支払条項に関する合意の形成に全員の同意を必要とするものであったにもかかわらず，債務国に対し不同意債権者が訴訟を提起するリスクは極めて低いものであった[2]。しかし，1989年，当時のブレイディ米国財務長官が打ち出したいわゆる「ブレイディ・プラン」により，SDRの様相は一変する。同プランは，残存債務を，市場において取引可能な商品としての国債（以下単に「国債」という。）に交換することをその主要な内容としていたところ，かかる国債は不特定多数の個人投資家によっても購入されるため，結果として，同プランは，債権者の構成に大きな変化をもたらすこととなった。かかる国債の再編はその交換によって行われるため，SDRが成功するか否かは，債権者による債務国の交換申出の受入率によって判断されることとなる。

　SDRの構造と性質がこのように変化する中で，迅速かつ秩序あるSDRの実現に向けた様々な提案がなされてきた。特に有力であった提案が，企業破産法制における会社再建にならったメカニズムの構築を志向する「法的アプローチ」と，個々の国債発行要項の改良を志向する「契約的アプローチ」である。前者として，国際通貨基金を中心として2000年代前半に提唱及び議論されたSDRメカニズム（Sovereign Debt Restructuring Mechanism, 以下「SDRM」という。）が存在するが，これは政治的サポートを得られず，現在に至るまで実現に至っていない。これに対し，契約的アプローチの発展の中で最も成功を収めたものが，国債の発行要項に集団行動条項を組み入れるという提案である。後に検討するように，この方法は，迅速かつ秩序ある国家債務再編の実現に対する最も大きな障害であるところの，国債交換申入れを受け入れない債権者（不同意債権者）が，債権額全額の支払いを求めて債務国を訴える，いわゆるホールドアウト訴訟のリスクに，次の仕組みによって対処する。集団行動条項は，特定多数の同意を要件として，本来の国債発行要項の重要事項に対する変更につき，不同意債権者に対しても法的拘束力を生ぜしめるものであり，その結果，

不同意債権者がホールドアウト訴訟を提起することは事実上不可能となる（この点の詳細な検討はⅢ.1において行う）。英国法，ニューヨーク州法及び日本法を準拠法とする国債が既に集団行動条項を採用していたことに加え，2010年11月に発表されたユーログループによる合意により，2013年1月以降ユーロ加盟国が発行する国債に集団行動条項を含むことが義務化された。かかる集団行動条項のほぼ統一的な採用は，SDRMの早期実現が見込まれない現状において，個々の国債発行要項に集団行動条項を規定するというアプローチが，迅速かつ秩序あるSDR実現のための最も現実的かつ実効的な方法と認められていることを示している。

　他方，近年，投資協定仲裁がSDRに新たな課題を提示している。2001年末に起こったアルゼンチンによる国債デフォルトの後，同国国債を保有する多数のイタリア人債権者が，アルゼンチン・イタリア二国間投資協定（Bilateral Investment Treaty, 以下「BIT」という。）に基づき，3件の投資協定仲裁を提起した。これらの仲裁は，投資紛争解決国際センター（International Centre for Settlement of Investment Disputes, 以下「ICSID」という。）の元で設立された仲裁廷により行われる，いわゆるICSID仲裁である。これらの事件のうち2件につき，それぞれ，2011年（アバクラット事件）及び2013年（アンビエンテ事件）に，管轄及び受理可能性に関する判断（以下単に「管轄決定」という。）が出された。両事件の仲裁廷はいずれも，その管轄決定において，個々の申立人に関する（国籍等の）管轄問題の検討は後の段階にゆずるとしつつ，管轄の一般的な要件は満たされており，請求は受理可能であると結論付けた。これにより，外債のSDRにおける不同意債権者に対し，投資協定仲裁の扉が初めて開かれたこととなる。ただし，両決定に対してはそれぞれ，Abi-Saab仲裁人（アバクラット事件）及びBernárdez仲裁人（アンビエンテ事件）による詳細な反対意見が付されている。

　以上を背景として，本稿は，投資協定仲裁をSDRに起因する紛争につき利

用することの限界を考察する。本稿の構成は次のとおりである。Ⅱ．では，アバクラット事件及びアンビエンテ事件の概要を紹介する。Ⅲ．では，これらの事件で問題となったアルゼンチン国債は集団行動条項を含んでいなかったものの，仮に集団行動条項が含まれていた場合，仲裁廷が採用したアプローチは，同条項の機能及び目的を損なっていたであろうとの仮説を検証し，これを前提に，かかるアプローチは，将来のSDRプロセスに阻害的な効果をもたらし得るものであることを論じる。Ⅳ．では，（アルゼンチン国債のSDRに起因する紛争につき一般的事項管轄を認める）仲裁廷のアプローチは，アルゼンチン・イタリアBITの解釈としても妥当でないことを，次の通り論証する。(a) 投資協定が規定する殆どの義務（例外として後に検討するアンブレラ条項がある）につき，その違反は，投資受入国の主権の行使に基づいてのみ生じるところ，外債のデフォルト及び集団行動条項の適用による契約条件の変更は，主権行為ではなく商業的行為に過ぎないから，かかる行為は，原則として，BIT上の義務違反を構成し得ない。(b) したがって，管轄判断におけるprima facie基準に照らし，そのような行為に起因する紛争は，殆どの場合，事項管轄を欠くというべきである。

　迅速かつ秩序あるSDRの実現は，債務国を早期に通常の経済成長の道筋に復帰させるという点において，外国投資の促進による締約国の経済発展という投資協定の主要な目的に沿うものである。両者が共通の目的を達成する手段であることに鑑みれば，投資協定仲裁の範囲を適切に限定することにより，両者がその趣旨を互いに損なうことなく調和的に発展することが求められるべきである。

Ⅱ　アバクラット事件及びアンビエンテ事件の概要

1　事実関係

アルゼンチンは，1991年から2001年にかけて，国際資本市場において，179

種類の国債（うち173種類が外国通貨建て）を発行したが，2001年12月，100億ドルを超えるこれら外債につき支払い停止を宣言し，デフォルトに陥った。2005年，アルゼンチンは最初の交換申入れ（以下「2005年交換申入れ」という。）を行い，続けて，法26,017（以下「緊急法」という。）を制定した。緊急法の内容は特に次を含むものであった。2005年交換申入れの対象となりつつ交換されなかった国債に関し，(1) 行政府（the Executive Branch of the government）は再度の交換申入れを行ってはならず，(2) 政府（the national government）は司法的，司法外，私的問わず，いかなる取引も開始してはならない。[8]2005年交換申入れに応じなかった不同意債権者は，米国（ほとんどがニューヨーク州）において訴訟を提起したが，その係属中に，2006年にアバクラット事件の申立人，2008年にアンビエンテ事件の申立人がそれぞれ集団で，代理機関を通じ，ICSIDに対し投資協定仲裁の申立てを行った。[9]その後アルゼンチンは，2010年に第2回目の交換申入れを行い（以下「2010年交換申入れ」という。），両事件共に，一部の申立人がこれに応じ仲裁手続を取り下げたため，両事件の決定が出された時点で，申立人の数はそれぞれアバクラット事件が約6万人，アンビエンテ事件が約90人であった。

2 仲裁廷の判断

前記のとおり，アバクラット事件については2011年，アンビエンテ事件については2013年にそれぞれ，仲裁廷の管轄を認める決定が出された。両事件の論点は共通しており，主要なものは，各代理機関の代理適格の有無，申立人が国籍要件を満たしているか否か，ICSID仲裁における集団請求の可否，問題となる国債がICSID条約上及びアルゼンチン・イタリアBIT上投資と認められるか否か，申立人の請求につき協定違反の疎明があるか，及び，申立人がBITの紛争解決条項に規定される協議要件等を満たしているか否かである。本稿の目的に照らし，以下ではこのうち，協定違反の疎明の有無という論点に限定し

て，仲裁廷の判断を紹介する。

　この点，アルゼンチンの，申立人の請求は協定上の請求を構成しない旨の主張に対し，アバクラット仲裁廷の多数意見（以下単に「仲裁廷」という。）は，アルゼンチンが，債務不履行に留まらず，その不履行を正当化し，債権者に対する支払義務の内容を修正することを目的として主権国家として介入したことがBITの潜在的違反を構成するとの理解を示し[10]，申立人が主張する事実は，仮にこれが認定された場合には「申立人が援用するBITの規定の少なくともいくつかの違反は構成し得る」と述べてこれを否定した[11]。また，アルゼンチンによる，申立人の請求は純粋に商業的性質のものに留まるとの主張に対しては，国債発行要項が規定する義務の一部の履行を免れさせる緊急法の制定は，「アルゼンチンの主権の行使に由来するものであり，したがって，アルゼンチンの行為はその主権に基づいており，契約法上の議論やメカニズムに基づいたり由来したりするものではない」と述べてこれを否定した[12]。これらの理由に基づき，仲裁廷は，prima facieの段階において，本事件で主張される請求は，主権の行使に基づく協定上の請求であると結論付けた。

　アンビエンテ事件において，アルゼンチンは，本件において問題とされる同国の行為は，(a) 外国法により規律され，したがって同国の立法管轄権が及ばない債券に係る権利（security entitlements）に対し主権を行使することは不可能であり，また(b) 債務不払いはそれ自体で国際法違反を構成するものではなく，したがって，協定上の請求の基礎を構成するものではない旨主張した[13]。これに対し，仲裁廷は，「アルゼンチン・イタリアBITの潜在的違反として認められる被申立国の行為は，債務不履行ということよりもむしろ被申立国がその債務を再編するに当たってその主権を用いたことにある」と述べて後者の議論を採用せず[14]，前者の議論についても，次の通り述べてこれを否定した。

　　「被申立国が，（国債発行要項に含まれる）選択法や管轄裁判所指定条項の存在を根拠とし

て、同要項に、当然アルゼンチンの立法管轄権が及ばないというのであれば、本仲裁廷はこの理由づけは採用しない。被申立国が、異なる法や管轄から生じる法的権利義務の条件を変更することができないことは明らかであるが、それにもかかわらず、被申立国は、その管轄（特に地理的管轄）の及ぶ範囲でこれらの債券（及びこれに係る権利）に影響を及ぼすことができる（例えば、行政権に対し、問題となっている請求につき何らの和解をすることを禁じるであるとか、国内の司法裁判所に、元の国債に基づく請求が持ち込まれた場合には法律上これらを新たに発行された国債に変更することを命じるといった方法によって）。」

以上をもとに、アンビエンテ事件の仲裁廷は、アバクラット事件と同様、管轄判断における prima facie 基準を適用し、申立人が主張するアルゼンチンの行為は「契約上の均衡を一方的に変更するものと解釈でき、したがって純粋な非主権的行為の範疇を越えるものである」から、これが事実として認定されれば、BIT 違反を構成し得る行為である旨結論付けた。

III アバクラット事件及びアンビエンテ事件管轄決定の、集団行動条項及び国家債務再編に対する政策的影響

1 集団行動条項の機能

多くの場合、債務国は、元の国債よりも債権者にとってより不利な条件で交換申込みを行う。この場合、SDR の成功は、どれだけの債権者が協調してかかる交換申込みに応じるかということにかかることとなる。ここで、不同意債権者によるホールドアウト訴訟が提起され、債務国が当該訴訟に何年も拘束される事態を避けるため、当該不同意債権者に対し支払を行うという事態は、債権者間の協調を阻害し、SDR プロセスをより困難にすることが指摘されている。ホールドアウト訴訟はしたがって、SDR プロセスに深刻な遅れをもたらし得るものであるが、集団行動条項は、次のとおり、ホールドアウト訴訟のリスクを大幅に軽減する。Taylor が提唱した集団行動条項の仕組みは、（特別）多数決行動条項、集団代表条項及び開始条項からなる。（特別）多数決行動条

項は，国債の発行要項及びその発行又は管理に係る契約条件を，重要な留保事項については特別多数，その他の事項については単純多数の合意により変更ができ，かかる変更は全ての債権者を拘束する旨の規定である（これにより，デフォルトという債務不履行は「治癒」される[21]）。すなわち，集団条項の働きにより国債の条件が変更された場合には，不同意債権者はもはや，その債権につき元の契約条件を援用することはできない。また，変更後の契約条件に基づきなされる支払は全債権者の間で按分されるため，ホールドアウト訴訟を提起するインセンティブは失われる。さらに，開始条項は，支払の一時延期を許す「クーリングオフ」期間を定め，この期間中は，債権者が債務の支払期限が到来していると主張して訴訟を提起することはできない[22]。以上から，集団行動条項は，不同意債権者による訴訟その他の債務再編阻止行為の危険を実質的に消滅させる効果を有する[23]。もっとも，集団行動条項が実際にSDRプロセスを促進するか否かについては異論も存在するが[24]，集団行動条項が，債権者間の協調を妨げるホールドアウト訴訟という要素を取り除く効果を有することは明らかであり，集団行動条項の国債発行要項への規定が，迅速かつ秩序ある国家債務再編のための，現状で実現可能な手段として広く採用されていることは先に述べたとおりである。

2 アバクラット及びアンビエンテ両事件が集団行動条項に与える潜在的影響

アバクラット及びアンビエンテ両事件において問題となったアルゼンチン国債は集団行動条項を含むものではなかった。しかしながら，Ⅱ.2で紹介した，両事件の仲裁廷による，申立人の請求が協定上の請求を構成すると結論付けるアプローチは，もし仮にこれらの国債が集団行動条項を含んでいたとしても，仲裁廷は同じく管轄を認めるという結論に至っていたであろうことを示唆している。このことを以下に論じる。

外国投資家と投資受入国との間の契約関係に起因する紛争において，当該契

約違反の有無にかかわらず，協定上の請求が独立して生じ得ることは，投資協定仲裁において確立した見解となっている。すなわち，ヴィヴェンディ対アルゼンチン第2事件において，仲裁廷は次の通り述べ，契約上の請求と協定上の請求の区別を明確に肯定した。「当該 BIT の第3条（公正衡平待遇）及び第5条（収用）は契約違反とは関わりがなく，独立の基準を設定するものである。国は契約違反なく協定違反を行うことができ，契約違反と共に協定違反を行うこともできる」。このアプローチは，その後の仲裁廷によっても維持されている。

このことは逆に，投資家の請求が投資受入国の契約違反のみに基づいている場合には，公正衡平待遇や収用といった規定の違反に基づく請求は生じないということを意味する。なお，これはもちろん，国際法違反の成立要件として，一般に，主権行為の存在が必要ということを意味するものではない。Crawford が述べるとおり，国際法違反の成否の問題は，「当該国が行う又は差し控える義務は何か，そして当該国はその義務に従っているか」にかかるのであり，これは個々の条約上の義務ごとに判断されるべきものである。ここで，後に検討するアンブレラ条項を除く，公正衡平待遇や収用といった BIT 上の義務については，その違反は投資受入国による主権の行使によってのみ可能であるということは，投資仲裁廷の一貫した立場である。例えば，公正衡平待遇の解釈につき，RFCC 対モロッコ事件の管轄決定において，仲裁廷は，投資受入国がかかる規定に違反し得るというためには，当該国が主権を行使したことが必要であるから，同仲裁廷が公正衡平待遇義務違反の有無を判断するに当たって検討するのはかかる主権の行使のみであり，このことは国際慣習法要求される最低待遇に関しても，公正衡平待遇に関してもあてはまる旨述べた。このアプローチは Impregilo 対パキスタン事件の管轄決定においても支持され，その後の仲裁廷によっても採用されている。アバクラット事件仲裁廷も，「ある特定の契約の当事者である投資受入国が，当該契約上からのみ生じる義務に違反したという場合は，これにかかる請求は純粋な契約上の請求である。」と述

べる。

　以上に照らせば，仮に仲裁廷が，不同意債権者の請求がデフォルト及び国債発行要項の再交渉に基づく契約上の請求に過ぎないと判断した場合，原則として協定上の請求の根拠は存在しないということになる。ただし，これに対する例外として，いわゆる「アンブレラ条項」がある。アンブレラ条項は一般に，投資受入国が特定の投資に関して負担するに至った義務の遵守を要求する規定であるところ，これが「いかなる義務も遵守する」といった広範な文言で規定される場合には，商業的契約を含む契約の違反が，契約上の請求のみならず，アンブレラ条項違反に基づく協定上の請求も生ぜしめることを認めるというのが有力な見解である。しかし，アンブレラ条項が仮に援用されたとしても，集団行動条項に基づく合意が成立した場合には，これに基づく請求は成立しない。なぜなら，先に検討したとおり，集団行動条項による契約条件変更に係る合意が成立した場合，その「債務不履行を治癒する」変更の法的拘束力は不同意債権者にも及ぶため，契約上，債権者は元の国債に係る債務の支払を請求する法的根拠を失うこととなる。ここで，契約違反を根拠としてアンブレラ条項違反を主張する場合，同条項は，「契約上の義務の性質を国際法に基づく義務に変換するものではない」から，契約の準拠法に基づき契約違反に基づく請求権が存在することは，同条項違反が成立するための必要条件となる（十分条件ではない。）。この点を，Schill は次のとおり説明する。

　「国際私法の観点からは，アンブレラ条項違反の有無を検討するに先立ち，（契約上の）義務及びその違反が存在するとの認定が第一義的に必要である」。

　以上から，投資家の請求を基礎づける投資受入国の行為の特定が，まず，決定的に重要となる。この点，アバクラット事件及びアンビエンテ事件仲裁廷が，緊急法の制定等を主権行為として特定し，これらは請求を基礎づける行為として BIT の潜在的違反を構成し得ると認定したことは先に紹介したとおりである。かかるアプローチによれば，債務国の契約上の地位に関わらず，債務国に

対する協定上の請求が生じ得ることとなる。これを，問題となる国債が集団行動条項を含んでいたという仮定の事案に適用した場合の帰結は次のとおりとなろう。集団行動条項に従い，不同意債権者が，特定多数の同意により変更された（支払時期及び支払額といった重要な）契約条件に法的に拘束され，したがって元の契約条件に基づく支払請求権を失った場合であっても，不同意債権者は，債務国が SDR に当たって主権を行使し，かかる主権行為が投資協定違反を構成すると主張することによって，投資協定仲裁において，（変更前の）債権額の支払を求めることができる。言い換えれば，両仲裁廷のアプローチによれば，協定上の請求は集団行動条項の存在によって影響を受けない。

以下では，このアプローチが今後の SDR プロセスにもたらす潜在的影響，かつ，SDR プロセスの阻害が国債の債権者及び債務国双方に及ぼす不利益について考察する。

3　投資仲裁及び「債権者調整」問題

アバクラット事件及びアンビエンテ事件両仲裁廷のアプローチが，集団行動条項の機能を潜在的に無効化し得ることは先に述べたとおりである。さらに，投資協定仲裁，特に ICSID 仲裁は，次の理由から，ホールドアウト訴訟に比べても一層，債務国による国債交換申込みに応じる動機を減殺させかねない。

ICSID 仲裁は，ホールドアウト訴訟によって得られる外国判決と比較して，獲得した債務名義につき，その最終的な満足が得られやすい。ICSID 条約54条1項1文は，「各締約国は，この条約に従って行なわれた仲裁判断を拘束力があるものとして承認し，また，その仲裁判断を自国の裁判所の確定判決とみなしてその仲裁判断によって課される金銭上の義務をその領域において執行するものとする。」と規定する。このことは，外国判決の承認執行が原則として執行国の国内法に委ねられていることと対比をなすものである。その上，ICSID 仲裁判断は極めて高い「自主的履行」率を誇る。ほとんどの仲裁判断につき，

被申立国は最終的にはその金銭上の義務を，仲裁判断に基づきまたは仲裁判断後の和解に基づき支払っており，したがって，執行の場面における主権免除の「障害」を考慮してもなお，最終的な満足を得るという側面において，外国裁判所の判決よりも有利な紛争解決フォーラムであるといえる。

このように，不同意債権者が ICSID 仲裁を提起して，その債権額満額につき債務名義を得た場合，その債務名義は実務上満足を受けることが高く予想されるという結果は，ホールドアウト訴訟以上に，債権者が（元の国債よりも不利な内容の）新国債への交換申入れに応じる意欲を大いに損なうものといえる。したがって，集団行動条項に基づき，特別多数の同意を得ることは事実上困難となり，集団行動条項による SDR プロセスの迅速化という目的は大いに損なわれることとなる。[42]

IV 投資協定仲裁の限界

アルゼンチン国債のデフォルト及び再編に関し，投資協定仲裁の利用を制限する必要性は以前から指摘されており，管轄制限のための1つの有力なアプローチとして，同国債は ICSID 条約25条1項の「投資」に該当しないため，ICSID 仲裁の管轄は及ばないという見解が存在する。[43] この論点の詳細な検討は本稿の目的ではないが，ICSID 仲裁については，期間の（潜在的）短さ，投資受入国に対する「経済的貢献」の程度，地理的関連性の稀薄さ等を根拠とするこの見解には強い説得力があり，ICSID 仲裁の管轄を否定する極めて有力な根拠を構成する。他方，投資協定の中には「金融商品」を明示的に投資財産の定義に含むものが存在するところ，[44] この見解が，ICSID 条約25条1項という制約を持たない非 ICSID 仲裁（例えば UNCITRAL 仲裁規則に基づくアドホック仲裁）[45]にも適用可能か否かは必ずしも明らかでない。このことを踏まえ，本稿では以下，ICSID 仲裁及び非 ICSID 仲裁双方に適用される，国家行為の性質に着目をした，管轄制限のための理論を提唱する。

1 アルゼンチン国債のデフォルト及び再編に関する行為の性質

アンブレラ条項を例外として，投資協定上の義務の違反は国家による主権行為によってのみなされ得ることは先に検討したとおりである。そこで以下，アルゼンチンによる，国債のデフォルト及び再編に関する行為が主権行為に当たるか商業的行為に当たるかという問題を，次の順序で検討する。まず，国債の発行，デフォルト及び再編という行為の性質は，これまで，国内裁判所の管轄に関する国家主権免除の適用可否という文脈で議論されてきたため，これらの議論における，主権行為と商業的行為との間の区別の基準を概観する。次に，この基準が，投資協定の義務の成否の判断のために国の行為の性質を決定する，という異なる文脈においても適用されるべきか否か，適用されるとした場合に，どのような考慮が必要かを検討した後，これらの考慮をアルゼンチン国債のデフォルト及び再編に係る行為にあてはめ，かかる行為は，投資協定の適用上，商業的行為と考えるべきものであることを論じる。

(1) 主権免除と国家行為の性質

制限的主権免除は，国際規範[46]及び国内法[47]の両者において広く認められており，これらの規範は共通して，主権免除を原則としつつ，一定の，主権免除が及ばない例外を定める[48]。これらの例外のうち最も重要なものが「商業的行為の例外」であり，主権行為と商業的又は私的行為を区別するための基準が問題となるが[49]，これに関し，これまで，行為の目的に着目するアプローチと，性質に着目するアプローチが議論されてきた。前者については，国家の行為につき公益目的の存在を主張することは通常であり，また殆ど常に可能であるため[50]，この基準によると，制限的主権免除が適用される場面が極めて狭まるという問題点が指摘される[51]。外債の主な準拠法はニューヨーク州法及びイングランド法であるが[52]，両管轄ともに，行為の性質を第一義的な判断基準とするとの立場が明確に採用されている（以下，この立場を「性質重視基準」という）[53]。

問題はしかし，勿論，基準の適用，すなわち，行為の性質をいかに決定する

かというところにある。行為の性質の判断は様々な考慮を必要とする複雑なプロセスであり，それが一般に通常の私人においてもなし得る行為であるか否かということのみによって判断されるべきものではない。特に，行為の性質は，ある特定の請求が国に対してなされたという文脈の中で，問題となる取引の相手方からなされる請求に照らし判断されるべきものであり，そうであるならば，私人である当該相手方による当該取引の性質に関する認識は，行為の性質を考慮する上での一要素を構成する，というべきである。

(2) 投資協定仲裁における「性質重視基準」の適用

複数の投資仲裁判断又は決定において，国が行う取引行為が主権的行為か商業的行為かの区別は第一義的には取引の性質により判断し，目的はその判断を補完するための副次的な役割を果たすに過ぎないことが明確にされており，「性質重視基準」は投資協定仲裁においても採用されているということができる。

しかし，投資協定仲裁におけるこの問題の検討は，制限的主権免除の適用という場面とはその目的と文脈を異にする。後者において，国の行為の性質が，主として国内法（例：英国1978年主権免除法，米国1976年外国主権免責法）の解釈の問題として，主権免除の可否を判断するために検討されるのに対し，前者においては，国の行為の性質は，契約上の請求と協定上の請求の区別を行い，投資協定の解釈として事項管轄の成否を判断するために検討される。この目的及び文脈の相違に照らせば，投資協定仲裁において性質重視基準を適用するにあたっては，投資協定の趣旨及び目的を考慮することが必要となる。ここで，投資協定の主要な目的は，投資受入国の規制に服する一方で，投資受入国の政策意思決定に参加することができない外国投資家及びその投資に対し，国際法上の保護を与えることによって外国投資を促進することにある。勿論，締約国がこの趣旨を越えた追加的なコミットメントを行うことは可能であるし，先に検討した（広範に規定される）アンブレラ条項はその1つの例と解釈され得るであろ

う。しかし，アバクラット事件やアンビエンテ事件の仲裁廷が問題とした収用や公正衡平待遇といった義務は，かかる伝統的な投資協定の枠組みの範囲内に留まる義務であり，そうであるならば，これらの義務に関する投資協定仲裁廷の事項管轄は，かかる投資協定の趣旨に照らして判断されるべきである。

以上を前提に，次に，国債発行，デフォルト及び再編に係る行為の性質の検討を行う。

(3) 国債発行，デフォルト及び再編の性質——主権免除の文脈で——

国際市場における国債発行に係る2つの主要な紛争解決フォーラムである，イングランド裁判所及び米国裁判所において，国債のデフォルトがどのように扱われてきたかにつき考察する。まず，英国1978年主権免除法は，主権免除が及ばない商業的行為は「貸付その他資金の提供のための取引及びかかる取引に関する保証及び填補又は他の金融債務」を含むと規定し，同法コメンタリーは，「資金の提供のための取引」が「公債その他無記名式債券，デリバティブ取引，信用状，為替手形又は約束手形及び債務証券の提供を含むことは明らかである」と述べる。米国1976年外国主権免責法においては，主権免除の対象外となる商業的行為に該当する行為は定義されていないが，合衆国最高裁判所は，Weltover 対アルゼンチン事件において，アルゼンチンによる外債発行およびそのデフォルトに伴う債務再編は同条同項にいう商業的行為に該当することを認め，これ以後，米国 FSIA の下「国家の外債発行およびデフォルトはその発行目的およびデフォルトの理由にかかわらず，ほぼ例外なく商業的行為と取り扱われてきた」といわれる。

なお，上記は裁判管轄からの主権免除に関するものであり，執行からの主権免除に係るものではない（後者の判断は，対象資産の性質等別個の考慮を必要とする）。しかし，本稿の目的上重要な点は，国際市場における国債発行に係る主要な紛争解決フォーラムにおいて，国債発行，デフォルト及び再編は商業取引又は商業的行為として取り扱われており，国債に係る債権者の権利は，管轄上

の国内裁判所において追求することが可能ということである。以上を前提に，次に，投資協定仲裁における，アバクラット事件及びアンビエンテ事件で問題となったアルゼンチン国債のデフォルト及びその後の再編の性質につき検討する。

(4) アルゼンチン国債のデフォルト及び再編の性質——投資協定仲裁の文脈で——

この問題の検討にあたりまず重要なことは，先に述べたとおり，アバクラット事件及びアンビエンテ事件で問題となった国債は，アルゼンチン以外の国の法律を準拠法とする外債であったという事実である。このことは，債務国（発行国）であるアルゼンチンは，法律の制定等により，その国債発行要項の内容に変更を加えることができないということを意味する。言い換えれば，債権者の法的権利は投資受入国の規律に服さないのであるから，投資受入国はこれらの債権に対してその主権を行使することはできない。この意味で，債務国は同債権との関係では，国債発行に係る国際金融市場の一市場参加者として行動しているに過ぎない。

この点，先に述べたとおり，アバクラット事件及びアンビエンテ事件仲裁廷は，いずれも，SDR プロセスの中でアルゼンチンが緊急法を制定したといった事実等をもって，主権の行使が存在した旨認定している。確かに法令の制定という行為はそれ自体，通常の私人がなしえない主権の行使である。しかし，先に検討したとおり，行為の性質は，当該問題となる取引及び請求を行う債権者との関係で判断されるべきであるところ，債権者の権利がアルゼンチンの規制の適用を受けず，したがってその主権に服していないことは先に検討したとおりである。とすれば，緊急法の制定という事実は，債権者との関係で，投資受入国が市場参加者として行動しているという，国家行為の性質を変更するものではない。

もっとも，この点はアンビエンテ事件の仲裁廷も認識しており，同仲裁廷は「投資受入国が法律や命令を出したとしても，それが直ちに主権の行使を意味

するものではな」く「被申立国は異なる法律や管轄から生じる法的権利義務関係の条件を変更できないことは明らかである」と述べる。にもかかわらず，同仲裁廷は，先に引用したとおり，被申立国の地理的管轄内でこれらの国債に係る権利に影響を及ぼすことは可能であった旨述べ，このことをもって，協定違反が成立し得る旨述べている。(64)このアプローチは，主権行為と商業的行為の区別を，緊急法の制定等が債権者の権利に与える実質的な影響に掛からしめるものといえるが，最も債権者の権利に影響を与える行為はデフォルトというべきところ，これが主権行為と認められない場合に，なぜ緊急法の制定のみが主権行為とみなされるのかという点を説明し得ていない。問題となる債権が緊急法の適用を受けず，アルゼンチンの規制権限の外にある場合に，同法の制定が債権に実質的な影響を与えることをもって，当該債権との関係で主権行為となり得るとすることは理由を欠くというべきであろう。

　また，先に述べたとおり，性質重視基準を投資協定の文脈で適用するにあたっては，投資協定の目的及び趣旨に照らした考慮が必要であるところ，投資受入国の規制権限に服する外国投資に対する保護を与えるという投資協定の趣旨に照らせば，外国投資家及びその投資が投資受入国の規制枠組みの外にあるときには，投資協定は原則としてその役割を失うというべきである。

　その上，債務国であるアルゼンチンが，その発行する国債に関し，イングランド裁判所及び米国裁判所において裁判管轄に服することは先に検討したとおりであるところ，このことも，債務国が投資受入国と債権者が契約上対等な関係に立っていることを強く示唆する。さらに，先に検討した通り，債権者の，国との関係に対する認識又は「合理的な期待」は，国の行為の性質決定に当たって考慮すべき一要素であるが，外債の債権者は，自己の権利義務関係が外国法により規律され，かつ債務国以外の国の管轄裁判所に服することを前提に，言い換えれば，自己の権利が債務国の主権に服しないことを認識して当該外債を購入している。

以上から，アバクラット事件及びアンビエンテ事件で問題となった SDR に関する行為は，主権行為とは認められず，したがって，公正衡平待遇や収用といった義務の違反を構成しない。以下，このことをもって，両事件においては，事項管轄の判断における prima facie 基準に照らし事項管轄を欠くとの結論が採用されるべきであったことを論じる。

2　管轄決定のための prima facie 基準

　事項管轄を認めるためには，申立人は，その請求が投資から生じたものであることの他，その主張する事実が最終的に証明された場合には，その事実が問題とされる「投資協定の規定の適用を受けること」又は「投資協定の規定の違反を構成し得ること」を疎明する必要がある (prima facie 基準)[65]。すなわち，仲裁廷は，管轄決定の段階において，主張される事実とその事実に基づく請求の法的基礎との間の繋がりを確定する必要がある[66]。Prima facie 基準をアバクラット事件及びアンビエンテ事件に適用した場合，主張される収用や公正衡平待遇といった義務との関係では，商業的行為に過ぎないアルゼンチンの行為は，その存在が立証されたとしてもこれらの義務の違反を構成し得ないのであるから，主張される事実によれば請求の法的基礎を欠く。したがって，これらの義務との関係では事項管轄を欠くという結論が妥当である。

　なお，以上は，SDR に起因する紛争はいかなる場合であっても投資協定仲裁の管轄外とすべきと主張するものではない。例えば，該当する投資協定が明示的に国債を投資財産の定義に含め，かつ，これに関し主権の行使があったと認められる場合（例えば，2012年，ギリシャが同国の法律に基づき発行された国債をデフォルトした際，同国は「Greek bondholder Act」の制定により，実質的に，同国債の条件を遡及的に，集団行動条項を含む内容に修正したが，かかる行為は，国債に関する主権の行使と認められる可能性が高いであろう。)[67]，他の要件を満たせば，事項管轄が認められることは十分に考えられる。ただしこの場合であっても，本案の

段階で投資協定上の義務違反が認められるか否かは別個の問題であることには注意が必要である。

V おわりに

　本稿は，国債発行要項への集団行動条項の規定が，迅速かつ秩序ある SDR 実現に向けて最も広く採用されているアプローチであるとの現状のもと，アルゼンチン国債のデフォルトに起因する紛争において，アバクラット事件及びアンビエンテ事件の各仲裁廷が採用したアプローチは，潜在的に集団行動条項の目的を損ない得るものであり，SDR プロセスを阻害する効果を有することを検証した。その上で，両事件の事実関係のもとでは，申立人がその侵害を主張する国債に係る権利は，投資受入国の管轄に服さず，したがって，かかる国債のデフォルト及びその再編に関する投資受入国の行為は，原則として投資協定義務の違反を構成し得ない商業的行為に留まること，したがって，これらにつき，事項管轄の判断基準である prima facie 基準に照らし，事項管轄は認められるべきでないことを論じた。迅速かつ秩序ある SDR は，大多数の債権者の利益となるのみならず，債務国が通常の経済成長の道筋に戻るために不可欠であり，この意味で，その実現は，投資受入国の発展という投資協定の目的と趣旨に合致するものである。そうであるならば，SDR が善意の（bona fide）プロセスとして行われている限りにおいて，不同意債権者が，投資協定仲裁を，集団行動条項により合法的に課せられる契約上の制限を回避するための手段として利用することを認めるべきではない。本稿が提案した管轄制限のための理論が，投資協定仲裁の利用と，迅速かつ秩序ある SDR という目的との均衡を図るための 1 つの有効なアプローチとなることを願うものである。

(1) See Udaibir S. Das, Michael G. Papaioannou, and Christoph Trebesch, 'Sovereign Debt Restructurings 1950-2010: Concepts, Literature Survey, and Stylized Facts', IMF Working Paper, Monetary and Capital Markets Department, WP/12/203 (2012); 浅川

雅嗣「国家財政破綻への対応——国際金融における実例を基に——」財務省財務総合政策研究所『フィナンシャル・レビュー』2011年2号（通巻103号）（2011年1月）91頁，94-101頁。
(2) F. Sturzenegger and J. Zettelmeyer, Debt Defaults And Lessons From A Decade Of Crises (MIT Press, 2007) p. 13.
(3) K. Tsatsaronis, 'The Effect of Collective Action Clauses on Sovereign Bond Spreads', Bank for Intl Settlements Q. Rev (Nov. 1999) 22; M.L.J. Wright 'The *Pari Passu* Clause in Sovereign Bond Contracts: Evolution or Intelligent Design?' 40(1) Hofstra Law Review (2011-2012) p. 112.
(4) John Taylor 財務次官の提唱により，2003年以降にニューヨーク州法に基づき発行される国債の大多数に集団行動条項が含まれることになった (J.B. Taylor, 'Grants and Sovereign Debt Restructuring: Two Key Elements of a Reform Agenda for the International Financial Institutions', Testimony of John B. Taylor, Under Secretary of the Treasury for International Affairs before the Joint Economic Committee, February 14, 2002, PO-1016 (http://www.treasury.gov/press-center/press-releases/Pages/po1016.aspx); See also Das, Papaioannou and Trebesch, *supra* note 1.
(5) 欧州安定メカニズム設立協定 (Treaty Establishing the European Stability Mechanism) 12条3項。
(6) *Abaclat and others v. Argentina*, ICSID Case No. ARB/07/5 (「アバクラット事件」); *Ambiente Ufficio and others v. Argentina*, ICSID Case No. ARB/08/9 (「アンビエンテ事件」); and *Giovanni Alemanni and others v. Argentina*, ICSID Case No. ARB/07/8 (registered on 27 March 2007).
(7) Abi-Saab 仲裁人は，2011年11月に同事件の仲裁人を辞任している。
(8) アバクラット事件管轄決定 para. 79.
(9) ICSID 仲裁への付託を受け，これらの訴訟手続は停止されている（アバクラット事件管轄決定 para. 82）。
(10) アバクラット事件管轄決定 paras. 320, 324.
(11) アバクラット事件管轄決定 para. 314. 仲裁廷は，かかる BIT の規定として，公正衡平待遇，収用の際の補償，内国民待遇の各義務に言及した。
(12) アバクラット事件管轄決定 para. 323.
(13) アンビエンテ事件管轄決定 paras. 523, 525.
(14) アンビエンテ事件管轄決定 para. 543.
(15) アンビエンテ事件管轄決定 para. 547.
(16) Prima facie 基準についてはⅣ.2参照。
(17) アンビエンテ事件管轄決定 paras. 548-549.
(18) Das, Papaioannou and Trebesch, *supra* note 1.
(19) S. James, 'Sovereign *pari passu* clauses: don't cry for Argentina - yet' (December

2012) (http://www.cliffordchance.com/publicationviews/publications/2012/12/sovereign_pari_passuclausesdontcryfo.html) p. 7.

(20) 前掲（注4）参照。

(21) M. Gugiatti and A. Richards, 'The Use of Collective Action Clauses in New York Law Bonds of Sovereign Borrowers' 35 Geo. J. Int'l L. (2003-2004) p. 823.

(22) C. Barraud, 'How to Prevent and Solve a Classic Sovereign Debt Crisis: Beyond the debate CAC vs. SRDM' (2009) (http://www.boeckler.de/pdf/v_2009_10_30_barraud.pdf)

(23) *NML Capital Ltd v The Republic of Argentina*, 699 F. 3d 246 (26 October 2012)において、合衆国連邦第2巡回区控訴裁判所は、集団行動条項は実質的にホールドアウト訴訟の可能性を廃絶するものである旨述べる (p. 27)。

(24) Pitchford 及び Wright は、集団行動条項は「交渉コストのフリーライド」を誘発するためむしろ SDR の遅延を招く可能性があると指摘する (R. Pitchford and M.L.J. Wright, 'Holdouts in Sovereign Debt Restructuring: A Theory of Negotiation in a Weak Contractual Environment' 79(2) Review of Economic Studies (2012) p. 812. 類似の指摘をするものとして、H.S. Shin et al, 'Analytics of sovereign debt restructuring' (2003) (http://hyunsongshin.org/www/jie3.pdf). これに対し、かかる見解を否定するものとして、S.J. Galvis & A.L. Saad, 'Collective Action Clauses: Recent Progress and Challenges Ahead' 35 Geo. J. Int'l L. 713 (2003-2004) p. 713.

(25) *Compañía de Aguas del Aconquija S.A. and Vivendi Universal S.A. v. Argentina*, ICSID Case No. ARB/97/3, Award of 20 August 2007, para. 7.3.10.

(26) See e.g. *Enron Creditors Recovery Corporation and Ponderosa Assets, L.P. v. Argentina*, ICSID Case No. ARB/01/3, Decision on Jurisdiction (Ancillary Claim) of 2 August 2004, paras. 48-50; *Camuzzi International S.A. v. Argentina [I]*, ICSID Case No. ARB/03/2, Decision on Objections to Jurisdiction of 11 May 2005, paras. 83-90; *Helnan International Hotels A/S v. Egypt*, ICSID Case No. ARB/05/19, Award of 3 July 2008, paras. 102-104.

(27) J. Crawford, 'Treaty and Contract in Investment Arbitration' 24(3) Arb Intl (2008) p. 356。国際法委員会第50回会期（1998年4月20日から6月12日及び7月27日〜8月14日）において、国家への責任帰属に関する国家責任法条文草案第5条（現第4条）に関する、同委員会からの「国の機関による全ての行為が、当該行為の性質が jure gestionis 又は jure imperii かに関わらず、当該国に責任帰属するか。」という質問 (Report of the ILC, 1998/A/53/10 (http://legal.un.org/ilc/documentation/english/A_53_10.pdf) para. 35) に対し、国連総会第6委員会の全委員は、全員一致でこれを肯定した (Crawford, *ibid.* p. 357)。

(28) *Consortium RFCC v. Royaume du Maroc*, ICSID Case No. ARB/00/6, décision sur la compétence du 16 juillet, para. 49.

⑵⑼ *Ibid.* para. 51.
⑶⑼ *Salini Costruttori S. p. A. and Italstrade S. p. A. v. Jordan*, ICSID Case No. ARB/02/13, Decision on Jurisdiction of 9 November 2004, paras. 154-155.
⑶⑴ E.g. *Bayindir Insaat Turizm Ticaret Ve Sanayi A.S. v. Pakistan*, ICSID Case No. ARB/03/29, Award of 27 August 2009, para. 180; *Burlington Resources Inc. v. Ecuador*, ICSID Case No. ARB/08/5, Decision on Jurisdiction of 2 June 2010, para. 204; *Bureau Veritas, Inspection, Valuation, Assessment and Control, BIVAC B.V. v. Paraguay*, ICSID Case No. ARB/07/9, Further Decision on Objections to Jurisdiction of 9 October 2012, paras. 211, 212 and 246. See also, Salacuse, *The Law of investment Treaties*（OUP, 2010）p. 236.
⑶⑵ アバクラット管轄決定 para. 318.
⑶⑶ ただし、アンブレラ条項と呼ばれる義務の規定の仕方はさまざまであることには注意が必要である。
⑶⑷ See e.g. Crawford, *supra* note 27, pp. 351-374; S. W. Schill, 'Enabling Private Ordering: Function, Scope and Effect of Umbrella Clauses in International Investment Treaties' 18 Minn. J. Int'l L. 1 (2009) 1-9; Y. Shany, 'Contract Claims vs. Treaty Claims: Mapping Conflicts between ICSID Decisions on Multisourced Investment Claims' 99 Am. J. Int'l L. 835 (2005); J.B. Potts, 'Stabilizing the Role of Umbrella Clauses in Bilateral Investment Treaties: Intent, Reliance, and Internationalization' 51 Va. J. Int'l L. 1005 (2010-2011). これに対し、アンブレラ条項も投資受入国の主権行為にのみ適用されるという限定的な見解も存在する (e.g. Thomas W. Walde, 'The "Umbrella" Clause in Investment Arbitration: A Comment on Original Intentions and Recent Cases' 6 J. World Investment & Trade 183 (2005))。両見解をそれぞれ採用した仲裁判断のリストにつき、See Schill (*ibid.*) pp. 6-7.
⑶⑸ *SGS v. Philippines*, ICSID Case No. ARB/02/6 Decision on Jurisdiction of 29 January 2004, para. 126.
⑶⑹ Schill, *supra* note 34, pp. 12-13.
⑶⑺ Crawford は、ある国家行為が商業的行為に当たるか否かの検討の第一段階は、当該行為を正確に特定することであると述べる。Crawford, 'International Law and Foreign Sovereigns: Distinguishing Immune Transactions' 54 BYIL 75 (1985) p. 96.
⑶⑻ 道垣内正人「ハーグ国際私法会議における国際裁判管轄及び外国判決承認執行条約作成の試み——その総括的検討——」『早稲田法学』83巻3号（2008年）77、89-94頁参照。
⑶⑼ もっとも、ICSID条約のもとにおいても、54条3項及び55条により、具体的な執行の場面において、執行国が主権免除を主張することは認められている（この点において、55条は「ICSID条約のアキレス腱」と述べ、ICSID仲裁判断が執行の場面で弱点を有するといわれる。C. Schreuer et al. (eds) The ICSID Convention: A Commentary; A Commentary on the Convention on the Settlement of Investment Disputes between

States and Nationals of Other States (Cambridge 2001) p. 1154).
(40) L. Reed, J. Paulsson, N. Blackaby, *Guide to ICSID Arbitration* (2nd ed.) (Kluwer, 2011) p. 186.
(41) A.R. Parra, 'The Enforcement of ICSID Arbitral Awards' (24th Joint Colloquium on International Arbitration, Paris, November 16, 2007).
(42) SDR プロセスの遅れが債権者及び債務国それぞれにもたらすコストの考察につき，次を参照。D. Benjamin and M.L.J. Wright, 'Recovery Before Redemption: A Theory of Delays in Sovereign Renegotiations' The Australian National University, Working Paper Series, No 15/2009 available at: < https://cama.crawford.anu.edu.au/pdf/working-papers/2009/152009.pdf > at 6-7; S. Ghosal, M. Miller and K. Thampanishvong, 'Delay and Haircuts in Sovereign Debt: Recovery and Sustainability' Centre for Dynamic Macroeconomic Analysis Working Paper Series 10/15 (2010) available at: < http: //www. st-andrews. ac. uk/CDMA/papers/wp1015. pdf >; Sturzenegger and Zettelmeyer,*supra* note 2, pp.49-51.
(43) M. Waibel, 'Opening Pandora's Box: Sovereign Bonds in International Arbitration' 101 AJIL (2007) pp. 725-728; M. Waibel, *Sovereign Defaults before International Courts and Tribunals* (CUP, 2011) Chapter 10.
(44) 例：韓国・ジャマイカBIT 1 条は「政府が発行した証券」を投資財産の定義に含む。
(45) ただし，「投資家がICSID 仲裁とUNCITRAL 仲裁のいずれを選ぶかに関わらず」，関係する投資協定上の投資財産の定義は，一定の期間にわたりかつ危険負担を伴う出資であること，という内在的な制約を有する旨述べた仲裁判断も存在する (*Romak S.A. v . The Republic of Uzbekistan*, UNCITRAL (Switzerland/Uzbekistan BIT) Award, 26 November 2009, para. 206)。
(46) 国連裁判権免除条約(GA Res. 59/38 (Dec. 2, 2004)) (未発効)，European Convention on State Immunity (1972)。
(47) See C.H. Schreuer, *State Immunity: Some Recent Developments* (Grotius Pub., 1988) pp. 2-3.
(48) *Jurisdictional Immunities of the State (Germany v. Italy, Greece intervening)*, (Judgement of 3 February 2012) 51 ILM 569 (2012) para. 59.
(49) R. Higgins, Problems and Process (Clarendon Press, 1994) p. 79.
(50) American Law Institute (ed) *Restatement (Third) of the Foreign Relations Law of the United States, Vol. 2*, 200 ($712, Comment (e)); Harvard Draft Article No12, 18 Feb. 1961.
(51) Schreuer, *supra* note 47, p. 16.
(52) J.M. Loeb, 'Strengthening Bond Creditors' Remedies Under the Foreign Sovereign Immunities Act' Paper for the Seminar on International Finance, Harvard Law School (April 27, 2004) pp. 1-2 (citing Int'l Capital Mkts. Dep't & Legal & Policy Dev. &

Review Dep't, IMF, Collective Action Clauses: Recent Developments and Issues 16 fig. 1, 17 fig.2, 18 tbls.2-3 (Mar. 25, 2003) (unpublished manuscript) (http://www.imf.org/external/np/psi/2003/032503.pdf); Sturzenegger and Zettelmeyer, *supra* note 2, p. 59.

(53) 米国1976年外国主権免責法 (Foreign Sovereign Immunity Act 1976, FSIA) 1603条(d)は，明文で，' The commercial character of an activity shall be determined by reference to the nature of the course of conduct or particular transaction or act, rather than by reference to its purpose.' と規定する。英国1978年主権免除法 (State Immunity Act 1978, SIA) に同旨の明記はないものの，*1 Congreso del Partido* 事件（*1 Congreso del Partido* [1978] I QB 500）以降，行為の性質をもって主権行為か否かを区別するというアプローチは一貫して採用されている (R. Higgins, 'Certain Unresolved Aspects of the Law of State Immunity' 29(2) Netherlands Intl. L. Rev. (1982) p. 268: 'there is nothing to suggest that the silence of the 1978 Act on this point would allow a "purposes" argument to succeed in a case brought under the Act'; H. Fox, *The Law of State Immunity* (2nd ed.) (OUP, 2010) p. 273)。

(54) See Fox (*ibid.*) p. 506.

(55) *I Congreso del Partidosupra*, *supra* note 53, p. 267.

(56) Schreuer, *supra* note 47, pp. 1, 21-22.

(57) *Bureau Veritas v. Paraguaysupra* note 30, para. 211; *Duke Energy Electroquil Partners & Electroquil S.A. v. Ecuador*, ICSID Case No. ARB/04/19, Award of 18 August 2008, para. 345.

(58) Dolzer and Schreuer, *Principles of International Investment Law* (Oxford, 2008) pp. 7-11; Dissenting Opinion of Professor Waelde of 26 January 2006 in *International Thunderbird Gaming Corporation v. Mexico* (Award of 26 January 2006) para. 4.

(59) 3条(1)(a)(b)。

(60) Commentary to the SIA, reproduced in Andrew Dickinson, Rae Lindsay, James P. Loonam, and Clifford Chance LLP, *State Immunity Selected Materials and Commentary* (OUP, 2004).

(61) *Republic of Argentina v. Weltover*, 504 U.S. (1992) 604.

(62) Sturzenegger and Zettelmeyer,*supra* note 2, p. 57.

(63) Fox, *supra* note 53, p.246; Sturzenegger and Zettelmeyer, *supra* note 2, pp. 57-58.

(64) アンビエンテ事件管轄決定 paras. 546-547.

(65) A. Sheppard, The Jurisdictional Threshold of a *Prima-Facie* Case, in P. Muchlinski, F. Ortino and C. Schreuer (eds.) The Oxford Handbook of International Investment Law (Oxford 2008) pp 933, 960.

(66) *Pan American Energy LLC and BP Argentina Exploration Company v. The Argentine Republic* (Decision on Preliminary Objections of 27 July 2006) ICSID Case

No. ARB/03/13 para. 50; *Total S.A. v. The Argentine Republic*, ICSID Case No. ARB/04/01, Decision on Liability of 27 December 2010, para. 52; B.S. Vasani and T. L. Fooden, 'Burden of Proof Regarding Jurisdiction' in K. Yannaca-Small (ed.) *Arbitration under International Investment Agreements: A Guide to the Key Issues* (2010) pp. 83-284.

(67) M. A. Boudreau, 'Restructuring Sovereign Debt under Local Law: Are Retrofit Collective Action Clauses Expropriatory?' 2 Harvard Business Law Review Online 164 (May 8, 2012) (http://www.hblr.org/2012/05/retrofit-collective-action-clauses/).

【追記】 本研究はJSPS科研費26380067の助成を受けたものです。

(筑波大学人文社会系准教授)

論　説　　自由論題

国際私法における不法行為地法主義の経済学的分析

森　　大　輔

　Ⅰ　序
　Ⅱ　Posner の国際私法に関する理論
　Ⅲ　Posner の判決
　　1　判決の概要
　　2　判決の検討
　Ⅳ　不法行為地法主義と部分均衡分析
　　1　外部不経済と賠償
　　2　差別的賠償の短期的効果
　　3　差別的賠償の長期的効果
　　4　不法行為地法主義の評価
　Ⅴ　結　語

Ⅰ　序

　近年，国際私法の分野においても，法と経済学による分析が試みられるようになり，日本でも何度か紹介がなされ，独自の研究も行われるようになっている[1]。しかし，これまでの紹介や研究は，どちらかといえば抽象的な理論に偏っている傾向があり，現実の事件にどう適用されるのかということがややわかりにくい傾向があった[2]。

　そこで本稿では，国際私法の法と経済学が，判決という形で現実の事件に適用された例を検討し，国際私法の分野へ法と経済学の適用をより深く理解することを目指す。次のような構成で議論を進める。まずⅡでは，法と経済学の大家であり，国際私法の分野への法と経済学の適用においてパイオニアである[3]

Posner の理論の概要を見る。そしてⅢでは Posner が米国の巡回区控訴裁判所の判事として下した，国際私法に関する判決を見る。Ⅳでは，Posner の判決における不法行為地法主義の議論を批判し，独自のミクロ経済学的分析を展開する Sykes の議論を検討する。

Ⅱ　Posner の国際私法に関する理論

　Posner は，自らの教科書で不法行為の抵触法の経済学的考察を行っている[(4)][(5)]。これは3頁ほどの短いもので，しかも以下に見るように，どのようなルールが望ましいと具体的に考えているのかはっきりしない部分がある。

　Posner は，社会の主体の利得の合計である社会厚生を最大化する法が望ましいと考えている。これは，国際私法の文脈では，世界の主体の利得の合計を最大化する法を考えることになる[(6)]。

　Posner は次のような仮想事例から議論を始める。あるA州民が，B州において車を運転中，B州民と事故を起こし訴訟になった。単純に考えると，A州は自州民が勝つことに利益を見出すが，B州も自州民が勝つことに利益を見出し，これらは相殺し合う。

　むしろ問題は，A州は自州民がB州で過度の制限を受けず運転できることに利益を見出すのに対し，B州は自州民が過失ある運転で損害を被ることを防ぐことに利益を見出し，この対立をどう考えるかということである。ここで，B州のルールは，B州の運転の条件（道路状況や気候等）に合わせて作られていると仮定する。すなわちB州は，B州で起こる事故の規制について，他州と比較して優位性を持っている。これは，不法行為が起こった地の法を適用するという不法行為地法主義を支持する経済学的な根拠となる。

　しかし，このルールは常に妥当するものではない。B州でA州民2人が事故を起こした場合，B州の不法行為法は道路状況や気候など属地的要素にはより合うが，注意能力など属人的要素はA州の法の方が合う。

また，製造物責任や名誉毀損の事件では別の問題がある。通常の事故の場合，B州内での事故はB州民同士が主なのでB州法が適しているという仮定を置くのは適切だろうが，製造物責任の事件の場合，製品は生産者の州とは別の州で販売され使われるのが主である。また名誉毀損では，多数の州で原告の名誉が毀損された場合どうするかが問題になる。

Posner はこうした各場合にどの州の法を適用すべきか，はっきり答えていない。代わりに，多くの州がこの問題への対処法として，自州の法を適用することにより大きな「利益」を持つのはどの州かをケースバイケースで決定しようとするようになっていると述べ，経済学的な見地からは，利益ではなく紛争の状況に最も適合 (fit) しているのはどこの州法かを考えるべきだという抽象的な方法を示唆するのみである。

Ⅲ　Posner の判決

Posner の国際私法（抵触法）に関する判決は，不法行為の事件が対象になっているものが多い。ここでは4つの事件について触れる[7]。

1　判決の概要

(1) Spinozzi v. Itt Sheraton Corporation, 174 F.3d 842 (7th Cir. 1999)
①事実

本件原告（イリノイ州在住）は，メキシコに行き，シェラトンホテルに泊まった。このホテルは，ITT シェラトン社（デラウェアの会社で主たる事業所はマサチューセッツ州）により所有・経営されている。

原告は夜，外食から戻ったとき，ホテルが停電しているのに気がついた。彼は，ホテルのプールのそばで，停電が直るのを待っていた。そこから少し離れたところに，工事中の穴があった。穴の周りには柵があったがその時入口が開いていた。彼は，停電が直ったか確認しようとして正規の道を外れて植え込み

に入り，暗闇を歩くうち，穴へ落ち大怪我を負った。

　原告は，ホテルの過失責任を主張し，イリノイ州の連邦地裁に提訴した。[8]連邦地裁は，イリノイ州の抵触法[9]ではメキシコ法が適用されるとした。メキシコ法では寄与過失[10]が採用されており，原告に過失があるので[11]，原告の主張は認められなかった。彼は控訴し，メキシコ法ではなく，比較過失[12]を採用するイリノイ州法が適用されると主張した。

　原告の主張は次のようなものである。シェラトン社は，イリノイ州を含め世界中で宣伝している。その宣伝により，彼は本件ホテル宿泊を決定した。イリノイ州でのこうした販促活動により，シェラトン社は，イリノイ州で原告に対する侵害を引き起こしたとみなされる。そして，これと，彼がイリノイ州居住者だという事実を合わせると，イリノイ州が原告との関連が強い。

②裁判所の意見

　古い抵触法の下では，原告に勝ち目はない。侵害が起こった地（本件ではメキシコ）の法を適用する不法行為地法主義がとられていたからである。しかし，このルールは厳しすぎるとされるようになった。その主な理由は，同じ州の市民間の訴訟だが，事故地はその州ではないような特殊な場合[13]の存在である。しかし，柔軟性を追求した結果抵触法は不明瞭になってしまった。その例として，第２抵触法リステイトメントの「最も重要な関係」の基準[14]があり，イリノイ州でも採用されている。

　しかし現在でも，古い抵触法の原則は推定という形で生き残っている。「すなわち，特殊な状況が存在しない場合，『最も重要な関係』の基準で最も選ばれやすいのは，不法行為が起こった地である。なぜなら，この地が，安全，費用，そして不法行為法制度の設計と運営に関連するその他の要因の間の合理的なバランスをとることに最も大きな利益を有するからである。被害者としてであれ加害者としてであれ，事故や他の侵害を生じさせる事柄により影響を受けるたいていの人々は，当該事柄が起こった地の住民である。その地の住民が作

り上げた法は，一般的に言って，その地の住民の価値と選好を反映していると仮定できるならば，事故の起こった地の法が，事故に関わる可能性が最も高い人々の価値と選好を反映していることになると予想できる。言い換えれば，事故の起こった地の法が，事故に影響を受ける人々の費用と便益を内部化している法だと予想できる。」

以上の議論を本件に適用する。メキシコのホテルの客のうち，イリノイ州からの者はわずかな割合のみである。イリノイ州民は，メキシコのホテルの一般的な客よりも，ホテルに高い注意義務を課すことを望むかもしれない。しかし，イリノイ州法を課すことは社会厚生を損なう。なぜなら，メキシコの安全基準が，その基準にほとんど利害関心を持っていない人々により設定されることになるからである。

また原告の議論では，例えば100個の国や州の市民がホテルに宿泊する場合，ホテルは100個の不法行為法に服することになってしまう。その上，それらの不法行為法の内容が，相互に両立不可能な可能性もある。

(2) Abad v. Bayer Corporation, 563 F.3d 663 (7th Cir. 2009)
①事実

これは，2つの事件を併合した訴訟である。1つ目の事件は，600人ほどのアルゼンチン人から成るクラスアクションであり，原告 Abad はその代表者である。被告バイエル社らは，血友病患者のための血液凝固剤を製造する米国の会社である。血液凝固剤の材料であるドナーの血液から被告がウィルスを除かなかったために，AIDS 等に感染したと原告は主張している。

2つ目の事件は，被告ブリヂストン・ファイアストンの北米会社が製造したタイヤを付けたスポーツ用多目的車が，アルゼンチンで横転したという自動車事故死の訴訟である。原告 Pastor らは，車とタイヤの設計・製造・検査の欠陥につき被告に責任があると主張している。この訴訟は，フロリダ州の州裁判所に提訴され，同州の連邦地裁に移送された。

②裁判所の意見

Posner は，1つ目の事件での適用法はアルゼンチン法だとする。米国ではほとんどの州で，不法行為が生じた地の法が適用されるという推定が存在するが，不法行為が生じた地とは，侵害を生じさせた行為（血液凝固剤の製造）が行われた地ではなく，侵害が生じた地（アルゼンチン）だからである。

Posner は，⑴事件のカギ括弧で囲んだ部分を引用する。さらに本件のように，事故の起こった地が，被害者が侵害を受けた地でもあり，被害者がその地の住民でもある場合には，なおさらその地の法が適用されやすいとする。なぜなら，各土地はそこの人々や会社の行為を規制する利益を持っているが，それは原告の住む地にも被告の住む地にも当てはまるので，お互いが相殺されるからである。よって，本件が米国の裁判所で審理される場合，アルゼンチン法が適用されることになるだろう。

2つ目の事件では原告は，連邦地裁は最初に提訴した州の抵触法を適用しなければならないが(15)，その州はフロリダ州であり，フロリダ州の裁判所はフロリダ州法を本件で選ぶ，と議論している。しかし，特殊な事情がない限り，フロリダ州は不法行為地法を適用している。原告は自分の主張を支持するものとしていくつかの事件を引用しているが，それらは特殊な事情に該当する。例えば原告が引用するある事件は(16)，飛行機が飛行中に墜落し，乗客の遺族がパイロットと飛行機の所有者を訴えた事件であるが，墜落の地点は事故や原告とは何の関係もなかった。不法行為地法はあくまで推定で，このように特殊な事情がある場合は適用されないが，本件ではそのような事情はない。

⑶ Kamelgard v. Macura, 585 F.3d 334 (7th Cir. 2009)

①事実

本件原告は，ニュージャージー州に住み開業している肥満外科医である。原告は，ある医療過誤訴訟で，ニューヨーク州で開業している別の肥満外科医である本件被告に不利な証言を行った。被告は2006年3月1日頃に，原告の名誉

を毀損する手紙を，イリノイ州の米国外科学会に報復として送った。また彼は，その日に同内容の手紙を，フロリダ州の米国肥満外科医学会にも送った。

4月5日に原告は，被告に対する医療過誤訴訟での証言に関する苦情を受け取ったと学会から通知された。学会の懲戒委員会が動いたが，結局原告に対して何の処罰も下されなかった。

原告は，2008年6月3日に，2つの手紙による名誉毀損についてシカゴの連邦地裁に提訴した。連邦地裁はこれを却下し，原告が控訴したが，控訴審で出訴期限が問題となった。

原告は，2007年6月13日のカリフォルニア州の学術大会で，ある肥満外科医が原告に手紙について話すまで，苦情の出処が被告であることを知らなかったと主張している。この主張が必要なのは，提訴時点で手紙による名誉毀損の後1年以上経っていたが，学術大会からは1年未満だったからである。イリノイ州やニュージャージー州の出訴期限法では，名誉毀損の訴訟は，当該言説の公表から1年以内になされなければならない。ただし，イリノイ州の出訴期限法では，ニュージャージー州と違い，名誉毀損を発見した時点から期間が起算される（発見起算の原則）。学術大会まで苦情の出処を知らなかったという原告の主張が正しいとすると，イリノイ州法では期限内となる。

②裁判所の意見

この事件でも，まず侵害が起こった地の法が適用法だと推定されるとし，(1)事件のカギ括弧部分が引用されている。しかし，本件のような名誉毀損では侵害地法はしばしば適さない。名誉毀損の言説は，2つ以上の州に伝わりうるからである。

名誉毀損の言説が多くの州に伝わる場合，原告のドミサイルの法を適用するのが理に適っている。なぜなら，名誉毀損の被害者である原告が住み働いている地であり，通常，原告が個人的な繋がりや取引関係を持つ人々（家族，友人，同僚等）の多くがいる地だからである。

ただ，名誉毀損の言説が原告のドミサイルで公表されていない場合でも，依然として原告のドミサイルの法が適用されるかという問題がある。第2リステイトメント150条では，複数州での名誉毀損の事件で「最も重要な関係を持つ州は通常，被害者のドミサイルの州である」とするが，「当該名誉毀損の言説が被害者のドミサイルの州で公表された場合は」と付け加えている。ここでいう「公表された」とは，言説が原告以外の誰かに向けてなされたということを意味する。よって，受取人を名誉毀損した手紙のコピーが他の誰にも送られていないときに，受取人が手紙の内容を誰にも伝えず破り捨てた場合，訴訟を基礎付けるに足る名誉毀損は存在しない。受取人に対する他人の評判が，この手紙による名誉毀損で損なわれたりすることはありえないからである。
　本件において，名誉毀損の手紙はニュージャージー州に送られてはいないので，この州で公表はない。しかし，原告のドミサイルでの公表の欠如は，ドミサイルの法の適用を絶対的に妨げるものではなく，ドミサイルの法の適用の推定が，原告がドミサイルの州で何も害を受けていないことを示すことで覆されうるという程度のものだとPosnerはする。よって，ドミサイルの州で誰も名誉毀損の言説を又聞きすらしていないことが示された場合，その州で害が存在するという推定を覆す強力な反証となりうる。
　原告は，イリノイ州法の適用を主張しているが，同州は本件に何の利益も持っていない。米国外科学会は同州にあるが，学会が訴えられているわけではない。肥満外科医はイリノイ州に集中しているわけではないので，同州の肥満外科医が，他州の者よりも，被告による苦情の訴えを耳にする数が多いということを示唆するものは何もない。苦情の訴えを受け取った米国外科学会の懲戒委員会のメンバーは，この苦情で原告の評価を下げる可能性の高い者だが，この誰もイリノイ州に住み働いてはいない。苦情の訴えにつき誰かが読んだり聞いたりする全ての場所で原告は侵害を受けるという考えをとればイリノイ州法が適用されるかもしれないが，そのような考えは法廷地漁りを招く。

ニュージャージー州は原告が開業している地なので，原告に対する名誉毀損により金銭評価可能な害を被る可能性が，たとえその名誉毀損が公表されていなかったとしても存在する場所である。そのためニュージャージー州が，名誉毀損から原告を保護する重大な利益を持つ。よって，ニュージャージー州法が適用され，訴訟は出訴期限にかかることになる。

(4) Kaczmarek v. Allied Chemical Corporation, 836 F.2d 1055 (7th Cir. 1988)
①事実

本件原告は，Willett Transports というインディアナ州の会社に，酸などを運搬するタンクローリーの運転手として雇われた。事故の日，彼は自宅のあるイリノイ州からインディアナ州まで牽引車を取りに行った。そして，牽引車を運転しアライド・ケミカル社のプラントのあるイリノイ州まで戻ってきた。アライドのプラントで，原告は牽引車とタンクを繋げ硫酸を入れた。そしてインディアナ州の US スチール社のプラントに，タンクローリーを運転していった。そのプラントで酸を取り出す際，タンクローリーと受け取りタンクを繋ぐホースがバルブから抜け，酸が足や股にかかった。事故の原因はホースの連結器（Ever-Tite により製造された）の欠陥のためなのか，原告がホースに酸が残っていたのに気づかずバルブから外したためなのか，争いがある。ただ，原告が Willett から渡された耐酸服を着ていたら傷害を負わなかったとされる。

事故後原告は，化学物質を浴びた時のためのシャワーへ走った。しかし，辺りの地面はゴミが散乱しており，そのため転倒した。さらにシャワーの場所の表示がないため，シャワーがなかなか見つからなかった。彼は，酸による重度のやけどを負った。

原告はまず，イリノイ州の連邦地裁にアライドと US スチールを提訴した。訴訟は，インディアナ州の連邦地裁に移送された。次にその連邦地裁に Ever-Tite を提訴し，これらの訴訟は併合された。

連邦地裁は，インディアナ州法が被告3社に適用されるとした。事故当時の

インディアナ州法では寄与過失がとられていたため，被告3社には責任がないとされた。原告は控訴し，比較過失をとるイリノイ州法を適用すべきだと主張した。

②裁判所の意見

本件は，「訴訟の原因となった事柄と関連の薄い地の法が適用される」という，古い不法行為地法主義に対する批判の根拠となってきたタイプの事件である。すなわち本件は，事故地はインディアナ州だが，イリノイ州民が，イリノイ州にプラントを持つ会社を，イリノイ州の裁判所に提訴した，イリノイ州で生じた行為についての訴訟である。

現代では利益分析のような新しい柔軟な方法が取られるようになった。不法行為地は推定として機能し続けるものの，この推定は容易に覆されうる。利益分析は訴訟の不確実性や費用を増やし，法廷地漁りを増加させる。しかし，イリノイ州の裁判所もこれを採用しており，それを拒否はできないので，本控訴審でも用いるとPosnerは述べる。

まず，アライドにはイリノイ州法を適用することになる。アライドの場合，インディアナ州との唯一の繋がりは，事故がインディアナ州で起こったということである。この繋がりは，先に述べたように現代の抵触法でも一定の重みを持つが，本件ではこの繋がりは全くの偶然である。アライドが欠陥のある連結器を取り替えなかったのが事故の原因だとすると，運搬の際やタンクローリーに酸を入れる際など，事故はイリノイ州でも同様に起こりえた。不法行為地法が重みを持つのは，気候，地形，安全に対する態度など，安全に影響を与える条件に最も合った法である可能性が高いからである。しかし，本件でこうした条件とアライドの関係は希薄である。

もちろん，インディアナ州が全く関係を持たないというわけではない。本件事故により，インディアナ州の会社Willetが労災補償を支払う必要が生じる。よって，仮に寄与過失が比較過失より従業員の過失に対する抑止力が強いなら

ば，寄与過失の不法行為法を，インディアナ州の会社の従業員が絡む事故に適用するのに，インディアナ州は利益を持つという議論ができるかもしれない。

しかし，この議論には2つの問題がある。第1に，潜在的な被害者が注意をするインセンティブを引き出す効果は，比較過失と寄与過失で同程度か，比較過失の方が大きい[17]。第2に，インディアナ州も現在では寄与過失を廃止している。よって，インディアナ州は寄与過失をあまり重要視していない上，本件ほど事故とインディアナ州の関係が希薄なものの場合に適用する理由はなおさらない。

これに対し，USスチールにはインディアナ州法が適用される。問題となるUSスチールの行為（ゴミの散乱した地面，シャワーの表示が不十分）は，インディアナ州で起こっており，事故も同州で起こったからである。

また，Ever-Tite にも，インディアナ州法が適用される。まず，この被告はインディアナ州で提訴されたので，同州の抵触法が適用される。同州は，伝統的な不法行為地法主義を採用しているので，侵害の起こった地の法が常に適用される。そして最終的な事故はインディアナ州で起こっているので，この地が侵害の起こった地である。

2 判決の検討

以上，Posner の抵触法についての判決を見てきた。(1)は Posner のそれ以降の判決で度々引用されるリーディング・ケースである。(2)や(3)は，(1)の基本的な論理を展開させたものといえる。(4)は(1)よりもかなり前の事件であるが，現代の抵触法が重視する問題を扱っている[18]。

これらにより，Ⅱで説明した Posner の理論について，以下の点が明らかになった。第1に，Posner が自身の理論を，州際私法だけでなく[19]，国家が異なる国際私法の問題にも適用できると考えていることが判明した。例えば，(1)はメキシコ，(2)はアルゼンチンでの事件である。

第2に，実際の事件でも，Ⅱの理論が用いられていると見て取れる。確かに，

Posnerは裁判官としての立場から，既存の法理である第2リステイトメントや利益分析を適用するという立場を取っている。しかしよく見ると，これらの法理の曖昧性を利用して，これらの法理の一部（不法行為地法の推定）のみを強調し，細部を無視して自分の理論に合わせるという適用の仕方をしている[20]。そのため，例えば本来第2リステイトメントと利益分析は異なる方法なのにもかかわらず，Posnerの判決ではほぼ同じような議論になっている。[21]

ただし，逆に厳格な不法行為地法主義をとる州についてはさすがにこのような余地がなかったのか，(4)で連結器の欠陥に関する製造会社の責任は，Ⅱの理論からは不法行為地法以外である可能性があるが，この事件では特に議論なく不法行為地法を適用している。この結論が，経済学的に望ましい結論なのか，それとも既存の法理の適用のために仕方なくこうしたのかは読み取れない。

第3に，Ⅱの理論の実際の事件への適用にあたっては，適用法を不法行為地法だと推定することが中心になることがわかった。どの事件でも，ここから議論が始まっている。これは，Ⅱで説明した規制の比較優位性についての仮定を，法的な論理に変換したものと言える。すなわち，「不法行為地が他の地と比較して，規制につき優位性を持つ」というのは常に成り立つわけではなく経済学的には「仮定」であるが，訴訟ではそれは，反証がなければそのまま用いられるが反証があれば覆されうるという「推定」という形で機能している。

第4に，不法行為地法の推定が覆されるのはどんなときか，その場合にどこの法が適用されるかという，Ⅱの理論では明確でなかった部分もある程度明確になった。(2)は，ほぼⅡの仮想事例通りの事件なので推定は覆されなかった。(1)は原告が米国人で被告も米国の会社であったが，推定は覆されていない。ただしこの場合，宿泊客の国の法を適用すると100国から客が来ると100国の法がホテルに適用されるという不都合もあったことに注意が必要である。他方，(4)のアライドに対する部分や(2)の傍論の飛行機墜落の部分では，事故地であっても被告との関係が希薄で，その地で事故が起こったのは全くの偶然で他の地で

も同様に事故が起こりえた場合には，推定が覆された。ただ，この希薄というのはどの程度までを指すのか，例えば同じ州の州民同士での他州での車の事故でも同様になるのかといったことの判断には，今後の判決の積み重ねが必要だろう。

最後に，Posner の理論の米国抵触法理論内での位置付けを考える。彼自身は Baxter[22]の議論を発展させたものだとしており，確かに利益の相殺などの論理にはその痕跡が存在する。しかしむしろ全体の内容としては，抵触法革命以来多くの学説が乱立した米国で，その後それらの曖昧性が批判され行われるようになった伝統的ルールの再評価に関する理論の1つと見ることができると思われる[23]。

Posner は，不法行為地法主義という伝統的なルールに近いルールを適用している。それゆえに，伝統的なルールと同じ問題を内包しているように思われる。すなわち，不法行為地法主義は，法性決定などの手法を使って例外的な状態にアドホックに対処しようとし，それが恣意的な操作だという批判を呼んだ[24]。Posner の理論でも不法行為地法の推定が覆される場合の判断がアドホックになってしまわないか，それとも背後に経済学的な理論があるので問題ないのか，今後それが試されることになろう。

Ⅳ 不法行為地法主義と部分均衡分析

Sykes は2007年の論文[25]で Posner の(1)事件の論理を批判し，不法行為法主義を支持する別の経済学的分析を展開した。彼はさらにその議論を，2008年の論文[26]で精緻なものにした。

Sykes は，不法行為地が「その地の状況に最も合った法を定めている」という Posner の仮定に疑問を呈する。むしろ，法の内容は効率性とは関係のない事柄で決まることも多い。例えば，ある国に懲罰的損害賠償やクラスアクションがあるが別の国にはない理由を，前者の国ではその制度が効率的だが後者の

国では非効率だからだと考えることは難しい。

そうだとすると，不法行為地法が別の国の法よりも非効率な可能性が出る。しかし Sykes は，それでもなお不法行為地法の適用が経済学的に正当化されるという議論を展開する。

以下，この議論を見るが，特に2008年論文は数式を用いた習熟者向けの議論をしておりわかりにくいため，ここではミクロ経済学の部分均衡分析の図を用いて再構成を試みた。[27]

1　外部不経済と賠償

ある製品の完全競争市場を考える。単純化のため，企業は1つの国でのみ製品を供給するとする。企業の生産活動により，当該国の第三者に外部不経済が[28]生じるとし，その量は製品の供給量に比例する。外部不経済が存在するとき，企業は，社会的な観点からは供給を過剰に行っている。供給に伴い第三者に被害が生じるが，企業は被害の分を利潤の計算に入れて供給を行う必要がないからである。

これを図-1で表す。企業は，供給曲線 S に従って供給を行い，市場均衡で q だけ生産する。また，供給1単位ごとに一定量の外部不経済（限界外部不経済）が生じ，その額は図の両矢印の長さで表される。外部不経済を考慮に入れた望ましい供給曲線は S* である。

このとき，企業の利益（生産者余剰）と消費者の利益（消費者余剰）を合わせたものは三角形 ABE となる。しかし，外部不経済が平行四辺形 DEBF の量だけ生じる。社会全体の利益（社会的余剰）は，生産者余剰と消費者余剰から外[29]部不経済を差し引いたもので，三角形 ABE －平行四辺形 DEBF=三角形 ACD －三角形 CFB となる。[30]

今，企業に対してこの外部不経済につき賠償を課す。単純化のため，過失がなくても課される厳格責任とし，訴訟費用等は考えない。供給1単位ごとに一

定額の賠償を支払わなければならないことにすると，供給曲線Sは上にシフトし，例えば破線S'のようになる。この時の社会的余剰は前と同様に考えると，三角形ACD－三角形CIHとなる。三角形CFB＞三角形CIHなので，賠償を課した方が社会的余剰は大きくなる。これが最大になる

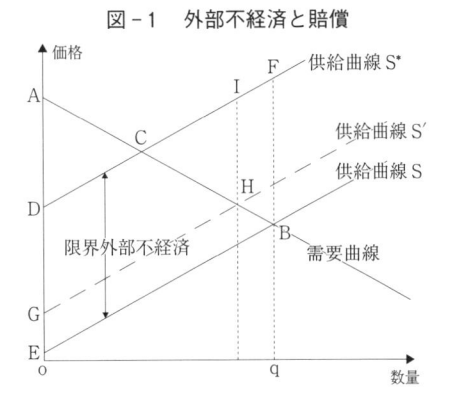

図-1 外部不経済と賠償

のは，供給1単位に対して両矢印の限界外部不経済と等しい額の賠償を課した時である。このときSはS*と一致し，社会的余剰は三角形ACDとなる。

2 差別的賠償の短期的効果

企業は多数存在するが，それらは2タイプにのみ分けられ，同タイプの企業では製品生産の費用などが全く同一だとする。このとき，供給曲線は両タイプの企業全ての供給量を合計したものとなる。

そして，これらの企業全てにⅣの1のような賠償が課せられているが，賠償額は図-2の両矢印より小さく効率性の観点からは不十分なものだとする。このときの供給曲線を図-2のS'だとすると，社会的余剰はⅣの1で見たように三角形ACD－三角形CIHとなる。

今，2タイプの一方だけ，賠償金を引き上げ効率的な額を課す。すると，賠償金を引き上げられた方のタイプでは供給量が減るので，両タイプの企業の合計の供給量も減る。そのため，供給曲線S'は上にシフトする。しかし，両タイプの企業に効率的な額の賠償を課す場合よりは，合計の供給量は多い。そのため，供給曲線はS'とS*の間のS"となる。この時の社会的余剰は三角形ACD－三角形CKJで，三角形CIH＞三角形CKJなので，社会的余剰は差別

図-2　差別的賠償の短期的効果

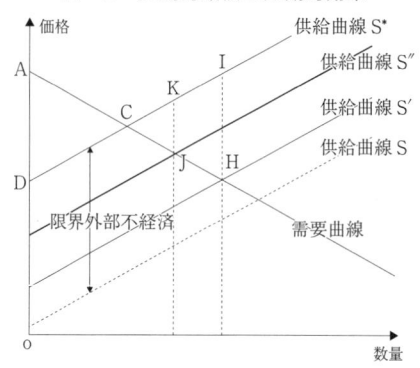

的賠償を課す前よりも大きくなる。

以上より，両タイプの企業に非効率な額の賠償を課すより，一方のタイプの企業の賠償を引き上げて効率的な額の賠償を差別的に課す方が，社会の効率性が改善する。

3　差別的賠償の長期的効果

Ⅳの2の議論は，短期の場合のみ当てはまる。企業が参入退出できる長期の場合には，その効果も考えなければならない。図-3は，企業が1タイプのみの場合である。市場が当初，価格pで均衡しているとすると，各企業はpと長期限界費用LMCが等しくなる生産量である図-3(a)のxで生産する。そして，各企業には生産物1単位あたり，価格pと長期平均費用の差である図の両矢印分の超過利潤が発生する。よって，図-3(a)の網掛けが各企業の超過利潤となる。[31] すると，超過利潤目当てに新たな企業が参入し，供給量が増える。その結果，図-3(b)の供給曲線は右にシフトする。参入は，価格がp^*で超過利潤が0となるまで続き，長期均衡価格はp^*となる。

次に，企業に低い費用で生産できる良いタイプとそうでない悪いタイプがある場合を考える。そして，最初は市場に良いタイプのみがおり，Ⅳの2の最初と同様の不十分な賠償が課せられているとする。図-4(a)が良いタイプの企業の生産を表しており，長期限界費用曲線（LMC）と長期平均費用曲線（LAC）はLMC_1とLAC_1である。このとき，長期均衡価格はp_1となる。

この状態で，良いタイプのみ賠償を引き上げる。これにより，図-4(a)のLMC_1とLAC_1が，LMC_1'とLAC_1'になるとする。すると，他のタイプがい

国際私法における不法行為地法主義の経済学的分析　225

図 - 3　企業が1タイプのみで長期の場合

(a) 価格／長期限界費用曲線LMC／1単位あたりの超過利潤／長期平均費用曲線LAC／x／生産量

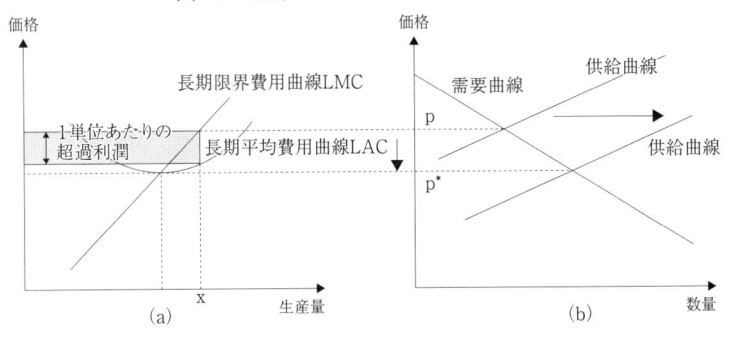

(b) 価格／需要曲線／供給曲線／供給曲線／p／p*／数量

図 - 4　差別的賠償の長期的効果

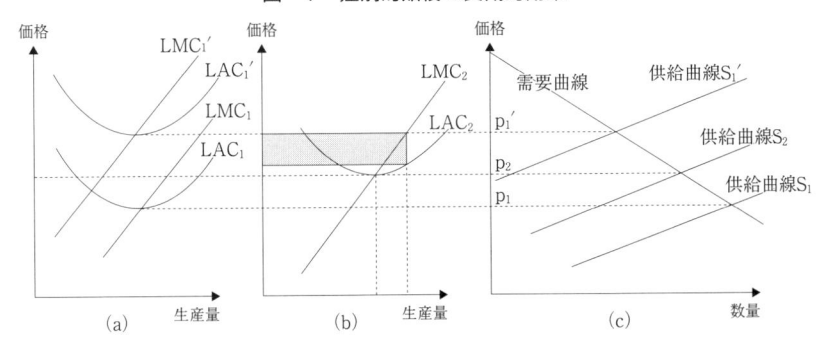

(a) 価格／LMC₁'／LAC₁'／LMC₁／LAC₁／生産量

(b) 価格／LMC₂／LAC₂／生産量

(c) 価格／需要曲線／供給曲線S₁'／供給曲線S₂／供給曲線S₁／p_1'／p_2／p_1／数量

図 - 5　長期の社会的余剰

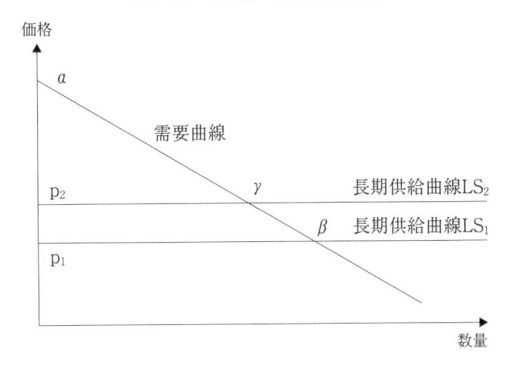

価格／a／需要曲線／p_2／γ／長期供給曲線LS₂／β／長期供給曲線LS₁／p_1／数量

なければ，長期均衡価格は p_1' となる。しかし，悪いタイプの LMC と LAC は図 - 4(b) のようだとする。すると，価格 p_1' では，悪いタイプに超過利潤が図 - 4(b) の網掛けの部分だけ生じているので，参入が起こる。参入は価格が p_2 になるまで続く。一方，良いタイプの企業は価格 p_1' 以下では超過利潤は負になる。そのため，良いタイプの企業は退出し，悪いタイプの企業だけが残る。

それでは，社会的余剰はどうなるだろうか。図 - 5 は，長期の市場均衡を表している。長期では今まで見たように，LMC と LAC の交点よりも上の価格では，交点の価格に下がるまで参入が続く。下の価格では交点の価格に上がるまで退出が続く。そのため価格は一定で，長期供給曲線は水平となる。先ほどの図 - 4 の議論では，当初と賠償引き上げ後の長期均衡価格は p_1 と p_2 なので，各状態での長期供給曲線は図 - 5 の LS_1 と LS_2 のようになる。すると，当初の社会的余剰は三角形 $\alpha\beta p_1$ で，引き上げ後の社会的余剰は三角形 $\alpha\gamma p_2$ であり，当初の方が大きい。

以上より長期の場合，市場に当初良いタイプの企業のみおり，そのタイプの企業にのみ差別的に高い賠償を課すと，社会的に非効率な状態が生じる。

4 不法行為地法主義の評価

以上のように Sykes は差別的賠償について論じているが，これは不法行為地法主義とどう関係するだろうか。メキシコの市場に米国企業（良いタイプとする）とメキシコ企業（悪いタイプとする）がいるとする。そして例えば米国人と米国企業の間の訴訟の場合だけ米国企業に厳しい賠償が課されるとすると，長期的に米国企業が市場から駆逐され悪いタイプの企業のみ残り，社会的に見て非効率な結果となる。しかし，不法行為地法主義の下では，メキシコで生じた不法行為には一律にメキシコ法が適用され，このような非効率な結果は防がれる。

Posner の場合は，Ⅲの 2 でも述べたように，論理展開には既存の牴触法理論の延長的な部分もあるものだったのに対し，Sykes の議論はより経済学らし

表-1　PosnerとSykesの議論の比較

メキシコ法		米国法		Posnerの適用	Sykesの適用
効率性	被告にとっての厳しさ	効率性	被告にとっての厳しさ		
効率	緩い	非効率	厳しい	メキシコ法	メキシコ法
非効率	緩い	効率	厳しい	米国法	メキシコ法
効率	厳しい	非効率	緩い	メキシコ法	※
非効率	厳しい	効率	緩い	メキシコ法	※

く，今までにない斬新な視点を提供していると評価できる。[32]

　Sykesの議論について，いくつかの指摘をしておく。第1に，SykesはPosnerと同じ結論を導く別の議論のような提示の仕方をしているが，実は2つで結論が対立する場合が存在すると思われる。例えば，メキシコでの起こった米国人（原告）と米国企業（被告）の間の紛争を，米国裁判所で審理する場合を考える（表-1）。メキシコ法の方が効率的で，被告にとって基準が緩い場合は，PosnerもSykesもメキシコ法を適用する。しかし，米国法の方が効率的で，被告にとっての基準はメキシコ法の方が緩い場合，Posnerは不法行為地法の推定を覆して米国法を適用するのに対し，Sykesはメキシコ法を適用すると思われる。

　この点をどう考えるかであるが，もしSykesのモデルの想定する状況が本当に存在するのであれば，Sykesのようにメキシコ法を適用するのがよいだろう。しかし，Sykesのモデルの想定するような状況が現実にはほとんど存在しないのではないかという疑問がある。2007年論文でSykesは(1)事件に自身のモデルが適用されると考えているので，この事件を例にとる。ホテル業界は，サービスがホテルごとに差別化されており，モデルで仮定されているような完全競争市場ではないと思われる。それ以上の問題は，モデルの外部不経済は第三者に与える副次的な害であるのに対し，(1)事件で問題になったのは，ホテル

の敷地で起こった宿泊客の事故だということである。ホテル内で頻繁に事故が起こる場合，客足が遠のくという市場を通じた罰が存在する。このように(1)事件は，Sykesのモデルの想定する事件と異なる。それどころかこのモデルにぴったり当てはまる事件を見つける方が困難とも思われる。例えば，自動車事故の場合はそもそも市場が存在しないし，製造物責任の場合は事故が起こるのは製品を買った消費者であり，事故が頻繁に起こるとその製品を買わなくなるという市場を通じた罰が存在する。

　第2に，Sykesの議論では米国法の方が被告に厳しいことが暗黙の前提となっていたが，表-1の※のように米国法の方が緩い場合を考えると，不法行為地法主義の巧妙さが浮かび上がってくる。

　この場合，不法行為地法主義をとるとメキシコ法を適用することになる。しかし，仮に米国の裁判所が米国法を適用したらどうなるだろうか。この場合，米国法の方が緩いので，米国企業が市場で有利になり，米国企業が非効率でもメキシコ企業を駆逐できる。これは，世界全体の社会厚生からは望ましくないが，米国という国の立場から見れば望ましい結果である可能性もある。もしそうだとすれば，米国裁判所は，米国法を適用するインセンティブがある。しかし，これは，訴訟の原告の利益追求行動（法廷地漁り）により阻まれる。原告は，メキシコ裁判所が不法行為地法主義をとっていれば，被告に厳しいメキシコ法を適用するメキシコ裁判所に提訴するようになるからである。

　すなわち，米国法の方が厳しいときは，米国裁判所は米国企業の駆逐を防ぐため積極的に不法行為地法主義を適用するインセンティブがある。そして，米国法の方が緩いときには原告の法廷地漁りのため，米国裁判所は不法行為地法主義から逸脱しても得しない。こうしたことは，メキシコ裁判所も同様なので，互いの国の裁判所には不法行為地法主義からの一方的な逸脱のインセンティブはない。よって，不法行為地法主義は，いわばゲーム理論のナッシュ均衡となっているのである。つまり，不法行為地法主義は，Sykesが示すように社会的

に効率的な結果を導くものであるだけでなく，各国のインセンティブとも整合的で自分勝手な逸脱などを防ぐ仕組みとなっている。このように伝統的な抵触法ルールに巧妙な仕組みが隠されていることを，PosnerやSykesの経済学的な理論は浮かび上がらせてくれているのではないかと考えられる[33]。

V 結　語

本稿では，国際私法への法と経済学の適用のパイオニアであるPosnerの国際私法に関する判決を検討し，さらにそれを踏まえたSykesの新たな経済学的分析を再構成した。PosnerやSykesは伝統的な不法行為地法主義を，経済学理論の観点から再評価している。このような伝統的なルールは，欧州や日本等の国際私法とも近いものであり，これを考えると，PosnerやSykesのような経済学的な議論は，抵触法革命以来内容の乖離により対話困難だった米国と他国の国際私法を再び繋ぐ理論の1つとなりうる可能性を秘めている。

法学の様々な分野で新鮮な視点をもたらし，議論を喚起してきた法と経済学も，特に米国では，確固たる一分野として定着したと言ってよい。米国のロースクールで，経済学的な議論は既に「法と経済学」という特定の講義でのみ触れるのではなく，多くの科目で経済学的な議論が一部に自然に入り込んでいる。そのような状況が生まれる一要因として，法と経済学に精通した研究者が裁判所の判事となり，判決を書いているということがある[34]。Posner, Easterbrook[35]といった判事が経済学的な議論も交えて書いた判決がケースブックに載っており[36]，その判決について読んだり議論したりすることで，経済学的な議論が自然に浸透していっている。

国際私法における法と経済学の研究は，まだ他の分野に比べれば少ない。そのような状況を鑑みれば，本稿は，今後のこの分野の発展に繋げるための一助となるのではないかと思われる。

(1) 本誌では，野村美明「国際私法経済学的分析——現状と課題——」『日本国際経済法学会年報』15号（2006年）145頁で紹介されている。また，ジュリストでも連載が組まれた。河野俊行・加賀見一彰「国際私法と経済学——連載にあたって——」『ジュリスト』1342号（2007年）170頁。
(2) Basedow J. & T. Kono eds., *An Economic Analysis of Private International Law* (2006), 加賀見一彰『国際社会における私的関係の規律と紛争解決——国際私法の経済分析：序説——』（三菱経済研究所，2009年）。
(3) 米国では抵触法（conflict of laws）という呼び方が一般的である。
(4) Posner, R. A. *Economic Analysis of Law* 7th ed. (2009) p.1009.
(5) Posner の理論の邦語の解説として，野村「前掲論文」（注1），加賀見一彰「『国際私法と経済学』への出発点——Posner の議論の概要と拡張の方向性——」『ジュリスト』1343号（2007年）82頁。
(6) 加賀見「前掲論文」（注5），p.83。利得には，金銭的な利益や費用だけでなく，事故に遭うリスクなども含まれる。
(7) この4件が，Lexis の検索により確認できる，Posner 執筆の不法行為抵触法事件のほぼすべてである。ただ，他に Ted F. Carris v. Marriott International, Inc. et al., 466 F. 3d 558 (7th Cir. 2006)という事件もあったが，(1)事件とよく似た海外ホテルでの事故なので取り上げなかった。
(8) この訴訟は，原告と被告が異なる州の市民間のものなので，州籍相違管轄権に基づいて連邦裁が扱える。
(9) 州籍相違管轄権の訴訟では連邦地裁は，所在州の抵触法を用いる。Klaxon Co. v. Stentor Elec. Mfg. Co., 313 U.S. 487 (1941).
(10) 被害者に過失がある場合には，たとえ加害者に過失があっても，被害者は一切賠償を受けられないという制度である。
(11) 控訴審では，真っ暗で見知らぬ土地でしかも植え込みに入ったのだから慎重に歩くべきで，そうすれば事故は避け得たこと等が指摘されている。
(12) 被害者の過失の程度に応じて被害者の得る賠償額が減額される制度である。
(13) Babcock v. Jackson, 191 N.E.2d 279 (N.Y. 1963)が有名である。
(14) Restatement (Second) of Conflict of Laws §145(1) (1971).
(15) Van Dusen v. Barrack, 376 U.S. 612 (1964).
(16) Proprietors Ins. Co. v. Valsecchi, 435 So.2d 290 (Fla. App. 1983).
(17) Posner は，Haddock, D. & C. Curran, "An Economic Theory of Comparative Negligence," *Journal of Legal Studies* 14 (1985) p.49等の法と経済学の研究を引用している。
(18) ただし，同じイリノイ州の抵触法の事件であるのに(1)と違い利益分析を用いている点，(1)以降の事件で言及がなされていない点等，若干注意すべき点がある。
(19) 加賀見「前掲論文」（注5）p.85は，Posner の議論の対象は州際私法だという留保を

付けていた。
(20) 例えば第2リステイトメントでは6条や145条で考慮事項や考慮すべき地が列挙されているが，Posnerはこれには一言も触れない。
(21) このことはGoldsmith, J. L. & A. O. Sykes, "Lex Loci Delictus and Global Economic Welfare: Spinozzi v. ITT Sheraton Corp." *Harvard Law Review* 120 (2007) p.1138でも指摘されている。
(22) Baxter, W.F., "Choice of Law and the Federal System," *Stanford Law Review* 1 (1963) p.18.
(23) 例えば，Dane, P., "Vested Rights, 'Vestedness,' and Choice of Law," *Yale Law Journal* 96 (1987) p.1191.
(24) ウィリアム・M・リッチマン，ウィリアム・L・レイノルズ（松岡博ほか訳）『アメリカ抵触法（下巻）』（レクシスネクシス・ジャパン，2011年）8頁。
(25) Goldsmith & Sykes, *supra* note 21.
(26) Sykes, A. O. "Transnational Forum Shopping as a Trade and Investment Issue," *Journal of Legal Studies* 37 (2008) p.339.
(27) ミクロ経済学の入門書として，例えばN.グレゴリー・マンキュー（足立英之ほか訳）『マンキュー経済学Ⅰ ミクロ編〔第3版〕』（東洋経済新報社，2013年）。
(28) 外部不経済とは市場を介さずに第三者に与える害のことで，公害等が例である。
(29) ここでは社会厚生と同様の概念と考える。
(30) 三角形ABEと平行四辺形DEBFの共通部分（台形DEBC）が相殺される。
(31) 超過利潤＝1単位あたりの超過利潤×生産量x単位だからである。
(32) Michaels R. "After the Revolution - Decline and Return of U.S. Conflict of Laws," *Yearbook of Private International Law* 11 (2009) p.25でも同様の評価がされている。
(33) 他に例えばサヴィニー型国際私法が経済学的に見て巧妙なシステムだと評価されている。「法と経済学会・第11回全国大会講演報告『経済学は国際私法の救世主たりうるか？』」『法と経済学研究』9巻（2014年）27頁での加賀見報告を参照。
(34) この点の指摘として，林田清明「法は経済である——ポズナーの『法の経済分析』入門——」『北大法学論集』42巻（1992年）1373頁。
(35) 他に，Calabresiも判事になっている。また，連邦最高裁判所判事のBreyerやScaliaにも経済学的な素養がある。
(36) 国際私法でも，既に例えばCurrie, D. P., H. H. Kay, L. Kramer, & K. Roosevelt, *Conflict of Laws: Cases, Comments, Questions* 7th ed. (2006) p.17で，本稿のⅢの(1)事件について触れられている。

（熊本大学法学部准教授）

〈文献紹介〉

Véronique Guèvremont,

Valeurs non marchandes et droit de l'OMC

(Bruylant, 2013, x +640pp.)

久保庭　慧

1　はじめに

　グローバル化が進む国際社会において，国家をはじめとする各アクターが志向する諸価値が反映された価値多元主義的社会をいかにして構築していくか，という問題は今後ますます重要性を帯びてくると思われる。こうした諸価値はしばしば「集団的選択」と表現される。著者の Véronique Guèvremont（ラヴァル大学法学部教授）によれば，この用語は「共同体によって，また WTO 法という特殊な文脈においては WTO の締約国たる地位にある国家，あるいは国家群によって実行される選択 (p.2)」を表したものであるという。この定義に示されているように，本書は特に WTO 法の領域において，上述した集団的選択が考慮されるメカニズム，より具体的に言えば，WTO 法における非通商的価値が考慮されるメカニズムについて考察を行ったものである。以下ではごく簡潔に本書の内容を紹介し，その後若干のコメントを付すこととしたい。

2　本書の概要

　本書は大きく2つの部に分けられ，各部は4つの章から構成されている。「非通商的価値と例外 (Les valeurs non marchandes et l'exception)」と題された第1部では，WTO 法上の「例外」という技術に焦点が当てられる。

　第1章「例外の選択」では，WTO 法の枠組みにおいて集団的選択を実現するための1つの方法である例外という法技術に，どのような選択肢が用意されているかが概観される。著者はまず，1947年 GATT における一般的例外をとりあげ，この規定の導入にいたる歴史過程とともに，これらの例外が正当化される条件を論じる。次に，GATT から WTO への移行に伴い，こうした例外の考え方がどのような変遷をたどったかという点を，1947年 GATT と類似した例外のメカニズムが設けられた GATS を中心に確認する。これらの分析を経て，著者は次のように結論づける。すなわち，例外と呼ばれる法技術は確かに，一定の状況下において規則の適用を柔軟にさせ，非通商的価値を優先させることに貢献している。しかしながら，諸国が GATT 内に列挙された例外の今日化 (l'actualisation) を行うことができずにいるために，こうした例外は特定の限定された対象に未だ留まっており，結果として例外の技術に依拠した集団的選択の考慮は GATT 20条，GATS 14条という形で量的に限定が加えられているのだという。

第2章「例外の適用」ではまず，第1章で取り上げられたような例外を解釈するにあたって，GATT期，WTO期を通じて解釈に用いられる方法がどのように展開してきたかという点を概観する。そして次に，いかなるものが解釈の対象となりうるかという点について考察を進め，解釈の対象となりうる諸事実（例外として正当化されうる措置の目的，措置の目的と手段の関連性，措置の適用方法）と，現実に重要ではあるものの，解釈の外側に追いやられる諸事実（産品の生産過程に付随するイデオロギー，集団的選択そのものの「正当性」）があることを指摘した上で，例外の解釈の射程と限界を明らかにしている。

第3章「例外と権利義務の均衡保全」では，一般的例外に基づく非通商的利益の考慮にあたって生じる，締約国間の権利義務の均衡保全の問題に焦点が当てられ，集団的選択考慮の観点から，そこに潜む内在的な限界が明らかにされる。著者によれば，ここでいう「均衡」とは「多国間通商システムとしてのWTOを不安定にさせる力から保護するための均衡」であって，「通商的価値と非通商的価値との間でグローバルなレベルで均衡をはかること」を意味するものではないという。そして，このような「均衡」がもたらすのは結局のところ通商的価値の勝利であり，加えて，こうした均衡保全の役割を専ら判事に背負わせることは司法積極主義の出現をもたらし，延いてはWTOというシステムの自体の正当性が脅かされる可能性があると説く。

第4章「例外に基づく措置の統制を再考する」では，WTO法上の一般的例外として正当化されうる措置を判事がどのように統制（contrôle）するかが議論される。より具体的に言えば，一般的例外を解釈するにあたり，WTOの判事が締約国に対して示す尊重（déférence）と，それに伴って生じる諸国の評価の余地（marge nationale d'appréciation）が主要な関心となる。ここで著者はまず「審査基準（critère d'examen）」という概念を取り上げる。判事はその権限において，国家機関の決定をある程度尊重することが求められるが，一体「どの程度」そうした決定を尊重するかという点はこの審査基準に依存するという。しかしながら著者は，基準の多義性などに由来する曖昧さ故に，基準の利用は法的不安定性をもたらし，これは集団的選択の実現を望む国家にとっても，それによる経済的利益への影響を懸念する国家にとっても望ましい帰結ではないと述べる。そしてこのことを踏まえ，従来の審査基準に替わって，新たに「正当性テスト（test de légitimité）」という基準が提唱される。この基準によれば，一般的例外を根拠として諸国がとった措置の「正当性」は，措置が実行される前に民主的決定プロセスを経たかどうか，あるいは民主制を敷かない国家の場合でも審議（délibération）のプロセスを経ているかという点に基づいて判断しうるとされ，本章の最後ではこの基準のWTO法への導入可能性が探求される。

第1部で検討したように，WTO法において非通商的価値を考慮するために用いられる例外という法技術には，様々な面で限界があるということが明らかになった。そのた

め諸国は,特に WTO 成立の契機となったウルグアイラウンド以降,「例外 (exception)」というメカニズムから脱し,多国間通商システムの「規則 (règle)」そのものに集団的選択が反映される可能性を探求しようとした。「非通商的価値と規則(Les valeurs non marchandes et la règle)」と題された第2部ではこうした WTO の規則それ自体に埋め込まれた集団的選択考慮のメカニズムが論じられる。

第1章「非通商的価値と規則の形成」では,主としてサービス貿易について,国内政策の目的に応じた漸進的な自由化が認められたことにより,GATS という「規則」の中において,非通商的価値の考慮が実質的に達成されていることがまず確認される。さらに,そうした「規則」における非通商的価値の考慮が,同時期に成立した GATS 以外の協定にも影響を及ぼしていることを,そうした協定を分野別(例えば農業協定)のもの,分野横断的なもの(例えば補助金相殺措置)に分けた上で確認する。しかしそれでもなお,こうした非通商的価値考慮の実効性は,規則の解釈にかかっていると述べ,議論は次の章へと移される。

第2章「非通商的価値と規則の解釈」で検討されるのは,内国民待遇と最恵国待遇という2つの無差別原則である。著者によれば,貿易自由化のための法的枠組みの中心をなす上記2つの原則は,WTO 発足以降様々な手段を用いて,非通商的価値の観点から再解釈がなされているという。このうち,まず内国民待遇原則については,発展的解釈手法の導入や持続可能な開発の理念を読み込んだ解釈をすることによって,原則が修正される可能性が論じられる。他方,最恵国待遇原則に関しては,いわゆる一般特恵制度(授権条項)が取り上げられる。著者はこの点,近時の WTO の実行を検討し,この特恵制度は,それを利用する先進国にとって,最恵国待遇の例外を構成するだけではなく,集団的選択の考慮を実現させるための手段となっていると結論付ける。

第3章「非通商的価値の考慮の改善:WTO 改革は必要か?」では,より広く,WTO の枠組みを超えた視点から,集団的選択考慮のための WTO 改革の必要性について議論が展開される。著者はこの議論を進めるために,WTO の民主化と WTO の立憲化という2つの枠組みを用意する。まず WTO の民主化については,WTO における民主主義の赤字に関する一連の議論を紹介した上で,国家以外の新たなアクターを意思決定に参加させる必要性が説かれ,こうした民主化こそが非通商的価値が考慮されるための条件であると述べる。他方で,経済の国際機関である WTO が経済以外の事項を考慮せざるを得ない状況がある以上,その正当性を高める必要があると述べ,やはりここでも民主化は不可欠であると説く。また同時に,国際社会の性質上,民主化以外にも正当性を高める道が必要になるとし,そのような方法として,実効性の確保,法の尊重,倫理的考慮の導入,価値多元主義,そして補完性原則が提示される。次に,WTO の立憲化については,「あるべき立憲化」の議論として,WTO 法に人権価値を導入する必要性を説いた Ernst-Ulrich Petersmann の議論を紹介し,その是非を検討している。著者は,

Petersmann らの議論に代表される人権の観点からの WTO の立憲化は結局のところ「人権を隠れ蓑とした経済的自由の強調」であり，それは通商の自由化を何よりもまず優先させることを意味するとして，集団的選択考慮の観点からこうした立憲化の在り方には否定的な見解を示している。

本書全体の締めくくりでもある第4章「グローバルガバナンスにおける非通商的価値：WTO の果たすべき役割とは？」では，集団的選択の実現における WTO の強大な影響力を念頭に置きつつ，国際法の各下部システム（sous-système）間の均衡をはかるために，広くグローバルガバナンスの観点から今後の議論の方向性が提示される。ここではまず取りかかりとして，いわゆる国際法のフラングメンテーションをめぐる一連の議論が取り上げられる。この点著者はまず，国際社会が目指すべき規範の配置の仕方は「ピラミッド（pyramide）」ではなく「網（réseau）」であると述べる。そして，こうしたモデルが有効に機能するためには，各国際法下部システム間を架橋（著者によれば「間規範性（internormativité）」という概念が有用であるという）した上で，各下部システムが目指す諸価値の均衡がはかられる必要があるという。こうした議論を経て最後に，集団的選択の実現にあたって，主要アクターである国家と各国際裁判フォーラムの判事が果たすべき役割が議論される。この点，国家に関しては，国際組織間での協力を促進させること，さらには今後策定される条約の中に複数の条約相互の関係について規定した条項を盛り込む努力が求められると述べる。他方判事に関しては，同一事項に関して異なる裁判フォーラムで決定が下されうる状況に鑑み，各フォーラムの判事の間での相互交流を促進し，共通理解を醸成していく必要性が指摘される。

3　評者によるコメント

WTO 法は実に様々な形で「例外」を認めており，こうした「例外」を全体としてどのように位置付け，また評価するかという問題に答えるのは容易なことではない。この点，WTO 法における非通商的価値の考慮メカニズムを「例外（本書第1部）」から「規則（本書第2部）」へという観点で分析・整理し，なお非通商的価値が考慮されるためには，WTO 自体の改革，さらにはグローバルガバナンスの観点からの WTO の相対化が必要であるとした著者の論理は，こうした問いに対する1つの答えを明確な形で示すものであり，同時に，今後の WTO のあり方を考えるにあたって決して無視できない議論の素材を提供してくれる。

このように，困難な課題に果敢に取り組んだ意欲作である本書であるが，取り組む主題の大きさ故，いくつかの面でその評価の仕方を巡って議論を呼び起こす可能性も否定できない。本書第2部第3章で引き合いに出された Petersmann の議論の評価などはその一例であろう。著者は，人権の観点を WTO 法に取り込むことで同法の立憲化を構想する Petersmann の議論は，つまるところ貿易自由化の完全なる勝利へとつながるのみだと述べて退けるが，果たしてこのように即断することはできるのだろうか。

Petersmann の議論は数ある WTO の立憲化の議論のうちの1つに過ぎず，彼の議論が通商価値の優位につながってしまう可能性だけをもって立憲化プロジェクトそのものを否定してしまうのはいささか性急に過ぎるように思われる。

また，通商の自由化という WTO 法において追及される基本的価値に対する著者の（往々にして否定的な）評価についても疑問の余地なしとはしない。この点，著者自身の専門でもあり，本書でもしばしば言及される非通商的価値としての文化の議論に絡めて言えば，開かれた市場，物品の自由な交換という WTO が擁護する価値は，文化的豊饒，延いては文化多様性の促進にとって必要不可欠な条件を構成していると言うことも論理的には可能であろう。いずれにせよ，本書で一貫して批判の対象となっている WTO の基本理念が，本書の基本的問題関心である非通商的価値の実現・促進に対して果たしうる積極的役割について評価しないのは，公平な姿勢とは言えまい。

とはいえ，繰り返しになるが，個々の論点に対する評価の仕方に見解の相違が生じるのは，まさにその扱う主題の大きさ故であり，こうした事実だけをもって，潜在的に論争的な主題に対して，明快な論理でもって1つの解答を示した本書の意義が損なわれることはない。とりわけ，本書全体を通じて描かれた緻密な議論が，単なる静的・記述的分析に終始することなく，動的に，かつ説得力を持った形で活きてくるのは，「例外」から「規則」へという大きな道筋がはっきりと提示されているが故である。その意味で，実質的な議論はもちろんのこと，こうした構成手法についても学ぶべきところの多い作品であり，この分野に関心のある研究者のみならず，すべての国際法研究者に一読を勧めたい。

（中央大学大学院法学研究科博士後期課程）

Todd Weiler,

The Interpretation of International Investment Law : Equality, Discrimination and Minimum Standard of Treatments in Historical Context

（Martinus Nijhoff, 2013, xlvi +572pp.）

松 本 加 代

1　本書の概要

本書は，国際投資法上の主要な義務について歴史的分析による考察を行うものである。著者は，ウエスタンオンタリオ大学法学部の非常勤教授であり，多くの投資家対国家の紛争解決手続き（ISDS: Investor to State Dispute Settlement）における仲裁人や代理

人を務めている Todd Weiler 氏である。国際投資法に関する著作には，近年の ISDS の仲裁判断を主な分析対象とするものが多くある中，本書の特徴は，法源や国家実行等の分析に基づき，公正待遇義務（FET: fair and equitable treatment），保護及び保障（P&S: protection and security），内国民待遇（NT: national treatment）及び最恵国待遇（MFN: most favoured nation treatment）につき，著者が「神話」と位置付ける 4 つの解釈上の立場を否定するかたちで議論が展開されることである。それら 4 つの解釈上の立場とは，1）P&S と FET は，外国人に対する国際慣習法上の最低基準の一部であり，その基準とは独立した意味を有さない，2）国際慣習法上の最低基準の違反を立証するためには，拘束的な国際慣習があることを国家実行及び法的信念が存在することにより立証しなくてはならない，3）FET は，裁判拒否を禁ずる国際慣習法の限定的な副産物に過ぎない，4）NT や MFN 違反は，投資受入国の当局者が国籍に基づく差別を意図していた場合にのみ成立しうる，というものである。このような立場で ISDS において各義務が解釈された場合，いずれも投資受入国の義務の範囲が限定的に解される効果を有する。

2　本書の構成

以下，「神話」を否定する論拠を中心に本論の構成と概要について述べ，その意義について補足的に説明を行う。第2章においては，本書の基底をなす主張である，国際投資法の義務を解釈する際，歴史的な分析が不可欠であることが示される。具体的には，仲裁人が，当該個人のイデオロギーから離れて客観的な解釈を行うためには，国際法の根本原則と，問題となっている投資協定が締結された時代の文脈を理解することが必要であるとし，その際に歴史的な分析が不可欠であるとする。さらに，同時性の原則は，ウイーン条約法条約の31条(3)(c)に表れているとの理解のもと，ICJ 判断で同原則が適用された *Anglo-American Oil Co.* 事件の解釈アプローチが紹介される。

第3章は，国際投資法の起源について考察する。外国人が国家主権を有する者（統治者）の管轄下に置かれ，統治者側に何らかの義務が生じた時代として最も早期と考えられる古代ローマ時代にまでさかのぼり，P&S 義務の内容を中心に詳細に検討する。同義務は，18世紀から19世紀の間に国際慣習法になっていたと考えられることが示され，さらに，国際慣習法上，保護される権利は，契約上の権利等も含む幅広い財産権であり，侵害とされる行為の態様も物理的なものに限られないことなど，国際慣習法上の P&S の義務は，ISDS において解されているもの（すなわち，物理的な侵害に限られる。）の範囲よりも広いことが示される。

第4章は，2つの要素からなる。まず，18世紀及び19世紀において P&S が，米国の原住民および中国に対してどのように適用されたかが述べられる。続いて，20世紀の通商航海条約は，資本輸出国の間で，投資家の財産を守るために幅広い P&S が規定されていたことや，同義務からのちにハル・フォーミュラと呼ばれる，合法とされる収用の

要件である補償の水準（「十分で効果的で迅速な補償」）のベースになったこと等が指摘される。ISDSにおいては，国家の投資協定上の義務違反として，FET違反が根拠として主張されることが多いことから，研究者や実務家がISDSのみを分析している場合には，FETが最も幅広い国家の行為を対象としうると理解しがちである。第3章及び第4章の分析から，むしろP&Sの義務が，国際慣習法上は投資家の財産を守るための包括的な義務であることが示される。

第5章は，FET義務の起源を明らかにする。すなわち，多くのISDSの判断や近年締結された投資協定（日本のEPA含む）が示唆するFETの理解とは異なり，FETは国際慣習法上の義務ではなく，20世紀になってから国際条約に導入されたものであることが示される。著者は，3つの起源を挙げる。まず，混合請求委員会の準拠法として，「公正かつ衡平な」原則に従って仲裁人が判断を行うべきことを定め，幅広い法的判断を可能とした多くの条約の条文である。次に，米国の通商条約や他の資本輸出国の同様の条約を検討し，衡平な（equitable）という，幅のある意味を有する用語を起源として挙げる。すなわち，意味において幅を有するために，外国人（投資家）又は国家間の平等の両方の観点から，条約上の用語として利用しやすかったことを指摘する。もう1つの起源は，国際慣習法上の最低基準につき，発展段階に違いのある国の間で意見が相違している状況下でそれをつなぐための資本輸出国側のねらいであるとする。いずれにしても，FETが国際慣習法とは別の起源を有することが示される。

第6章は，国際投資法に関する大きな論争を呼んだ，NAFTA公正貿易委員会（米国，カナダ，メキシコ政府によって構成される）の解釈ノート（2001年7月）について述べる。当該解釈ノートは，NAFTA1105条に規定されるFETが，国際慣習法上の最低基準を意味するものである等の解釈を示したものである。当時は，すでに同義務を幅広く解する初期のNAFTA仲裁の判断がいくつか出ており，係争中の事件もあったことから，その効果について大きな論争が起きた。著者は，これまでの分析や米国の初期のモデルBIT等に基づき，解釈ノートは，解釈の「明確化」ではなく，正統な手続きを経ていない「条約の変更」であるとする。著者は，想定されたよりも膨大なコストを伴うNAFTA仲裁に政府関係者が警戒感を高めたと推察している。続く第7章では，ISDSやその他の紛争解決手続きにおいて，FETがどのように解釈されてきたか，およびどのように解釈されうるかについて，衡平と無差別の原則と関連付けて検討する。その際，著者はFETはバスケットクローズであり，外国投資家の競争的機会の平等をなくすあらゆる行為をとらえる効果を有するとの理解を示している。

第8章及び9章においては，国際投資法におけるNTおよびMFN（TNLF: treatment no less favourable）が通商法（international trade law）におけるNT及びMFNとは異なることが示される。第8章は，TNLFの起源を探り，17世紀ごろには国家間の平等の考え方が定着すると同時にMFNを内容とするTNLFが国際通商条約には必ず盛

り込まれるようになっていたこと等を示す。言い換えると，第二次大戦前の通商条約においては MFN のみが TNLF の中核的義務であった。その後，実現しなかった ITO（国際貿易機構）の交渉過程から，ハバナ憲章の投資に関する義務が，GATT が果たすと期待されていた効果である，自由な経済活動を促進するというよりは，国家による経済活動への干渉を幅広く許容しうるものであったために成立しなかったこと等が示される。著者によれば，この経緯は投資法と通商法の分岐を示しており，通商法上の NT は MFN からの逸脱を防ぐため，すなわち関税譲許の効果を減殺しないためのものとされる。第 9 章は，より幅広く通商法と投資法の違いが議論される。重要な点として，通商法上の NT は，いわゆるマーケットアクセスそのものではないことが指摘される。投資法上のマーケットアクセスは，外資規制の撤廃であり，投資設立時を含む投資活動について，NT を供与することと規定される。これは，MFN を規定しなくてもマーケットアクセス向上の効果を有する。一方で，通商上のマーケットアクセスや関税の低減，撤廃や数量制限の一般的禁止であり，GATT 3 条単体ではマーケットアクセスの効果を有さない。GATT 3 条は GATT 1 条（MFN）とセットで初めて自由化の機能を有することが指摘される。続いて，投資法上の NT が，平等の原則に基づくものであることや通商法上の NT との文言の違い（"so as to afford protection" という文言が一般に投資法においては無いこと。）等も指摘し，国籍に基づく差別の意図の有無は，差別的であるかいなかの判断において関係なく，待遇自体が判断の対象となることが示される。著者は，国家による正当化（正統な規制権限等）の余地は，客観的な意図を推定することではなく，"like circumstances" の判断において可能であるとの立場をとっている。ただし，政策的観点からの正当化抗弁の妥当性を仲裁人が判断する際に判断するべき指針が，実質的に措置の客観的意図を推定する際の指針と似通っていることから，著者の立場の実質的な効果は，投資家にとっての違反の立証の容易さと考えられる。

3　コメント

本書は，国際投資法上の主要な義務の起源や歴史的変遷を包括的に示すことにより，個別の投資協定における意味を検討する際の指針となる意義を有する。ISDS に直接関与する法律家のみならず，今後の日本の投資協定や EPA の投資章のドラフティングにたずさわる者にとっても示唆的な内容を多く含む。一方で，日本については，投資自由化義務（投資設立時の NT 等）を含む投資協定（EPA 投資章を含む。）が，著者の提示する各義務の内容とは異なる理解の上にたって締結されていると仮定した場合，本書の分析がどの程度実際的な意味を有するかの判断は難しい。なお，日本の投資協定には，FET 条文において一般国際法に言及するものとそうでないものがあるが，第 3 者たる仲裁廷からそれぞれの FET 義務がどう解釈されるかは興味深い論点である。これらを踏まえると，日本政府が投資協定の交渉を引き続き積極的に行っている中，国際法の形成に大きな役割を果たしてきた学問上の環境という優位性があるとはいえ，欧米諸国の

研究者による研究のみでは、日本にとっての実際的な意味の検討は不十分になっている。日本の研究者によって、引き続き積極的な投資法の研究が行われ、発表されることを期待したい。

(経済産業省通商政策局企画調査室課長補佐)

福永有夏（著）
『国際経済協定の遵守確保と紛争処理
——WTO紛争処理制度及び投資仲裁制度の意義と限界——』
(有斐閣, 2013年, ⅴ+611頁)

小 林 友 彦

1 はじめに

本書は、早稲田大学社会科学部教授として教鞭をとる著者が東京大学法学政治学研究科に提出した博士論文を基にして、その後の常設仲裁裁判所における法務官補佐としての実務経験もふまえて加筆された大著である。

主題に示された国際経済協定とはWTO協定と投資協定とを指しており、これらの遵守を確保するために、副題に示されているWTO紛争処理制度と投資仲裁制度(これを総称して「国際経済紛争処理制度」と呼ぶ)がどのような「意義」を有しているかについて、とりわけ手続的側面から詳細な分析がなされている。それに加え、国際経済紛争処理制度が有効に機能することの外部効果についても目配りしており、その「限界」をめぐる評価についても考察が加えられている。このように、これらを「二つの主題」として併置することで、国際経済紛争処理制度の機能を複眼的に分析している。

構成としては、まず本編が、理論分析と制度の概要とを示す「一般的考察」(第Ⅰ部)と「実証分析」(第Ⅱ部)の2部からなる。なお、439頁以下の「終章」は、第Ⅱ部だけでなく本書全体を総括するものとして位置づけられている。その後に、おそらくは研究者のみならず実務家をも読者として想定した配慮として、150頁に及ぶ資料編が付されている。このように質的にも量的にも大部な本書の全体を、限られた紙幅の範囲内で詳説することは評者の能力を超える。そこで、以下では本書の各章の内容を要約した上で(2)、若干の評釈を付す(3)。

2 本書の概要
(1) 第Ⅰ部

第Ⅰ部では、「国際法の自発的遵守を導く要因」と題する第1章において、国際法の遵守確保に関わる既存の諸理論を俯瞰的に整理する。続いて、「国際法の遵守確保制度」

と題する第2章において,特に紛争処理の場面に焦点を当てて,国際法の遵守を確保するための制度について概観する。

分析内容は概略以下の通りである。まず,国家が自発的に国際法を遵守するのは自らの利益を追求し自らの規範意識に則って行動するからであり,それゆえ国家の利益や規範意識に合致するような規範形成や解釈・適用を行うことで国際法の遵守を促すことができると指摘する。さらに,国際社会の「法制度化」や「司法化」の一環として個別紛争を処理する仕組みが発達しつつあり,とりわけ国際経済紛争処理制度は,主として個別紛争の処理に携わるものの,より広く国際法の遵守確保に貢献していると指摘する。

その一方で,国際経済紛争処理制度が有効に機能していることが他の国際法規範や国内法秩序との間に「緊張」を生み,国際経済紛争処理制度それ自体の「正統性」と「妥当性」に疑念をもたらし,ひいては国際経済条約を遵守しようという国家の規範意識まで損なわれる恐れがあるとの批判があることにも光を当てる。たしかに,他の国際法との関係では,実体的な抵触が生じる場合に限らず,国際経済協定の方が履行されやすいことから他の国際法規範の履行が妨げられる場合があり,国内法秩序との関係では,国際経済協定の効果的な履行強制がなされることによって「民意」(民主政)に反する形で干渉する場合がある。こうした事情に無自覚なまま国際経済協定を形成・解釈・適用するのは手続的な正しさ(「正統性」)を欠き,また,結果的に他の法規範の実現を妨げるのは実体的な正しさ(「妥当性」)を欠くという批判はある。他方で,こうした「緊張」状態を回避したり克服したりするための提言もなされている。

本書は,こうした「緊張」をめぐる議論を正面から受け止め,こうした問題に取り組むために,法形成過程における非国家主体の参加の有無,法適用過程における裁判官の属性や機能,結果として公正・衡平が達成されるか否か等について実証的に分析する必要があると指摘する。

(2) 第Ⅱ部

これを受けて,第Ⅱ部では,実証分析の対象として,WTO紛争処理制度と投資仲裁制度のそれぞれにおける関連アクター,審理手続,そして救済手段の3点に注目する。まず,「主体」と題する第1章では,関連するアクターを当事者・審理者・関心者の3者に区分した上で,多様な利害関係者について多面的に分析する。まず,「当事者」とは,WTO紛争処理手続においては紛争当事国だけでなく,第三国をも含む。次に,「審理者」とは,WTO紛争処理制度においてはパネル(小委員会)と上級委員会のみならず紛争解決機関(DSB)をも含み,投資仲裁制度においては仲裁裁判所と特別委員会等を指す。さらに,「関心者」とは,WTO紛争処理制度においては非国家主体(企業や市民)を指し,投資仲裁制度においては外国投資家の本国やその他の市民を指す。これに続いて,「審理の対象と方法」と題する第2章では,WTO紛争処理制度については「付託事項と対象措置の確定」と「検討基準」(審査基準)とを取り上げて分析する。また,

投資仲裁制度については管轄合意と「投資から直接生ずる法律上の紛争」の範囲をめぐる論点を扱う。最後に,「救済の内容と実施確保」と題する第3章では,WTO紛争処理制度と投資仲裁制度のそれぞれについて,被害国の救済のために認められる内容とその実施確保のための方法が論じられる。

さて,第1章の分析は,概略以下の通りである。第1に,「当事者」について,直接の経済的利害関係者である私人が当事者となれないWTO紛争処理制度においては,個別紛争の処理に加えて国際法の遵守確保まで射程に含めやすい。逆に,投資仲裁制度は,長期的には遵守を促すとしても,直接には遵守確保を実現するにはなじまない。第2に,「審理者」については,投資仲裁手続でもWTO紛争処理手続でも仲裁人やパネリストの選考過程が不透明であり,人選も偏る傾向があるので,選考過程の透明化や代表性の確保が課題である。第3に,「関心者」については,紛争処理手続への市民参加の拡大を求める声もあるものの,その内容の妥当性は自明ではないし,かえって手続的な正統性を損なう恐れもあるということを看過すべきでない。

次に,第2章の分析は,概要以下の通りである。第1に,「付託事項と対象措置の特定」については,原告側に広範な裁量が認められているものの,WTO紛争処理制度においても投資仲裁制度においても,被告側の防御権の保障や訴訟経済といった観点から一定の制約が加えられることがある。また,関連する国内法の位置づけについては,WTO紛争処理制度においては国内法「そのもの」を検討対象とできるために遵守確保に資している。これが国内法秩序との「緊張」を生じさせる恐れがありうるものの,謙抑的に運用されているためにその懸念はおおむね回避されている。投資仲裁制度においては国内法それ自体を審理対象とはしないことから,遵守確保の面では限界があるものの,逆に国内法秩序との「緊張」は未然に回避されている。第2に,「検討基準」については,WTO紛争処理制度においても投資仲裁制度においても,制度上は他の国際法規範や加盟国の国内法との間の「緊張」が生じる可能性があるものの,謙抑的に運用されているために実際にはそのような「緊張」は回避されている。

最後に,第3章の分析は,概要以下の通りである。第1に,「救済の内容」(形式)として,WTO紛争処理制度においては違反認定と是正勧告を行い,違反が是正されることによって遵守確保と紛争解決の両方を実現しようとする。是正の方法を原則として敗訴国に委ねることによって,国内法秩序との「緊張」を回避できる。これに対して投資仲裁制度では,金銭賠償や補償を命じるものの,措置の是正を求めることはほとんどないため,紛争解決には資しても遵守確保を直接実現するわけではない。これも,一私人の救済のために国内法の変更を義務付けて「緊張」が生じることを回避していると言える。第2に,救済の「実施確保」については,WTO紛争処理制度においては多段階的な履行確保の制度を設けているものの,履行を促す経済的なインセンティブは原告国が被った利益の無効化又は侵害の程度を上限とするため,常に実効的だとは言えない。投

資仲裁制度においても，不履行に対しては国内裁判所による仲裁判断の承認執行や本国による外交的保護を求めることができるものの，主権免除等が障害となるため実効性は限られている。

終章において，結論が述べられる。まず，紛争処理手続が遵守確保に果たす意義（第1の主題）については，違反措置の是正を求めるWTO紛争処理制度の方が紛争解決と遵守確保とを同時に実現しやすいものの，その成否は当事国の規範意識に左右される。次に，紛争処理手続と他制度との間の「緊張」の有無（第2の主題）については，たしかに他の国際法規範や国内法秩序との間の「緊張」は生じうるものの，これまでの解釈・運用においては審理者によって適切な配慮がなされており，おおむねそれは回避できている。

3 若干の評釈

本書は，WTO紛争処理制度と投資仲裁制度とを対照させつつ，遵守確保という制度的論点と紛争処理という個別的論点とを対比させることを通して，国際法の実効性に関する理論的課題と実践的課題とを鮮やかに浮かび上がらせた。この点で，研究手法においても分析内容においても国際法学・国際経済法学の新たな地平を切り拓いたと言えよう。また，実効的に機能していると評価されることの多い特定の紛争処理制度が他の制度との間で「緊張」を引き起こしているという批判があることについても目配りし，実践的な観点から当該「緊張」がどのように回避されうるかにまで検討を加えた点で，実務担当者の関心にも応えている。紙幅の都合上，以下では2つの点に絞って評釈する。

第1に，形式的な点について指摘しておきたい。まず，第Ⅰ部と第Ⅱ部とで分量に大きな差があること，また，大部である割に見出しが簡潔であることに戸惑う読者もいるかもしれない。しかし，これは，著者の最新の実務経験をふまえて論文の後半部分の内容が拡充されたことによるものと推測される。また，用語法の中には著者独自のものが散見されることから，一部のみを読むと戸惑う読者もいるかもしれない。しかし，「緊張」（4頁），「妥当性」（35頁脚注47），「正統性」（38頁脚注64），「検討基準」（255頁脚注128）等，重要な用語には適宜説明が付されており，丹念に読めばそれぞれの語義を把握するのは困難ではなかろう。

第2に，「主体」の整理について付言する。第Ⅱ部第1章において，WTO紛争処理手続に参加した第三国を「当事者」ないし「当事国」に含めることの意義について，もう少し説明を要するように思われる。紛争処理制度の「二辺的構造」のゆえに「付随的」に権利を認められるにすぎず，個別の紛争処理裁定の効果も及ばず，第三国なしでも手続は進行させられるのであれば（129頁），紛争処理手続に「不可欠な主体であることから」という説明のみで紛争当事国と同視することには（109頁），若干戸惑いが感じられる。むしろ，第三国が介在することでシステミックな観点が導入されてWTO協定の遵守確保に資するのか，紛争当事者間の個別の紛争処理を促すのかそれとも妨げるのかに

について，付言する余地もあったのではないだろうか。

また，外部専門家の位置づけも問題となりうる。というのも，WTO紛争処理手続において DSU 13条に基づいて専門家に助言を求めることを「審理者」たるパネル・上級委の権限として位置づけているところ (132頁)，「関心者」たる NGO がアミカス・キュリエ（「法廷の友」）書面を提出することも DSU 13条に基づくパネル・上級委の裁量として認められてきたし (164頁)，「当事者」の書面にも NGO の意見や鑑定人の意見が反映されることがあるため，3者のいずれにも当てはまる場合があるように見えるからである。このような DSU 13条解釈も，おそらくは他の国際法規範等との「緊張」を回避する実践だと言えよう。それゆえ，「当事者」・「審理者」・「関心者」という分類，そしてそれが本書の主題である「緊張」の回避にどのように資するかについて，より詳細な説明がなされれば，さらに本書の示唆する内容が豊かになったのではないだろうか。

以上，2点に絞って評釈を加えた。多面的かつ広範な学術的意義を有する本書の中から非本質的な点についてあら捜しを試みたに過ぎず，本書の意義を損なうものではいささかもない。むしろ，評者の理解が及ばず的外れな指摘をしたのではないかとの恐れと緊張感を回避することができない。

(小樽商科大学商学部准教授)

林　正徳（著）

『多国間交渉における合意形成プロセス——GATT ウルグアイ・ラウンドでの SPS 協定の成立と「貿易自由化」パラダイムの終焉——』

(農林統計出版，2013年，xxxi+481頁)

飯　野　　文

1　はじめに

本書は，農林水産省に勤務し，農業交渉及び SPS 交渉に従事した著者がその経験をふまえ，「多様な利害関係をもつ多くの交渉参加国による国際交渉で，1つの貿易ルールになぜ，どのように合意に至ることが可能なのか」という課題の解明に挑んだものであり，著者の学位論文がもとになっている。著者も指摘するように，本書の大部分は，SPS 協定の成立過程に関する記述にあてられている。但し，著者の意図は，「SPS 協定の交渉経緯ないし立法者の意図としての条約制定の準備作業を提示すること」ではない。あくまで冒頭の課題に対し，国際関係論の一分野である交渉理論と当該理論の SPS 交渉への応用を通じてアプローチし，今後の国際貿易交渉に資するというものである（本書「はじめに」v頁）。以下では，まず本書の概要を記した後に本書に関する若干の私見を

述べることとしたい。

2　本書の概要

全10章で構成される本書概要は以下の通りである。

第1章で交渉理論の概要と当該理論をSPS交渉へ応用するための枠組みの設計及び概念整理が行われる。多国間貿易交渉は二国間交渉と異なるとの前提が置かれた上で、SPS交渉に交渉理論を応用して分析する際に留意すべきSPS交渉の特殊性――ウルグアイラウンド（以下，UR）の一部という多重構造の中で行われたこと，非関税措置に関する交渉であり，従来の交渉方式が援用され難かったこと――，が指摘される。さらに，本書の分析で用いられる分析枠組みとそこで用いられる概念（「交渉の目標と対象」，「交渉の方式」，「交渉組織の構造」，「交渉の時間的枠組みとフェーズ」，「交渉の参加者」，「交渉を規定する外的要素」等）の内容が提示される。

第2章では，動植物検疫・食品安全措置に関する国際的な取組について，第1に各国間の情報交換・共同行動のための国際的枠組み形成，第2に当該措置の濫用を防止し，国際貿易への悪影響を最小化するための貿易ルールの形成という2つの「系譜」が紹介される。前者については，動物検疫，植物検疫，食品安全という分野別の国際的枠組みの発展の経緯が提示される。後者については，1927年の輸出入禁止制限撤廃条約の交渉経緯に遡り，この「世界初の多国間貿易交渉の最大の課題は，関税問題ではなく動植物検疫・食品安全措置をはじめとする非関税措置にいかなるルールを課すかであった」ことを明らかにする。当該条約は発効に至らなかったものの，GATTへ引き継がれ，東京ラウンドでこれらの措置が非関税措置として本格的に交渉対象として取り上げられた経緯とURへの影響が分析される。

第3章から第9章までは，SPS協定の交渉経緯が時系列にかつ仔細に描かれる。第3章ではSPS分野が交渉対象として特定されるURまでの時期（1982年11月～1986年9月）が「準備交渉」として位置付けられ，同時期に行われた主要国の活動や議論の争点，交渉に影響したSPS措置に関する貿易問題（口蹄疫汚染国からの輸入制限問題，米国・EC間のホルモン牛肉の輸入禁止問題など）が提示される。

第4章以降は最終的な合意形成に至るまでの「本交渉」が扱われる。まず第4章では，「交渉の枠組み」の設定と「情報・認識の共有」がなされた1986年9月～1988年12月が分析される。「交渉の枠組み」の設定とは，「交渉を開始するにあたって合意された，なぜ，何を，いつまでに，どこで，どのように交渉するのかについての交渉参加者の間の共通の理解」（7頁）を指す。本章では，特に農業交渉とは別途，SPS作業グループという交渉の「場」が設定された前後の状況及びその影響に焦点が当てられる。

第5章は，SPS交渉のようなルール交渉に必要な「主導原則」が特定された時期（1989年4月～1990年4月）が対象である。「主導原則」とは，「「交渉の目標」を達成するために必要なルール化に関する基本的な概念・考え方」であって交渉参加国の支持

があるものを指す（14頁）。SPS 交渉の場合は,調和,リスク評価,受け入れ可能なリスク水準などがこれに該当する。

　第6章は,1990年4月～6月の「成文化への準備の時期」が対象である。著者は,交渉で合意点を見出すための前提条件として,交渉参加国の立場の共通項と対立点とが明確にされ,これらの国々の間で共通認識が醸成される必要性を指摘し,この時期にみられる各国提案と議論に基づいて各々の立場の共通点と対立点とが明確化された作業を提示する。

　第7章は,「成文化作業」が行われた時期（1990年6月～12月）,第8章は「残された争点の解決」時期（1991年2月～12月）,第9章は「条約案テキストの再読」(1992年～1993年12月) にあてられる。

　終章の前半では,動植物検疫・食品安全措置のルール制定になぜ70年近くを要したのか,UR でなぜそれが可能であったのかが分析される。著者は,その理由を3点挙げる。第1に,当該措置については関税交渉のような分配的交渉が不可能であると供に,交渉結果の計量的評価も困難であるなど,交渉対象として難易度が高いことである。第2に,GATT 下では当該措置の実態調査やデータベース化,国際的取組に関する事務局の文書作成などが行われたことに加え,コーデックス委員会などによる国際的取組も成熟し,措置自体に対する交渉関係者の理解の深まり・共有と「交渉の枠組み」の設計が可能であったこと,第3に,関税交渉ではなくルール交渉であった当該分野では「主導原則」（調和,科学,リスク評価など）のサーチとその詳細化が必要であるが,UR では国際的取組の存在などそのための環境面の成熟が進んでいたこと,である。終章後半では,SPS 協定が「主権に対して「貿易自由化」の見地から制約を課す」という言説に対する批判的な検証が行われる。著者によれば,こうした言説では貿易自由化が定義されずに通念化しており,その妥当性に疑問が生じることに加え,特に紛争処理手続の面から分析すると SPS 関連の貿易紛争の多くは SPS 委員会で解決されており,「司法」判断が加盟国に貿易自由化を強制しているという主張は幻想にすぎないといった考察が示される。

3　コメント

　SPS 協定の交渉経緯を扱った論考はこれまでにも存在するが,SPS 協定の交渉経緯をこれほどつぶさに検討したものは他に例をみない。さらに,本書の特徴は交渉理論を応用し,それを基に分析を試みた点であろう。冒頭で言及した通り,著者によれば本書は SPS 交渉の交渉経緯の再現を目的としないとされるが,実際に交渉経緯に割かれる紙幅は大きい。この結果,動植物検疫・食品安全措置や SPS 協定に馴染みのない読者にとっては,難解な部分もあると思われ,ともすれば交渉経緯がやや冗長であるとの感ももたれるかもしれない。この点,SPS 協定の交渉経緯がたどられる第3章から第9章では,各章に含まれるイントロダクションに相当する部分と「おわりに」を読むことにより交渉の大局的な流れが把握できるであろう。

惜しむらくは，従来の交渉理論の SPS 交渉への応用について判然としない印象が残ることである。本書では，従来の交渉理論の中でも過程分析を援用するとされた上で，分析枠組みとその概念が提示されている（7～28頁）。しかし，過程分析が本書で用いられる分析枠組みにいかに援用されているか，分析枠組みとそれを構成する各概念がどう構築されたものか必ずしも明確でない。また，各概念の内容は説明されるものの，各々の概念の相互関係が不明であるので，各概念を用いることでどのような分析が得られるのか曖昧な部分が残る。例えば，第 2 章では輸出入禁止制限撤廃条約の交渉経緯と GATT 下における当該分野の交渉経緯が分析され，その際に「準備交渉」，「本交渉」といった交渉理論で重視するとされる概念や，本書の分析枠組みを構成するその他の概念が表れるが，もともと概念の相互関係が提示されていないので，これらを用いた結果の着地点がやや不明瞭である。その結果，交渉理論の応用がどのように終章とむすびつくのか，また，当初の問題設定と終章との関係についても必ずしも釈然としない部分が残る。

　終章後半においては，SPS 協定が貿易自由化の見地から国家の主権に制約を課すという言説に対する著者の反論が展開される。著者は定義されないまま通念化している「「貿易自由化」とはそもそも何かをまず検討しなければならない」とし，GATT が関税と非関税措置の両方を扱ったことで GATT 法体系とその担い手に根本的な変更を迫ったと指摘するものの，結局のところ，著者のいう「貿易自由化」とは何かが必ずしも明瞭ではない。次に，著者は WTO が「「司法」判断を通じて「貿易自由化」を強制する」という議論が幻想であるということを主に紛争処理手続の観点から指摘する。その際，SPS 分野の貿易問題の多くは SPS 委員会の議論を通じて解決し，パネルや上級委員会報告に至るものは特別なケースであるにもかかわらず，SPS 協定に関する論述がパネル及び上級委員会の報告に基づいてなされ，成文化プロセスの検証がないことをやや批判的に論じている。加えてパネル・上級委員会報告に至る紛争事案は，「国内調整の手段」として利用されたという視点も重要であると述べ，WTO おいても貿易問題に関してはプラグマティックな解決しかないと指摘している。確かに，その点は貿易問題の処理の現実的な一面を表すものといえる。しかし，パネル・上級委員会審理の際に厳格な文理解釈が行われること，そしてその解釈が後の紛争処理の場面でもしばしば用いられるという状況も WTO 紛争処理の一面の現実であり，真に中立的な成文化プロセスを特定することもまた難しい。

　以上の諸点はしかし，成文化の過程を仔細に検討した本書の価値を減じるものではない。本書では，SPS 交渉を通じて SPS 協定の現行テキストに至る様子が交渉方法（交渉の「場」の設定など）と共に再現される。このため，交渉担当者以外には分かり難いところもある多国間交渉の交渉方法が部外者にとっても把握可能なものとなっている。こうして明らかとなる多国間交渉の方法論については，SPS 以外の分野にも応用可能であ

ろう。同時に，多国間交渉を通じたルール形成のステップも描かれており，今後の多国間交渉や，TPPなどの交渉への示唆にも富む。

また，本書は，難解なSPS協定がなぜそのように規定されるに至ったかの理解にも貢献し，さらには，現行テキストを解釈する際の参考ともなろう。たとえば，終章にみられる「主導原則」——SPS協定の特性をあらわす，無差別原則，貿易への悪影響の最小化，調和，科学，リスクといった概念——がどのように交渉に表れ，また交渉の過程で成熟化し，現行テキストに反映されているか，またその経緯から明らかになる各概念の相互関係は，現行ルールの理解を深める時に有益である。本書全体を通じて，個別の貿易紛争の推移や判断が交渉や協定のテキストに及ぼす影響が大きいことも描き出されており，この点でも今後の交渉に資しよう。

著者が終章の「おわりに」で，本書における分析を「ラウンド交渉の行き詰まりと地域貿易協定締結へのシフト」という現状にどう活かし得るか，政策面に関わるメッセージも含めて言及している点も意義深い。

（日本大学商学部准教授）

グローバル・コンプライアンス研究会（著）
『体系グローバル・コンプライアンス・リスクの現状』

（きんざい，2013年，xvii+489頁）

久保田　隆

1　本書を書評で取り上げる意義

最近，マネーロンダリング対策規制や外国公務員贈賄規制，証券規制，独占禁止法制，国際課税など様々な分野で，米国法等の外国法の広範な適用により，日本企業が多額の課徴金を支払わされるリスクに対応した「国際コンプライアンス」の重要性が高まり，実務だけでなく学界からも強い関心が集まっている。

ここ最近だけでも，『国際商取引学会年報』2013年15号（2013年5月刊行）が『国際商取引における不正』を統一テーマとして，政府や企業の担当者が独占禁止法の域外適用や外国公務員贈賄規制を巡る論考を寄稿しているほか，2013年11月10日の国際商取引学会全国大会シンポジウムがマネーロンダリング対策法やタックスヘイブン対策税制等の国際コンプライアンスを取り上げ，学者による議論がなされた。一方，国際取引法の主要誌である『国際商事法務』でも，国際取引法の研究者による「国際コンプライアンスの研究」が2013年8月号以降連載されており，アンダーソン・毛利・友常法律事務所等に所属する渉外弁護士数名による『域外適用法令のすべて』（きんざい，2013年12月

9日）も発刊されたところである。
　従って，国際コンプライアンスに関する文献紹介を行う意義は高いと思われるが，数ある書物の中でとりわけ本書を選んだ理由は何か？　それは，「国際コンプライアンス」の必要性が高まった背景に米国がリードする世界的な規制強化の流れがあるところ，その真意について知り得る政府当局の現役・OBやコンサルタント等の執筆陣が，あまり周知でない事項に対して詳細な解説を加えていたり，「国際的潮流」という目に見えない動きについて比較的明確に記述しているからである。そのような情報は，最先端の実務からはどうしても距離がある研究者にとって不可欠なので，紹介の価値がある。
　しかし，本書自体は実務書であるため，単なる事実の紹介や実務ノウハウに過ぎないと考えて書評に不適と解される向きもあろう。だが，そうとも言いきれない。国際取引法学は実務的な側面を不可避的に含むため，ウィーン売買条約研究のコンメンタール各種（故 P. Schelechtriem の一連の著作など）も，国際金融法の古典である故 F.A. Mann の Legal Aspect of Money も，果ては P.R. Wood の相殺関連著作であっても，国際取引法分野の世界的名著でありながら，実務書の性格も強く帯びている。従って，実務書だから書評に値しないとすれば，大学院生の学位論文や歴史研究等しか書評できなくなるし，国際取引法学にとって現代性は貴重な価値であるため，そのような縛りはむしろ有害である。また，本書は実務書の性格が強いものの，論文によって出来不出来はあるものの，法的な紹介論文として有用である上に現時点では類書が乏しく，またこれから述べるように，学問的書評に値する指摘も幾つか見られる。従って，書評として紹介するに値すると考える。
　2　本書の概要
　本書の監修はプロモントリー・フィナンシャル・ジャパン（以下 PFJ）という，米国のコンサルティング会社 Promontory Financial（以下，PF）の日本法人である。PF はクリントン政権時に通貨監督官であった Eugene Ludwig 氏が2001年に設立した金融コンサルティング会社で，白川方明・前日本銀行総裁を含む各国の当局 OB を多数抱え，金融の様々な新規制に対応するためのコンサルティング事業を行っており，自らが立案に携わった規制の実施を指導することで収益を上げるという意味で民間金融機関から「マッチ・ポンプのような会社」と揶揄されることもある。2004年に設立された PFJ も同様に政府当局 OB が多数を占め，日本銀行元局長が社長を勤め，日本銀行や金融庁，警察庁 OB 等が関わっている。従って，本書の内容は，規制を構築した当局者の認識を多く反映したものと考えられる。
　次に，本書の概要と読み進める上でのポイントを以下に示す。
　まず，巻頭言は，警察庁 OB で弁護士の著者により，執筆者の共通認識として「政治・安全保障リスクと経済・金融リスクの癒合」というコンプライアンス環境の未曾有の激変があり，「過去との訣別」が企業経営者，政治指導者，官僚に求められている

ことを指摘すると共に，2013年4月に施行されたばかりの犯罪収益移転防止法の速やかな再改正が日本の信用に関わる課題であること等を述べている。この主張が最も色濃く反映されているのが第1章で，金融庁OBの大学教授により，近年の国際規制潮流においては，リスクベース・アプローチを採用した上で「リスク間のシステミックなつながり」を重視し，「政治リスクは政治の世界で，経済リスクは経済の世界で，などとタテ割りの組織で要素還元的にコントロールすることが難しくなって」(4頁)，「『政経分離の終わり，政経融合の始まり』が深く認識され始めた」(5頁)とされる。オバマ政権の国家安全保障戦略も，①外交と開発援助，②経済と金融取引，③インテリジェンスと法執行，④軍需力の4要素を縦横に組み合わせる「包括的関与の追求」をうたい，軍事と外交の中間的パワーである②と③の領域で，マネーロンダリングやテロ資金対策，タックスヘイブン対策，外国公務員腐敗防止対策，独占禁止対策を追及しているとする。また，G20などの国際会議においても同様の包括的関与が追及され，マネーロンダリング対策の政府間会合であるFATF（金融活動作業部会）の2012年の最新勧告においても，タックスヘイブン対策とマネーロンダリング対策の複合が指摘されている点などを取り上げた上で，企業の国際コンプライアンス態勢も，リスクの複合と繋がりを重視して有機的に構築しなければならないとする。本章は興味深い指摘であるが，論証が乏しく，例えば，米国の包括的関与を実証すべく米国の公式文書を紐解いてみたが，著者の主張を裏付けるのに十分な事実を筆者は発見できなかった。但し，規制当局者が，マネーロンダリング対策とタックスヘイブン対策の複合など，リスク相互間の連携をかなり意識して構築したことが分かる点で有用である。

　第2章は，都銀出身の大蔵省出向経験者でマネーロンダリング対策の専門家による詳細で包括的な実務ガイダンスである。法学的観点からは，具体的な論証において本章は比較的優れている。2001年制定の米国 Patriot Act などの主要な法令の解説やFATFの概要，実務対応マニュアル，米国による2005年のバンコ・デルタ・アジアへの制裁やイラン制裁等の紹介が充実している。また，米国法の域外適用の問題点として「国際法上許容される範囲を超えた，過度な立法管轄権の行使となる可能性があるとの指摘もある。また，〜中略〜米国当局による制裁対象者向けの輸出許可発行の禁止および制限対象者からの輸入制限は，「関税と貿易に関する一般協定」(GATT)の11条1項の輸入に対する「関税その他の課徴金以外の禁止又は制限」に該当し，GATT 21条（安全保障例外）等に該当するとの判断がなされない限り，GATT違反とされる可能性がある。しかしながら，金融機関等としては，米国法令等に基づく米国金融機関のコルレス口座解約という措置により，直ちに生命線であるドル決済が断たれること，もしくは米国内でのライセンスを失うことのほうが現実に目の前にある危機であり，米国内法令等の域外適用の是非を問うこととは別問題として自国政府と連携しつつ対応するとしても，まずは，リスクベースで優先順位に応じた現実的な対応を講じるべきであろう」(91頁)としてい

る。さらに,「ドル取引に関与するものはすべからく米国法令等に沿った対応を講じなくてはならない」(94頁) としており, 米国の基軸通貨覇権の前に, 日本国として対抗策を云々するよりは, 金融機関等の自衛策として国際コンプライアンス態勢を強化すべきという点に力点が置かれている。実際, 筆者が複数の政策当局者と意見を交わした際にも日本政府の採り得る対抗策は限られている印象を持ったが, 本章は必要な背景知識と実務認識を知る意味で有用である。

第3章は, 民間銀行出身の PFJ 役員による反社会的勢力への対抗措置 (通称「反社」) に焦点を当てたバランスの良い紹介論文である。しかし, 日本の暴力団が2011年に米国大統領令によって「重大な犯罪組織」として金融資産を凍結され, その後も米国財務省外国資産管理局 (OFAC) により国際的犯罪組織 (TCO) に指定されて制裁を受けている点以外は国際取引との関係が希薄なので割愛する。第4章は, 警察庁の担当者によるマネーロンダリング対策法制の詳細な解説で, 学者にとっても非常に有用である。興味深いのは,「国際社会におけるマネー・ローンダリングの進展に伴う対抗措置のさらなる強化が叫ばれる昨今, もはや「サスペクト・ユア・カスタマー (Suspect Your Customer。顧客不信)ルールと化したのではないかとさえ感じられる。というより, そもそもこうした方向性自体が, 日本人にとってはきわめて受け入れがたいものかもしれない。しかし, 現実問題として, ボーダーレスとなっている犯罪収益移転のループホールにわが国が陥ってしまうような事態は避けなければならない。」(179頁) と, 日本の政策担当者自身が日本にはそぐわない点を認識しつつも, 国際的潮流に従わざるを得ないジレンマを吐露している部分である。第5章は, 経済産業省 OB による安全保障輸出管理の論文で, 詳細かつ非常にバランス良く纏められている。その上で, 外為法体系見直しと輸出管理の実効性確保に向けて具体的な論点提示や提案が記されている点が注目に値する。例えば, 古くて複雑で分かりにくく輸出車の事務負担の大きい現在の外為法について,「輸出管理法 (仮称)」として体系を1本化し, 法律レベルで規定すべき事項を法定し, エンドユースのチェックに精力を集中できる仕組みに改め, 違反事実を自主申告した場合にペナルティを減免する措置を制度化する等の提案がなされている (243-245頁)。

第6章は財務省 OB の PFJ 室長による経済制裁措置の概説で, 日本法を中心に米国法も併せて解説するバランスの良い紹介論文である。2008年の FATF 第3次対日審査の指摘を受けて, ①外為法に関して, 国内に国連安全保障理事会で指定されたテロリストが居住していた場合に現行法では対応できないので, 国内のテロリスト等であっても資産凍結措置を可能とするような法整備が必要であること, ②2002年制定のテロ資金提供処罰法はテロリストに対するアジトの提供を犯罪化の対象外とする点で2002年テロ資金供与防止条約 (日本も加盟) の義務を満たしておらず, これを対象に含める法整備が期待されること, を指摘している (297-298頁)。第7章は元法務省検事の弁護士による外

国公務員等贈賄防止法制や必要とされるコンプライアンス・プログラムの詳細なガイダンスであり，米国海外腐敗行為防止法（FCPA）と英国 Bribery Act 2010の概説や具体的なケーススタディ等を行っている。優れた著作で有用あるが，学術というよりは実務的な点に力点がある。第8章は経済産業省への出向歴のある弁護士による独占禁止法の厳格運用の詳細な事例紹介が数多く挙げられ，対応策の検討が練られており，米国・EU だけでなく新興国まで分析が及ぶ点で興味深く，優れた論文である。興味深いのは，「米国独禁法の国際的適用範囲の問題は，刑事事件における罰金の算定の範囲や民事損害賠償請求における損害の算定の範囲をも画するものであると筆者らは考えているが，現状，刑事訴追を行う司法省や民事損害賠償請求の原告が，米国独禁法の適用範囲を逸脱した広範囲の，つまり米国市場とは関係のない損害や利得，売上げを罰金や損害賠償の算定基礎としてよいとの主張を行うことがあり注意を要する。そのような場合には，損害賠償や罰金の範囲につき，司法取引や和解交渉，裁判の過程において争うことが考えられる」（410頁）とする指摘である。また，「委縮することなく，攻めの法務を採用し，自社のビジネスモデルは競争法に違反するものではないとし，競争当局と対峙することもまた一つの選択肢である」（444頁）とする主張も頼もしい。第9章は弁護士・公認会計士・コンサルタントによる米国 FATCA（外国口座税務コンプライアンス）法の紹介論文であり，新しい分野であまり公知でない部分に関する詳細な実務ガイダンスとして有用である。

　結語は，日本銀行 OB の PFJ 社長により，「「世界」という一くくりの表現の背後に世界通貨，世界言語を擁し，世界の取極めやシステムづくりをリードしてきた米国の影が見え隠れします。その米国のヘゲモニーに対峙し，挑戦しようとする EU，ロシア，中国等の動きも胎動しています。世界の覇権をめぐって，武力のみならず情報力，技術力，金融力等を駆使した，冷徹な計算が働いています。就中米国は，陰に陽に自分たちの価値基準を世界標準にしたいと，さまざまな分野で EXTRATERRITORIAL な攻勢をかけています。……中略……わが日本はどう対処したらよいか。……中略……日本としては，世界の覇権争いに直接参戦するのではなく，覇権を争う国々とのコミュニケーションを大事にすることはもちろんですが，残りの大多数の国々とのコミュニケーションを色々な階層で深耕し，相互理解の向上や連携の強化を図ることが肝要です。できるならば，確固たる TRUST を得ることができれば玄妙です」（464，467頁）として，米国 PFJ の伝道者ではない中立性をアピールするものの，日本としての具体的なスタンスや戦略は見えてこない書きぶりで結んでいる。日本政府の姿勢もこれに似たものと推察されるが，コミュニケートする自国の姿勢がいまだ不明確な日本に対し，確固たる TRUST を与える国は果たして登場するだろうか。

（早稲田大学大学院法務研究科教授）

土田和博（編著）
『独占禁止法の国際的執行——グローバル化時代の域外適用のあり方——』
（日本評論社，2012年，vii +399頁）

泉 水 文 雄

　独占禁止法の国際執行の問題は，かつては，外国で行われた行為に対して国内独占禁止法が適用できるか否かといういわゆる域外適用の可否が主たる論点であった。米国やEUでは，ビタミンカルテル，液晶パネルカルテルなど大型のカルテル事件が摘発され，わが国企業が当事者として法的措置がとられる事例が増大し，米欧の競争当局が高額の罰金や制裁金を科し，その金額のリストの上位に日本企業名が掲げられることも増えた。公正取引委員会においてもマリンホース国際カルテル事件や最近では船舶運航事業者のカルテル事件など本格的な国際カルテル事件を摘発すようになった。とりわけ，もっぱらわが国の事業者がわが国で行った自動車部品カルテルは，米国司法省により高額の刑事罰，さらに禁固刑が科され，欧州委員会により高額の制裁金が課されている。日本企業の従業員が，積極的に海を渡って米国において禁固刑に服す例が増えている。この自動車部品カルテルの当事者はおそらくは日本国内で完結するローカルなカルテルないし取引慣行を行ったにすぎないと考えていたと推測されるが，実はグローバルなカルテルとして大きな国際執行上の問題を投げかけたのである。自動車部品カルテル事件が一例として示すように，独占禁止法の国際執行は，理論面の課題だけでなく，実務的な課題を多く提起するようになった。あと少し公正取引委員会がとりあげた例をあげれば，マリンホース事件では外国事業者に課徴金が課されず，外国事業者から協力も得られないなど執行力が弱いとの指摘が実務家から投げかけられ，他方，ブラウン管カルテル事件では，外国で外国事業者と（日本所在の親会社の）外国所在の子会社との間で外国でなされた取引に対して課徴金を課したのは過剰ではないかという批判も投げかけられている。

　このような独占禁止法の国際執行をめぐる問題状況が激動する中で，編者である土田和博氏が中心となり，研究者だけでなく実務の最先端で活躍する弁護士，公取委職員等により構成されるグループが，2008年から始まった早稲田大学グローバルCOEおよび2011年から始まった科学研究費基盤研究（B）おいて共同研究を行い，その研究成果として刊行したのが本書である。本共同研究は，2014年3月に開催された国際シンポジウムをもってひとまずの区切りをつけられたと聞く。以下では，評者の関心分野を中心に紹介とコメントをしたい。

本書は，まさに独占禁止法・競争法の国際執行をテーマとする。副題に，「グローバル化時代の域外適用のあり方」とあるように，いわゆる域外適用の問題を大きく取り扱っているが，従来の研究書や論文にあるような域外適用の理論にとどまるのではなく，手続き，それも従来論じられてきた執行管轄権の問題よりもはるかに広い実務上の諸問題を対象として，幅広くかつ最先端の研究および実務の問題を議論している。他に類書のない貴重な研究である。

　本書の構成を概観しよう。第Ⅰ部は総論，第Ⅱ部は各行為類型と国際的執行，第Ⅲ部は各法域と国際的執行である。

　第Ⅰ部は，独占禁止法の国際的執行（第1章），域外適用から国際的執行へ（第2章），独占禁止法の国際的執行の諸問題（第3章）からなる。第1章では，規律管轄権，国際礼譲，規律管轄権の要件，域外適用に係る効果理論等，手続き，企業結合の問題等がテーマとされ，域外適用に係る理論の歴史，米国の判例の状況等がとりあげられ，マリンホース事件や本書の各所でとりあげられるブラウン管カルテル事件の内容と論点が紹介・問題提起されている。第2章では，米国の規律管轄権，礼譲，FTAIA（外国通商反トラスト改善法）等につき歴史と現状が説明される。評者の関心では，本章の最後において，ブラウン管カルテル事件について，外国所在の子会社がカルテルにより被害を受けることにより日本所在の親会社の連結財務諸表上の利益が減少することをもって親会社に損害が発生するとする見解はユニークなものである。ただし，企業が世界中に子会社・関連会社をもつ状況においてこのような広範に国内への効果を認めることには異論がでよう。第3章では，執行管轄権について質問状への回答要請等，国際執行の強化のための制度変更として論じられている裁量的課徴金，司法取引の導入，手続き保障等が個人的に興味深く感じた。これらの多くは，現在，内閣府の「独占禁止法審査手続についての懇談会」で検討されている論点でもあり，参考になる。

　第Ⅱ部では，国際カルテルと日本独禁法の執行（第4章），外国会社同士の企業結合等への公正取引委員会の対応（第5章），外国事業者に対する独占禁止法の適用（第6章）がとりあげられている。第4章は，規律管轄権，ブラウン管カルテル事件について，米国の最近の判例（後述の部品問題に関する当時の最新判決である2010年SRAM事件判決）等を参照しつつ分析する。さらに国際執行に関する実務上の論点を，第3章と共通する問題をもとりあげつつ，実務経験を踏まえた問題意識から，二番目以下の報告者へのリニエンシー制度の不備や刑事免責がないことが外国企業への事情聴取しにくくし，またディスカバリー制度による外国への証拠流出の危険がリニエンシー申請の阻害要因となっていることなどの問題点を指摘し，外国企業に対する執行力を強化する等のための提案を行う。実務経験のない研究者にとって学ぶことが多い章である。第5章は公取委職員による国際的企業結合規制に対する制度変更や公取委の実務の紹介・検討であり，本書が多様な視点から分析されている一例である。第6章は，独禁法6条の公取委の運

用について，初期からの先例と存在意義を検討し，立法の提案をする。

　第Ⅲ部では，米国反トラスト法における最近の域外適用（第7章），EU 競争法の域外適用（第8章），イギリス競争法の域外適用（第9章），EU レベルにおける競争法の私的執行（第10章），転換期のウズベキスタン競争法（第11章），国際競争ネットワーク（ICN）の活動，成果，今後の課題（第12章）をとりあげ，最後に終章が置かれている。第7章では，米国外に所在するビタミンカルテルの被害者が米国に効果が及ぶことを理由に米国外で生じた損害について米国反トラスト法に基づき損害賠償請求できるかについて否定的な判断をした2004年の Empagran 事件最高裁判決とそれをめぐる諸問題を詳細に紹介・検討する。第8章は，EU 競争法の域外適用に係る判例と理論の展開を紹介・検討し，EU では実行理論によっているとし，国際協力協定にも言及する。実行理論によることの積極的評価を指摘する点など興味深い。第9章では，英国法について，米国の域外適用に対する対抗立法，関係する一連の判例，管轄権に係る立法等（属地主義または実行理論が採用されていること）を詳しく紹介する。とりわけマリンホースカルテル刑事事件でなされた米国司法省と犯人との合意により英国裁判所において裁判がなされ，英国裁判所が量刑判断においてこの合意内容（量刑の下限設定）を配慮した事案は評者にとくに勉強になった。第10章では，ビタミンカルテル事件，合成ゴムカルテル事件に係る英国における2つの損害賠償訴訟（判決は2003年，2010年）について，カルテル当事者の英国内子会社から購入した英国所在の事業者が英国で損害賠償請求できるのか等が詳しく論じ，Empagran 判決とも比較する。第11章ではウズベキスタン競争法の立法の内容，運用の実態を詳述する。旧社会主義国において経済体制を移行し独占禁止法を制定したウズベキスタンにおいて生じている様々な問題・課題が述べられており，入札談合（官製談合），行政独占事件が多いほか，支配的地位の濫用規制が価格統制手段として長く運用されている問題点を指摘する。第12章では，競争法の国際協力および規制基準の統一化・調整等において現在最も重要な役割を果たしているといってよい，各国競争当局を中心とし弁護士等が加わった組織である ICN について，ICN の担当経験を有する公取委職員により解説と成果，課題が提示されている。最後に終章として，まとめと提言を行っている。

　さて，本書が刊行されたのは2012年10月である。その後も様々な動きがある。たとえば，第4章で指摘されるように，域外適用については，わが国独禁法の場合，「一定の取引分野における競争を実質的に制限する」という要件（効果要件）の解釈問題であり，それに加えて規律管轄を論ずる意義は乏しいという見解が有力である（もっとも，本書でもとりあげられている部品問題（外国でなされたカルテルの当事者から外国で部品を購入し，その購入者がその部品を組み込んで外国で完成品を製造し，国内に輸入された場合に国内競争法が適用されるのかという問題）について，カルテルの対象である部品の地理的市場が日本を含まない場合があるとすれば，商品市場に完成品を含ませること

ができなければ効果要件の解釈だけでは解決できないのではないかといった疑問も出されよう）。価格カルテル等についてわが国のような効果要件を置かない米国においても，ここ数年に出された判決の多くは，2010年の Morrison 事件最高裁判決の考え方を受けて，FAITA の要件は jurisdiction の要件ではなく実体法上の要件とする。本書の副題である域外適用という言葉自身も今後消えていく可能性もあるのである。

　また米国では，2012年以降，FAITA の「直接の」効果要件の解釈（immediate consequence 基準）を緩和し，reasonably proximate 基準ないし not too remote 基準で足りるとする第7巡回区裁判所判決および本書で取り上げる部品問題への反トラスト法の適用に積極的な連邦地裁判決がでて，いわゆる域外適用が拡大するかに見えた。他方，2014年3月には，同じ第7巡回区裁判所（いずれもポズナー判事が判決に加わっている）が，部品問題の事例について反トラスト法の適用に慎重な立場をとる判決をだし，米国所在の被害者についても Empagran 判決に近い考え方を示し，域外適用に慎重な姿勢を示した。また，自動車部品カルテルにおいては米国司法省が犯罪人引渡し条約に基づき日本人の米国への身柄引き渡し要求がされる可能性が指摘されていたが，2014年3月，ドイツ政府がマリンホース事件に関してイタリア人を犯罪人引渡し条約に基づき米国に引き渡す事例が起こった。このように，本書でとりあげられた問題については，今後の動きが予断を許さない。また，本稿の執筆段階では，ブラウン管カルテル事件審判の審決案が被審人に示された段階であるようであるが，今後出るであろう審決の検討が新たな課題になる。実は，本書では，これらの流れをもたらす様々な要因が，詳細に，しかも多様な視点から指摘している。これらの問題の現状と問題点のみならず今後を予測するうえでも本書は必読の文献である。そして，そうであるからこそ，このグループの手によって，第二弾の研究がなされその成果が公表されることをさらに期待したい。

（神戸大学大学院法学研究科教授）

小寺 彰先生 追悼の辞

根 岸 　 哲

　本学会前理事長小寺彰先生は，2014年2月10日14時32分，61歳でご逝去されました。理事長職を終えられた後は，ご健康上の理由で理事就任を辞退されていらっしゃいましたが，このたび突然の訃報に接し，大変驚きますとともに，これからますます学会にご貢献いただけるものと考えておりましたところ，誠に残念でなりません。謹んで先生のご冥福をお祈り申し上げます。

　小寺先生は，1952年4月5日，京都府にてご出生になり，1971年に洛星高等学校を卒業後，東京大学に入学されました。先生は，1976年に同大学法学部を卒業後，同学部助手に着任され，1979年には同大学教養学部助手，1980年には東京都立大学助教授，1989年4月には同大学教授，同年10月には東京大学教養学部助教授にそれぞれご就任になりました。そして，1995年からは東京大学大学院総合文化研究科教授として活躍なさってこられました。

　小寺先生のご研究は，国際経済法の領域に限らず国際法一般に広く亘りますが，国際経済法に関するご著書のみを挙げるとしましても，『WTO体制の法構造』（東京大学出版会　2000年），『基本経済条約集』（［共編著］有斐閣　2002年），『転換期のWTO——非貿易的関心事項の分析——』（［編著］東洋経済新報社　2003年），The Future of the Multilateral Trading System: East Asian Perspectives（［共編著］Cameron May 2009），『国際投資協定——仲裁による法的保護——』（［編著］三省堂　2010年），『エネルギー投資仲裁・実例研究—— ISDSの実際——』（［共編著］有斐閣　2013年）と，国際経済法の発展に多大な貢献を

なさってこられました。先生の学問スタイルは，常に問題の本質に迫り，目からうろこが落ちるような鋭い分析と議論を展開するものでした。先生は，次々に生起する新たな国際経済法の事象についてどのように評価すればよいのか，その引証基準を強く意識し，我々に提示してくださいました。GATT体制からWTO体制への大転換期には，いち早く国際通商法の研究に取り組まれ，数々のご論文を発表されました。また，近年の国際投資協定の急速な展開を前にして，先生は我が国における研究の遅れに危機感を覚えられ，一連の国際投資法研究にご尽力くださいました。このように，小寺先生は，新しい課題に対して果敢に取り組み，学界をリードする存在でいらっしゃいました。先生を失った我々の損失はあまりにも大きいと言わざるを得ません。

　本学会に対しても，小寺先生のご貢献は多大なものでした。1997年から2000年まで研究運営副主任，2000年から2004年まで研究運営主任をお務めになり，この間の2003年研究大会を，「アジアの視点から見た国際経済法の発展」を統一テーマとする国際シンポジウム（於：名古屋大学）として開催することに成功されました。また，2006年から2009年までは会計主任として学会会計の健全化にご尽力なさいました。さらに，2009年から2012年までは理事長として本学会を牽引してくださいました。この間には，国際経済法学会創設20周年を記念した研究大会（於：学習院大学）を開催するとともに，学会設立以降20年間の各分野の状況を総括し，将来に向かい国際経済法の課題を示すために，学会の総力を結集して20周年記念出版『国際経済法講座Ⅰ（通商・投資・競争），Ⅱ（取引・財産・手続）』を刊行することを，理事長として実現なさいました。また，国際交流委員会を設置し，第1回日韓共同学術会議（於：韓国）を開催することや，学会改革委員会を設置して学会活性化の諸策を検討し，理事・監事候補者選挙制度を実現するなど学会改革にも精力的に取り組まれました。

　先生のご活躍は，学界にとどまるものではなく，広く社会の各方面に亘るものでした。国際経済法にかかわるお仕事に限りましても，枚挙にいとまがあり

ません。1996年から1999年までWTO補助金相殺措置専門家部会委員，1999年から2014年まで経済産業省産業構造審議会臨時委員，2001年から2014年まで独立行政法人経済産業研究所ファカルティフェロー，2003年から2014年まで日本機械輸出組合国際通商投資委員会主査，2005年から2007年まで及び2013年から2014年まで財務省関税外国為替等審議会委員，2010年から2013年まで内閣府政府調達苦情検討委員会委員などを歴任されました。そのほかにも，公正貿易センター/経済産業省が主催してきたGATT/WTOパネル・上級委員会報告書研究会（通称「パネ研」）には，その創成期から参画され，我が国のGATT/WTO法実務のレベルアップに貢献されるなど，数々の研究会や委員会を通じて，実務者と交流されていました。学問的知見に裏打ちされた実務センスを持つ先生は，まさに各方面からひっぱりだこで，いかにご多忙であったかは想像に難くありません。

　このようにお忙しい日々を送られながらも，先生は，常に明るく，周りを和ませるようにふるまっていらっしゃいました。そうした気さくなお人柄を慕って，学界の内外を問わず，多くの方々が小寺先生の下に集っていたものと拝察いたします。特に先生は若手研究者の育成に熱心に取り組まれ，多くの若手研究者が先生のご指導を頼りにしていました。先生は，本学会20周年記念大会での理事長挨拶の中で，「国際経済法学の発展はひとえに若手研究者の双肩にかかっています。若手の研究者の方々におかれては，その点に留意され，研究にご精進頂くと同時に，学会の活動にご貢献頂くことをお願い」していらっしゃいました。本学会の若手会員の皆様が，こうした先生のご期待に応えるべく，研究に邁進し，本学会を盛り上げていただけることを，切に願うところであります。

　小寺先生ご自身は，ご生前，いつも若々しく，はつらつとしておられました。61歳というご年齢からすれば，学者としてまだまだおやりになりたいことがあり，志半ばであったことと推察いたします。国際経済法学を１つの確固とした

学問分野として確立しようとした先生のご遺志を引き継ぎ，さらに研究に励むことが我々の役目でありましょう。そうした誓いとともに，先生のご冥福を改めてお祈り申し上げます。

(2014年6月18日，日本国際経済法学会理事長)

編 集 後 記

　年報第23号をお届けする。編集委員会では，本号も例年にならい昨年秋の第23回研究大会の報告を中心に編集することとした。しかしながら，例年と異なるのは，昨年の総会でご承認いただいた通り，発行部数削減に伴う本誌の定価の上昇を抑えるため，大幅な頁削減を断行せざるを得ず，文献紹介の本数を例年より半分程度に減らすとともに，論説および文献紹介についても各執筆者にはあらかじめ字数制限を厳守いただくことをお願いした。その結果，本号では，投稿論文1本を含めて論説計10本，コメント計3本，および文献紹介計6本を掲載することができた。各執筆者にはお忙しいなか短期間にご寄稿いただき，また字数制限をお守りいただいたことに感謝申し上げたい。あわせて，投稿論文を含む数本の原稿については査読手続に付したが，お忙しい中査読をお引き受けいただき執筆者に懇切なコメントをしてくださった匿名の査読者にも厚くお礼申し上げる。なお，頁削減の一環として，会報についても今後はもっぱら学会のホームページで掲載することとしたこともお知らせしておく。

　学会の執筆要綱（ホームページ掲載）によれば，論説の字数は16000字～18000字であるが，従来の年報ではこの字数制限をかなり緩やかに運用し，なによりも質の高い論説の掲載を重視してきた。本号では，各執筆者には厳格な字数制限の下でなお論説の質を保つためのご苦労をお願いすることとなった。今後，高品質の論説を掲載し，学会誌としての水準を維持していくためには，論説の字数制限の見直しや文献紹介の本数の増加も検討していく必要があるかもしれない。今年度から会費も値上げされたため学会財政の改善も期待できることから，近い将来の課題としたい。

　本年2月10日前理事長の小寺彰先生が61歳でご逝去された。ご冥福をお祈りしたい。本号では，本学会を代表し根岸哲理事長による追悼の辞を掲載することとした。

　法律文化社の田靡純子社長と編集部の舟木和久氏には，いつもながらきわめて厳しいスケジュールの中でご苦労をおかけすることになってしまった。最後になったが，ここに記して深謝したい。

　　　　　　　　　　　　　　　　　　　　　　　　　　　　　　　平　　覚

執筆者紹介 (執筆順)

間宮　　勇	明治大学法学部教授
中川　淳司	東京大学社会科学研究所教授
林　　禎二	在中華人民共和国日本国大使館経済部長公使（前外務省経済局経済連携課長）
山下　一仁	キヤノングローバル戦略研究所研究主幹
風木　　淳	経済産業省安全保障貿易管理課長（前経済産業省通商機構部参事官）
坂田　雅夫	滋賀大学経済学部准教授
駒田　泰土	上智大学法学部教授
出口　耕自	上智大学法学部教授
實川　和子	山梨学院大学法学部教授
内田　　剛	知的財産研究所研究員
平見　健太	早稲田大学大学院法学研究科博士後期課程
石川　知子	筑波大学人文社会系准教授
森　　大輔	熊本大学法学部准教授
久保庭　慧	中央大学大学院法学研究科博士後期課程
松本　加代	経済産業省通商政策局企画調査室課長補佐
小林　友彦	小樽商科大学商学部准教授
飯野　　文	日本大学商学部准教授
久保田　隆	早稲田大学大学院法務研究科教授
泉水　文雄	神戸大学大学院法学研究科教授
根岸　　哲	日本国際経済法学会理事長

日本国際経済法学会年報 第23号　2014年
環太平洋パートナーシップ協定（TPP）

2014年10月20日発行

編集兼発行者　日 本 国 際 経 済 法 学 会
　　　　　　　　代表者　根 岸　　哲

〒657-8501　神戸市灘区六甲台町 1 - 1
神戸大学法学部（泉水文雄研究室）

発売所　株式会社　法 律 文 化 社

〒603-8053　京都市北区上賀茂岩ヶ垣内町71
電話　075(791)7131　FAX　075(721)8400
URL：http://www.hou-bun.com/

©2014 THE JAPAN ASSOCIATION OF INTERNATIONAL ECONOMIC LAW, Printed in Japan
ISBN978-4-589-03629-2

日本国際経済法学会編

日本国際経済法学会年報

第17号（2008年）　国境と知的財産権保護をめぐる諸問題　国際投資紛争の解決と仲裁
　　　　　　　　　　　　　　　　　　　　　Ａ５判・248頁・定価 本体3400円＋税

第18号（2009年）　グローバル経済下における公益実現と企業活動　第１分科会：私法系　第２分科会：公法系　　　　Ａ５判・256頁・定価 本体3500円＋税

第19号（2010年）　条約法条約に基づく解釈手法　権利制限の一般規定
　　　　　　　　　　　　　　　　　　　　　Ａ５判・237頁・定価 本体3500円＋税

第20号（2011年）　　　　　　　　Ａ５判・314頁・定価 本体4000円＋税
世界金融危機後の国際経済法の課題　　座長コメント…野村美明／グローバルに活動する金融機関の法的規律…川名剛／リーマン・ブラザーズ・グループの国際倒産処理手続…井出ゆり／金融危機後における国際基準設定過程の変化とわが国の対応…氷見野良三／国際金融危機への通商法の対応とその課題…米谷三以
APEC2010とポスト・ボゴールにおけるアジア国際経済秩序の構築　　APECと国際経済法…中谷和弘／国際関係の構造変動とAPECの展開…椛島洋美／APEC2010プロセスの回顧…田村暁彦／アジア金融システム改革におけるABACの役割と課題…久保田隆
自由論題　　新旧グローバル化と国際法のパラダイム転換…豊田哲也／中国独占禁止法における国有企業の取扱い…戴　龍／WTO紛争処理におけるクロス・リタリエーション制度…張博一

第21号（2012年）　　　　　　　　Ａ５判・326頁・定価 本体4100円＋税
日本国際経済法学会20周年記念大会　　理事長挨拶…小寺彰／歴代役員代表者祝辞…宮坂富之助、黒田眞／記念講演…松下満雄、根岸哲、柏木昇／ゲスト講演…Muchlinski, Peter
国際経済法における市場と政府　　企画趣旨…研究運営委員会／国際経済法における「市場 vs. 政府」についての歴史・構造的考察…柳赫秀／中国における市場と政府をめぐる国際経済法上の法現象と課題…川島富士雄／EUの経済ガバナンスに関する法制度的考察…庄司克宏／国際経済法秩序の長期変動…飯田敬輔
国際知財法の新しいフレームワーク　　座長コメント…茶園成樹／技術取引の自由化…泉卓也／遺伝資源・伝統的知識の保護と知的財産制度…山名美加／著作権に関する国際的制度の動向と展望…鈴木將文
自由論題　　証券取引規制における民事責任規定の適用…不破茂／投資条約仲裁手続における請求主体の権利濫用による制約…猪瀬貴道

第22号（2013年）　　　　　　　　Ａ５判・314頁・定価 本体4000円＋税
資源ナショナリズムと国際経済法　　座長コメント…横堀惠一／「天然の富と資源に対する恒久主権」の現代的意義…西海真樹／パイプライン輸送をめぐる紛争と国際経済法…中谷和弘／資源ナショナリズムに基づく輸出制限行為に対する競争法適用による解決の可能性…土佐和生
北朝鮮著作物事件　　座長コメント…長田真里／北朝鮮著作物事件──国際法の観点から──…松浦陽子／北朝鮮著作物事件──国際私法の観点から──…金　彦叔／北朝鮮著作物事件──知的財産法の観点から──…青木大也
自由論題　　TBT協定２条１項における「不利な待遇」の分析…石川義道／RCEP協定における紛争解決制度に関する考察…福永佳史／投資仲裁における課税紛争…ウミリデノブ　アリシェル／WTO紛争処理制度の意義と限界…京極（田部）智子

上記以外にもバックナンバー（第４号～第16号）がございます。ご注文は最寄りの書店または法律文化社までお願いします。　　ＴＥＬ 075-702-5830／FAX 075-721-8400　　URL:http://www.hou-bun.com/